国家自然科学青年基金项目
"企业实施国际化双元战略的创新效应及关键影响因素研究"
项目编号：71502064

组织双元视角下企业实施国际化战略的创新效应及关键影响因素研究

吴　航◎著

ZHEJIANG UNIVERSITY PRESS

浙江大学出版社

目　录

第一章

绪　论

一、研究背景与意义

(一)研究背景

继"引进来"战略之后,实施"走出去"战略已成为我国企业对接国际创新源的重要战略举措。通过进入国际市场,企业一方面能够在国际市场上利用自身的技术优势来赚取利润;另一方面还可以在国际市场上探索先进的技术,推动企业创新能力提升。然而,进入国际市场并不意味着国际化战略的成功实施,也不意味着企业创新绩效的必然提升。现有国际化领域的研究重点关注了企业"为何"国际化,而对于企业"如何"国际化缺乏系统的研究,这导致了企业国际化战略实施理论体系的不系统和不深入,严重影响到了产业界、学术界和政策制定部门对于国际化战略实施机制的准确把握。鉴于此,本研究整合国际化与组织双元理论,以中国制造企业为研究对象,详细剖析了探索性国际化、利用性国际化、国际化双元对企业创新绩效的影响机制,以及实施国际化双元战略的关键影响因素。新形势下出现的两个现象是本研究的出发点。

1."引进来"战略实施已久,创新效应有限

自 20 世纪 80 年代以来,我国政府积极实施"引进来"战略,采取以"市场换技术"的发展模式,大量引进外资以巩固和提升我国各产业的发展根基。从图 1.1 可看出 2008 年至 2017 年的十年间,中国吸引外资总体保持增长趋势。2017 年,外商在华新设非金融类投资企业 35652 家,同比增长 27.78%;实际使用外资金额

1310.3亿美元,同比增长4.0%。东盟对华投资新设立企业1287家,同比增长
11.0%;实际投入外资金额52.1亿美元,同比下降22.6%。欧盟28国对华投资
新设立企业1873家,同比增长7.6%;实际投入外资金额87.9亿美元,同比下降
9.1%。"一带一路"沿线国家对华投资新设立企业3857家,同比增长32.8%;实
际投入外资金额55.6亿美元,同比下降20.4%。长江经济带区域新设立外商投
资企业11984家,同比增长2.6%;实际使用外资574.2亿美元,同比下降6.0%。

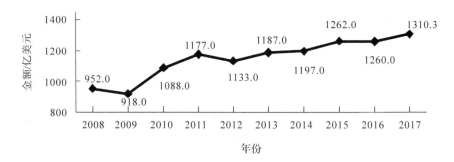

图 1.1　2008—2017 年中国利用外资情况

资料来源:中国人民共和国商务部 http://data.mofcom.gov.cnlywzinsty.shtml

　　引进外资在很大程度上弥补了产业发展资金不足的问题,加快了技术进步
和产业改造的过程,促进了产业结构优化升级和产品的更新换代,在很多产业
甚至创造了"引进一个,带来一串,辐射一片"的功效。然而,这种"市场换技术"
的发展模式并不能推动我国产业创新能力的快速提升。究其原因,主要是外资
企业对华投资仅仅是看中了我国政府对外商的低税收优惠政策、近于零成本的
污染宽容政策以及"血汗工资制",而并没有将核心技术转移至我国,或者是对
核心技术实施了严密的屏蔽和保密措施。此外,一大批跨国公司在熟悉中国当
地经营环境和建立了销售网络后,逐渐谋求独资经营,以实现技术封锁。如朗
讯在2002年,松下在2003年,宝洁、联合利华在2004年,强生、西门子医疗在
2005年,均对其核心业务实现从合资到独资的转变。陆续在华实现独资的跨国
公司还有 BP、巴斯夫、拜耳、惠而浦、阿尔卡特、三菱、日立等。因此,中国在跨
国公司的战略版图中只是一个"成本洼地"和"世界工厂"。FDI(foreign direct
investment,外商直接投资)的大量引进并没有带动中国科技创新实现质的飞
跃,与当初"市场换技术"的初衷还有很大的差距。

2. "走出去"战略如火如荼,惊现两极分化

鉴于"引进来"战略的创新局限性,我国政府近年来逐步调整产业发展政策,大力倡导"走出去"发展战略,鼓励企业"走出去"对接国际领先的创新源。根据商务部、国家统计局、国家外汇管理局联合发布的《2016年度中国对外直接投资统计公报》,中国企业对外直接投资2002—2016年连续保持增长势头,可参见图1.2。全球外国直接投资继2015年强劲上扬之后,在2016年失去了增长动力,全年流出流量下降2%。中国对外直接投资则呈现快速增长态势,当年创下1961.5亿美元的历史新纪录,同比增长34.7%,流量规模仅次于美国(2990亿美元),继上年仍位居世界第二位。2016年流量是2002年的72.6倍,占全球比重由2002年的0.5%提升至13.5%,首次突破两位数。截至2016年年底,中国2.44万家境内投资者在国(境)外共设立对外直接投资企业3.72万家,分布在全球190个国家(地区),年末境外企业资产总额5万亿美元。由此可见,实施"走出去"发展战略已成为中国企业克服后发劣势、实现创新追赶的重要战略抓手。

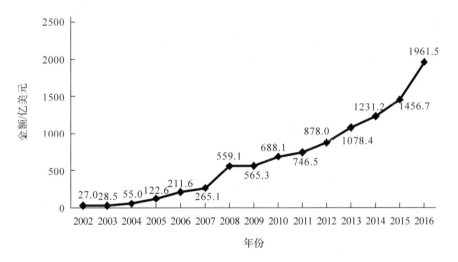

图1.2 2002—2016年中国对外直接投资流量情况

资料来源:中国人民共和国商务部 http://fec.mofcom.gov.cn/article/tjsj/tjgb/

国内一大批领先企业(吉利、三一重工、海尔、华为、联想、TCL等)均积极实施了国际化发展战略,然而我国企业实施国际化战略却面临两极分化的局面。一方面,诸多企业通过实施国际化战略成功推动了企业发展,开发出了新的产

品和工艺,拓展了海外销售市场,增强了企业的竞争力。如吉利在 2010 年以 18 亿美元的价格收购沃尔沃的全部资产(包含全部知识产权)。通过整合沃尔沃的研发资源和海外销售渠道,吉利快速实现了质的飞跃。吉利 2011 年营业收入达到 1500 多亿元,其中有 1100 多亿元是沃尔沃贡献的,吉利控股跃居世界 500 强。此外,三一重工、海尔、华为、联想等企业也在国际化之路上打出了组合拳,通过并购海外优质资产、搜索海外研发资源来提升企业创新潜力,通过建立生产基地和营销渠道来利用企业的优势,使得企业进入了良性发展轨道。

另一方面,也有大批企业虽然积极地实施了国际化战略,但却遭遇了失败或未能取得预期的效果。如 TCL 在早期国际化进程中偏重探索战略,先后并购了施耐德、汤姆逊和阿尔卡特,然而并购后企业出现巨额亏损。其中最为典型的就是 2003 年 TCL 斥资 3.149 亿欧元并购了汤姆逊,但由于对彩电产业市场和技术转型判断失误,这次并购并没有给 TCL 带来拓展欧美市场的机遇,反而使其背上了沉重的包袱,严重影响到了 TCL 的生存和发展。此外,我国一些行业内领先企业十分热衷于在印尼、南非、匈牙利、阿尔及利亚、印度等发展中国家投资建厂,扩大规模经济效应,然而这种发展模式存在短视效应,从长期来讲会限制企业品牌价值的进一步提升,对于企业参与国际高端市场的竞争存在较大局限性。

因此,在这种背景下,有必要探究企业如何选择正确的国际化发展战略,实施国际化发展战略对企业的内部能力建构和创新绩效的提升又会产生多大的促进作用,企业又应该如何通过内部结构和情景设计以及高管领导推动来保障国际化战略的顺利实施。这些问题的研究对于推动国际化战略成功实施,以及建设创新型社会至关重要。本研究正是在此背景下,尝试整合组织双元与国际化战略理论以解决这些问题。因此,本研究具有极强的理论意义和现实意义。

(二)研究意义

1.理论意义

第一,揭示了国际化双元的构念和测度方法。基于发达国家情景的传统国际化理论和基于新兴经济国家情景的国际化理论对于指导企业国际化战略选择存在局限,组织双元视角的引入为国际化战略理论的发展提供了拓展空间,然而已有研究仅提出了国际化双元的思想,对于国际化双元的构念和测度方法缺乏进一步的界定。本研究整合组织双元理论与国际化理论,突出了探索性国际化和利用性国际化发展战略的矛盾与互补之处,明晰了国际化战略的双元属性,明确了国际化双元的测度方法,为建立国际化双元理论框架奠定了基础。

第二,揭示了探索性国际化、利用性国际化战略,以及国际化双元战略对创新绩效的影响效应。尽管已有研究从理论上区分出了探索性国际化和利用性国际化两种战略,并且初步提出了国际化双元的思想,但对于探索性国际化、利用性国际化以及国际化双元战略对企业创新绩效的影响等问题还缺乏系统思考。本研究基于探索和利用活动的内涵,区分了探索性国际化和利用性国际化战略,并探索这两种国际化战略及其均衡战略对企业创新绩效的影响效应和边界条件,深化了已有国际商务领域关于国际化与创新关系的研究。

第三,揭示了国际化双元战略作用于创新绩效的中介机制。已有研究对于国际化与创新关系的理论阐释主要基于资源观或组织学习的理论逻辑,强调国际化为企业创新提供了企业所需的资源或知识,然而这两种理论并没有阐释出资源和知识到创新绩效的转换过程。本研究摆脱过去简单的"国际化—资源(知识)—创新绩效"的研究框架,基于知识整合理论构建起"国际化双元(平衡和联合维度)—知识整合能力(正式知识整合机制和非正式知识整合机制)—创新绩效"的分析框架,深化了国际化作用于创新绩效中介机制的研究。

第四,揭示了实施国际化双元战略的关键影响因素。对于组织双元前因的研究已经证实了组织结构、组织情景、高管领导三个方面的设计都能够推动组织双元战略的实施,然而已有研究只是从结构、情景、高管领导三种解决途径中的单一视角进行剖析,缺乏整合性的研究。本研究构建了组织结构(规范化、连接性和差异化)、组织情景(社会情景、绩效管理)、高管领导(变革型领导、交易型领导)三者之间及其对国际化双元的影响机制模型,揭示了国际化双元的实施前因,深化了组织双元前因的研究。

2. 实践意义

第一,为我国企业突破创新资源瓶颈,思考如何通过实施国际化战略来推动创新提供思路。在创新日益复杂和创新资源限制的双重压力下,开放式创新已成为中国企业的理性创新范式。尽管国际化是一种重要的开放途径,但目前企业管理者对于如何实现国际化尚处于摸索阶段。本研究认为企业应同时实施探索性国际化和利用性国际化战略,这样能够有效增强企业创新潜力并降低创新风险,推动企业创新的可持续发展。研究结论对于指导企业"如何通过协调探索性和利用性两种国际化战略来最大限度地推动企业创新"具有实践启示。

第二,为我国企业思考如何协调实施国际化双元战略所产生的矛盾提供思路。同时实施探索性和利用性国际化发展战略具有一定的冲突性,对企业的资源基础、组织结构、组织情景和高管团队素质提出了要求。本研究认为高管领导(变革型领导、交易型领导)、组织结构(规范化、连接性和差异化)、组织情景(社会情景、绩效管理)能够影响国际化双元战略实施,同时高管领导会影响组织结构和组织情景的设计。研究结论对于指导企业"如何通过结构设置、情景营造、高管领导推动来实施国际化双元战略"具有实践启示。

第三,为我国政府和相关组织制定科学的国际化发展和创新提升政策提供决策参考。尽管国际市场为我国企业创新发展提供了必要的学习机会和战略资源,但同样带来了风险。对于各级政府和相关组织而言,如何推动企业国际化实现可持续发展、创新能力实现快速提升,迫切需要找到科学系统的解决方法。本研究认为现有政策对于探索和利用活动的指导缺乏统一性,应该设计出一套鼓励企业实施国际化双元战略的政策体系。研究结论对于推动国际化双元战略实施、支持企业整合知识资源以促进创新绩效提升具有实践启示。

二、技术路线、章节安排与研究方法

(一)技术路线

本研究以提升创新绩效为导向,以国际化战略为切入点,以组织双元理论为抓手,逐层深入剖析企业实施国际化双元战略的创新效应及其关键影响因素。

研究思路如图 1.3 技术路线所示。首先,针对中国企业提升创新能力的战略紧迫性和实施障碍、实施国际化战略对于提升创新能力的重要性和选择困境,初步提出了研究问题的必要性;接着对国际化战略、组织双元性、知识整合领域的研究进行了综述,发现了研究的理论缺口。随后,将本研究细化为七个子研究:子研究一是揭示探索性国际化和利用性国际化战略对创新绩效的影响;子研究二是组织冗余对探索性国际化、利用性国际化战略的影响研究;子研究三是社会资本对探索性国际化、利用性国际化战略的差异性影响研究;子研究四是探索国际化双元战略对创新绩效的影响效应;子研究五是揭示国际化双元战略作用于知识整合的机制;子研究六是基于知识整合理论视角揭示国际化双元战略影响创新绩效的中介机制;子研究七是揭示战略领导、高绩效情景、结构分化对国际化双元战略的综合影响机制。

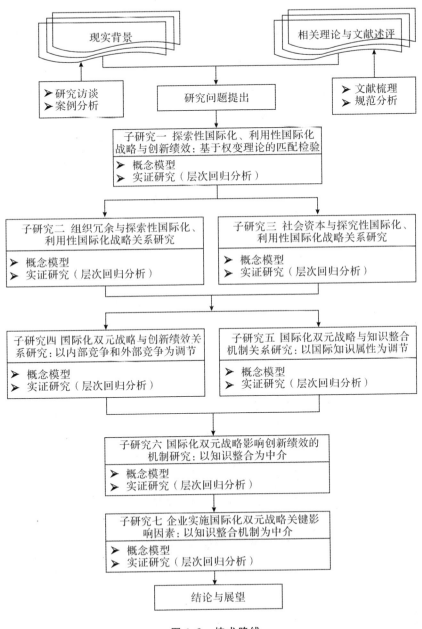

图 1.3　技术路线

(二)章节安排

依据上述技术路线的逻辑安排,本书共安排十章(图1.4)。

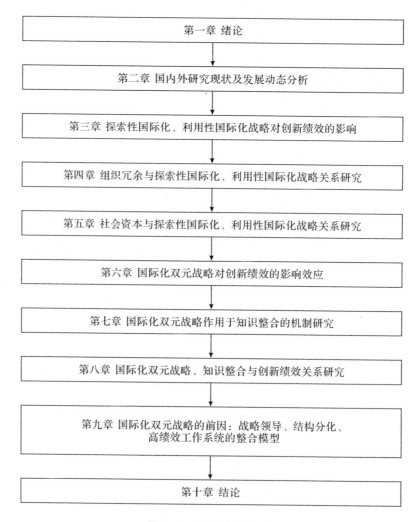

图 1.4　全书的章节安排

第一章为"绪论"。本章从现实背景和理论背景两方面出发,提出本书的研究意义和研究问题,对研究的技术路线、全书的章节安排和研究方法进行说明,并阐述了本研究的主要创新点。

第二章为"国内外研究现状及发展动态分析"。本章对国际化、组织双元、知识整合三大领域的文献进行了综述,找到了研究的缺口。国际化理论综述主要是基于探索、利用和双元视角综述了目前国际商务领域研究的进展,发现对于国际化双元的研究急需开展。组织双元领域的综述介绍了组织双元的前因、后果,找到了未来研究的理论缺口,为本研究分析框架的构建和研究提供了一个理论支撑平台。对于知识整合的综述介绍了知识整合的前因、后果与研究展望,找到了未来研究的理论缺口,为本研究分析框架的构建和研究提供了一个理论支撑平台。

第三章为"探索性国际化、利用性国际化战略对创新绩效的影响"。本章基于权变理论逻辑,构建了探索性国际化、利用性国际化战略对企业创新绩效影响的概念模型,以企业年龄、母国与东道国相似性、国际环境动荡性作为调节变量,检验了探索性国际化、利用性国际化战略与组织因素、战略因素、环境因素的匹配程度,同时通过信度、效度分析对有效回收问卷进行定量处理,以层次回归分析方法检验本章所提出假设的合理性,进一步阐释探索性国际化、利用性国际化战略对企业创新绩效的影响以及企业年龄、母国与东道国相似性、国际环境动荡性的调节效应。

第四章为"组织冗余与探索性国际化、利用性国际化战略关系研究"。本章基于资源稀缺性和吸收性对组织冗余进一步细分,研究了财务冗余(非稀缺、非吸收冗余)、关系冗余(稀缺、非吸收冗余)、运营冗余(非稀缺、吸收冗余)、人力资源冗余(稀缺、吸收冗余)对探索性国际化、利用性国际化战略的影响效应,通过信度、效度分析对有效回收问卷进行定量处理,以层次回归分析方法检验本章所提出假设的合理性,进一步阐释财务冗余、关系冗余、运营冗余、人力资源冗余对探索性国际化、利用性国际化战略的影响。

第五章为"社会资本与探索性国际化、利用性国际化战略关系研究"。本章重点分析社会资本(商业网络资本、政治网络资本、知识网络资本)对探索性国际化、利用性国际化战略的差异性影响,通过信度、效度分析对有效回收问卷进行定量处理,以层次回归分析方法检验本章所提出假设的合理性,进一步阐释商业网络资本、政治网络资本、知识网络资本对探索性国际化、利用性国际化战略的差异化影响。

第六章为"国际化双元战略对创新绩效的影响效应"。本章整合国际化理论和组织双元理论,构建了国际化双元(平衡维度和联合维度)战略对企业创新绩效影响的概念模型(以内部竞争强度和外部竞争强度两个指标作为调节变量），通过信度、效度分析对有效回收问卷进行定量处理，以层次回归分析方法检验本章所提出假设的合理性，进一步阐释国际化双元战略对企业创新绩效影响以及内部竞争强度和外部竞争强度的调节效应。

第七章为"国际化双元战略作用于知识整合的机制研究"。本章将知识整合机制划分为正式知识整合机制和非正式知识整合机制，探索了国际化双元战略对于两种整合机制的影响，以及国际知识广度、深度和缄默性的调节效应。通过信度、效度分析对有效回收问卷进行定量处理，以层次回归分析方法检验本章所提出假设的合理性，进一步阐释国际化双元战略对知识整合机制的影响以及国际知识属性（广度、深度和缄默性）的调节效应。

第八章为"国际化双元战略、知识整合、创新绩效关系研究"。本章整合国际化理论和组织双元理论，构建了国际化双元（平衡维度和联合维度）、知识整合机制（正式知识整合机制和非正式知识整合机制）、创新绩效的概念模型，通过信度、效度分析对有效回收问卷进行定量处理，以结构方程建模方法检验本章所提出假设的合理性，进一步阐释国际化双元战略影响企业创新绩效的中介机制。

第九章为"国际化双元战略的前因：战略领导、结构分化、高绩效工作系统的整合模型"。本章构建了一个整合的研究框架，分析了战略领导、结构分化、高绩效工作系统对于国际化双元战略的影响机理，通过信度、效度分析对有效回收问卷进行定量处理，以层次回归分析方法检验本章所提出假设的合理性，进一步阐释战略领导、结构分化、高绩效工作系统对国际化双元战略的综合影响机制。

第十章为"结论"。本章对全书的研究进行了整体回顾，是一个摘要性质的小结。

（三）研究方法

本研究拟采用理论研究和实证研究相结合的方法，坚持理论研究的新颖性和实证研究的适用性原则，坚持研究态度的严谨务实和研究过程的科学严密。具体所采用的研究方法如下：

1. 文献研究

依托中国知网、维普数据库，以及 EBSCO、ProQuest、ScienceDirect 等外文数据库，充分查阅国内外已有文献资料，厘清现有研究对外部知识搜索理论和组织双元理论的研究脉络、主要观点和最新进展，找到本研究的理论缺口，构建总体研究框架,同时梳理产生本研究的主要变量,并提出各个子研究的假设。文献研究是贯穿整个研究的研究基础和总体指导。

2. 案例调研

本课题充分运用案例调研和访谈的研究方法,通过与若干不同行业中的典型企业的高管进行面对面的交流,了解企业外部知识搜索和国际化的现实情况,从企业实际层面提出本项目的研究问题和概念模型。同时,通过深度访谈就本研究所形成量表的表达方式和内容向被访谈者征询意见,就典型企业的实际情况验证基本量表的内容,检查有无遗漏项目。深度调研的企业有三一重工、海尔集团、浪潮集团、阿里巴巴、浙大网新、聚光科技等。

3. 问卷调查

在充分探讨理论并形成研究假设后,本研究采用了大样本问卷调查的方法获取研究所需的足够数据。问卷调查的对象是组织的高管人员或各个主要部门的负责人。问卷调查计划通过现场发放和邮寄发放两种形式进行。现场发放主要是通过高管培训班、MBA、EMBA 课堂,以及依托项目课题调研进行发放。间接发放主要是利用私人关系通过电子邮件和邮寄两种途径进行发放。在得到问卷数据后,将对两种来源的数据进行方差分析,以检验数据合并的有效性。同时,运用 Harman 单因子检验来测度问卷数据是否存在共同方法偏差。

4. 统计学定量分析

为了验证概念模型中的研究假设,本研究以问卷调查的方式收集数据,并将收集到的有效问卷建立题项数据库,随后综合进行描述性统计分析、方差分析、相关分析、信度和效度检验、层次回归分析、结构方程建模与拟合等统计分析工作。本研究使用 SPSS 17.0 软件进行描述性统计分析、方差分析、相关分析、信度和效度检验、探索性因子分析、层次回归分析,使用 AMOS 7.0 软件进行验证性因子分析、结构方程建模与拟合。具体分析方法介绍如下:

(1)描述性统计分析

描述性统计分析主要对样本企业的企业规模、企业年龄、行业类型等基本特征进行统计分析,说明各变量的最大值、最小值、均值、百分比、标准差等,同时描述样本的类别、特性以及比例分配状况。

(2)相关分析

本研究以 Pearson 相关分析研究探索性国际化战略、利用性国际化战略、社会资本、组织冗余、国际化双元战略的平衡维度和联合维度、正式知识整合机制、非正式知识整合机制和创新绩效以及相关调节变量、控制变量的相关系数矩阵,考察各研究变量间是否显著相关,将其作为下一步统计回归分析的基础。为求简便,探索性国际化战略、利用性国际化战略、国际化双元战略在后文叙述中应需要略去"战略"二字。

(3)信度与效度分析

信度是指衡量效果的一致性和稳定性(贾怀勤,2006),信度高意味着排除随机误差的能力强。常用的信度指标有稳定性、等值性和内部一致性(李怀祖,2004)。本研究主要针对内部一致性进行检验。本研究主要检验样本数据的内部一致性,具体利用Cronbach's α(克朗巴哈系数)来评价。普遍认为, α 值大于等于0.7就通过了信度分析,如果大于等于0.8则表示信度很好;如果大于等于0.9则表示信度非常好;如果低于0.6,则未通过信度检验。

效度是指测量工具对调查对象属性的差异进行测量时的准确程度,即测量工具是否能真实、客观、准确地反映属性的差异性(贾怀勤,2006),效度高意味着排除系统误差的能力强。效度可分为内容效度(content validity)、构思效度(construct validity)和准则相关效度(criteria-related validity)三类。本研究中的各测量题项都是直接测量,在同一时期内很难找到其他标准资料作辅助,无法进行准则相关效度的分析,因此仅讨论内容效度和构思效度。内容效度旨在检测衡量内容的适切性。本研究为达到内容效度,以相关理论为基础,参考现有实证研究进行问卷设计,并加以修订。问卷初稿完成后,多次与相关领域学者和企业界人士讨论修改,因此能在一定程度上确保变量测量的内容效度。所谓构思效度指测量出的理论结构与特征的程度,因子分析经常被用来检测构思效度。本研究针对概念模型中涉及的探索性国际化、利用性国际化、社会资本、组织冗余、正式知识整合机制、非正式知识整合机制和创新绩效等变量做了因子分析,以检验本研究变量测量的构思效度。

(4)层次回归分析

本研究以层次回归分析来对直接效应进行假设检验,如在分析国际化双元对创新绩效的直接影响效应和调节变量的调节效应检验过程中,首先验证国际化双元的平衡维度和联合维度与创新绩效之间的关系,然后逐步检验内部竞争强度和外部竞争强度两个调节变量对国际化双元与创新绩效之间关系的调节效应。层次回归分析可以直接观察随着解释变量的增加每个模型的解释力变化,从而分析不同解释变量对被解释变量的贡献程度,这种变化也为分析变量间的复杂关系提供了重要线索。

多重共线性、异方差和自相关是应用回归模型研究经济与管理问题时经常遇到的问题,必须恰当解决,才能得出科学性的结论(马庆国,2002)。本研究按以下准则对回归三大问题分别进行检验:①多重共线性。多重共线性指解释变量(包括控制变量)之间存在显著的线性相关,表现为多个变量有共同的变化趋势,可以用方差膨胀因子(VIF)来判断。一般来说,当 $0 < VIF < 10$,不存在多重共线性;当 $10 \leqslant VIF < 100$,存在较强的多重共线性;当 $VIF \geqslant 100$,存在显著的多重共线性。②异方差。异方差问题指随着解释变量的变化,被解释变量的方差存在明显的变化趋势(不具有常数方差的特征),使估计值不再具有最优的性质。通常用散点图进行判断,以标准化预测值为横轴,以标准化残差为纵轴,进行残差项的散点图分析,若散点分布呈现无序状态,则可认为不存在异方差。③自相关。自相关问题指不同期的样本值(不同编号的样本值)之间存在相关关系。通常用 Durbin-Watson 统计值(DW 值)来检验一阶自相关问题。一般可以认为,当 DW 值介于 1.5 至 2.5 之间,则模型不存在序列相关。

(5)结构方程模型

本研究将运用结构方程模型(SEM)进一步检验国际化双元(平衡维度和联合维度)作用于企业创新绩效的作用路径,以及战略领导作用于国际化双元的作用路径。结构方程模型是综合运用多元回归分析、路径分析和验证性因子分析方法而形成的一种统计分析工具。它具有以下优点:同时处理多个因变量;容许自变量和因变量含测量误差;同时估计因子结构和因子关系;容许更大弹性的测量模型;估计整个模型的拟合程度[Bollen et al.,1993,转引自侯杰泰等(2004)]。由于国际化双元对创新绩效作用机制概念模型中知识整合以及创新绩效具有主观性强、难以直接度量、度量误差大、因果关系比较复杂等特点,非常适用于结构方程模型。结构方程模型的应用可分为 4 个步骤:模型建构、模型拟合、模型评价和模型修正(侯杰泰等,2004)。结构方程分析的核心是模型的拟合性,即研究者所提出的变量间的关联模式,是否与实际数据拟合以及拟合的程度如何,从而对研究者的理论研究模型进行验证。要保证基于拟合效果良好的模型来对理论假设进行验证,必须达到多于一个参数标准。借鉴侯杰泰等(2004)的研究,本研究将综合运用绝对拟合指数与相对拟合指数进行模型评价,选取了 χ^2/df、RMSEA、TLI、CFI、NFI、IFI 这几类广为认可和应用的指标作为评价模型的拟合指数,具体判别标准如表 1.1 所示。

表 1.1　评价模型的拟合指标数值范围及理想数值汇总

指标	指标数值范围	理想的指标数值
χ^2/df	大于 0	小于 5,小于等于 2 更好
RMSEA	大于 0	小于 0.1,小于 0.05 更好
TLI	0~1,也可能出现负值	大于等于 0.9,接近 1 更好
CFI	0~1	大于等于 0.9,接近 1 更好
NFI	0~1	大于等于 0.9,接近 1 更好
IFI	0~1	大于等于 0.9,接近 1 更好

三、全书创新点

本研究是在国际化和组织双元理论的基础上展开的研究,旨在揭示"实施国际化双元战略是否、如何、在什么条件下影响创新绩效,以及实施国际化双元战略的关键影响因素"。本研究深化了国际化战略理论、拓展了组织双元理论的应用范畴,同时为实施国际化战略以提升创新绩效提供了新的思路。具体来说,本研究的创新之处体现在以下两个方面。

(一)理论创新

首先,整合了组织双元和国际化战略理论,初步构建了国际化双元的理论体系。已有研究仅初步提出了国际化双元的思想,而对于国际化双元的测度以及国际化双元的创新效应等问题还缺乏系统思考。本研究整合组织双元和国际化战略理论,系统阐释了探索性国际化、利用性国际化以及国际化双元的构念界定和测度方法,搭建了探索性国际化、利用性国际化影响创新绩效的理论模型,以及国际化双元影响创新绩效的理论模型,进一步完善了国际化双元的理论体系。

其次，从知识整合理论视角切入，打开了国际化双元影响创新绩效的中间黑箱。已有研究对于国际化与创新关系的阐释主要是基于资源观和组织学习的理论逻辑，认为企业通过国际化获取了互补资源或学到了知识，进而推动企业创新。本研究引入知识整合理论视角，搭建了"国际化双元—知识整合—创新绩效"的理论逻辑，认为企业实施国际化双元战略推动了正式和非正式知识整合机制的建立，进而提升创新绩效。因此，本研究深化了国际化影响创新绩效中介机制的研究。

最后，从结构、情景和高管领导三个视角剖析了实施国际化双元战略的关键前因。已有研究仅从结构、情景或高管领导单一视角剖析了组织双元战略的实施机制，缺乏对三个视角的整合性研究。本研究整合组织双元前因领域的研究成果，探索了组织结构、组织情景和高管领导三者之间的关系及其对国际化双元战略的影响机理，认为组织结构、组织情景、高管领导都能影响国际化双元战略，同时组织结构、组织情景又受到高管领导的影响。因此，本研究系统阐释了实施国际化双元战略的前因，同时进一步深化了组织双元前因的研究。

（二）实践创新

首先，为企业管理者实施国际化战略以提升创新绩效提供了新的思路。从目前我国企业国际化发展态势来看，企业管理者均认识到了实施国际化战略对于创新发展的战略意义，但在国际化战略选择和实施上缺乏清晰的认识，对于企业"能否"以及"如何"在国际市场上同时实施探索和利用战略缺乏思考。本研究引入组织双元的理论构想，阐释了如何通过权衡探索性和利用性两种国际化战略来推动企业创新，揭示了如何通过高管领导、组织结构和情景的设计来推动国际化双元战略的实施。因此，研究结论为实施国际化战略指明了新的方向。

其次，为我国政府和相关部门制定科学的国际化政策与措施提供了新的指引。对于各级政府和相关组织而言，必须系统思考如何推动、帮助我国企业成功实施国际化发展战略，并降低企业国际化风险。现有政策体系重点关注对国际化探索或利用活动的鼓励，而对于如何设计出同时鼓励企业实施国际化双元战略的政策体系缺乏关注。本研究深入剖析了国际化战略的选择、权衡、实施和关键影响因素，以及国际化对企业内部能力机制建立的影响，对于政策制定者拟定科学合理的政策与措施具有实践启示。

第二章
国内外研究现状及发展动态分析

本研究旨在"整合国际化和组织双元理论以剖析企业同时实施探索性国际化和利用性国际化战略对创新绩效的影响,基于知识整合理论探索国际化双元影响创新绩效的中介机制,基于组织双元前因(结构、情景、高管领导)探索企业实施国际化双元战略的关键影响因素",因此研究主要涉及国际化、组织双元、知识整合三大领域,本章主要梳理这三大领域的研究,评述需要拓展的要点。

一、国际化理论

(一)基于"利用"视角的国际化理论研究

国际商务领域的研究对象最早是发达国家(如北美、欧洲地区国家,日本)的跨国企业,此时的经典理论主要有垄断优势理论(Hymer,1960)、内部化理论(Buckley et al.,1976)、国际生产折衷理论(Dunning,1981)。Hymer(1960)认为跨国企业之所以在遭遇成本增加和文化障碍的情况下仍实施国际化战略,是因为企业在生产要素、商品市场、规模经济等方面拥有垄断优势。Buckley等(1976)基于交易成本理论和企业增长理论提出了内部化理论,认为在面对市场不完善(如信息不对称、政府干预等)时,企业会通过跨越国家边界将中间市场(如无形资产市场)内部化,此时企业内部交易比外部市场交易更加有效。Dunning(1981)的折衷理论在综合多种 FDI 理论的基础上,认为除了内部化优势和无形资产优势以外,区位优势对于企业国际化同样重要,特定的区位优势能够为企业带来发展机会和资源禀赋。简言之,传统的国际商务理论均假定国际化企业拥有一定的所有权优势,而企业实施国际化战略的根本出发点就是为了在全球范围内利用这些优势以增强企业竞争力。因此,依据传统国际商务理论的逻辑,企业实施国际化战略将以利用企业现有优势为导向。值得指出的是,尽管在国际市场上利用企业已有竞争优势能够在短期内提升绩效,然而从长远来讲却会让企业陷入"核心刚性"或"能力陷阱",逐渐散失对外部环境的响应能力。此外,传统的国际商务理论不能解释那些不具备所有权优势的发展中国家企业在发达国家的国际扩张行为(Makino et al.,2002)。因此,传统的国际商务理论对于解释企业国际化动机和指导企业实施国际化发展战略均存在局限之处。

(二)基于"探索"视角的国际化理论研究

近年来,随着新兴经济国家国际化企业(EM MNEs)的快速增长,理论界对于 EM MNEs 的独特性表现出了极大的兴趣。与传统国际商务理论的基本假定不同,EM MNEs 并不具有所有权优势,然而却积极进入海外市场。针对这种独特现象,学者们从多个视角提出了若干理论解释。Mathews(2002,2006)引入了关系(linkage)、杠杆(leverage)、学习(learning)的 LLL 框架来解释 EM MNEs 的国际化行为,其核心观点之一就是 EM MNEs 通过建立海外关系来获取战略资源和学习机会,海外关系能够帮助企业避免国外市场的风险和不确定性。Luo 等(2007)提出了著名的"跳板理论",认为 EM MNEs 将国际市场作为弥补企业竞争劣势的战略跳板,进入国际市场的主要动机是为了获取企业发展所需的互补资源和学习机会,同时规避国内的制度和市场缺陷。此外,Child 等(2005)、Rui 等(2008)提出了战略动机理论,认为 EM MNEs 国际化具有独特的战略动机,并指出中国等新兴经济国家企业国际化主要受到战略资产寻求、高管创业、母国制度限制等因素影响。简言之,针对 EM MNEs 所提出来的国际化理论均强调企业的战略资产寻求动机,潜在假设是企业实施国际化战略的根本出发点就是通过在全球范围内搜索资源以增强企业竞争力。因此,依据新兴经济国家企业国际化理论的逻辑,中国等新兴经济国家企业实施国际化战略将以在全球范围内探索新机会、学习新知识为导向。值得指出的是,尽管企业在国际市场上实施探索战略能够帮助企业开发新产品和新工艺,然而过多地关注探索活动却会让企业陷入"失败陷阱",进入无尽的"探索,失败,再探索,再失

败"的恶性循环,使得企业难以收回投资。因此,已有研究主要关注解释 EM
MNEs 的独特国际化动机,而对于 EM MNEs"如何"成功实施国际化战略缺乏
关注。

(三)基于"双元"视角的国际化理论研究

为了应对国际市场的多样化环境,增强企业国际竞争力,企业实施国际化
发展战略面临两难选择。一般认为,探索性国际化战略和利用性国际化战略分
属探索性和利用性活动,具有不同的特征和影响因素,需要不同的组织文化、结
构和制度、人力资源、操作流程和实施方案,难以同时兼顾(张婧等,2010)。因
此,权衡取舍成为不少企业由于资源限制所作出的理性选择。然而,近期一些
学者认为企业有必要并且有可能进行悖论性思考,积极推动探索性和利用性两
种国际化发展战略的均衡发展。Luo(2002)认为企业在国际市场上实施探索性
和利用性战略之间保持一定的平衡,能够帮助企业有效抵御国际市场上的风
险,进而增强企业绩效。Luo 等(2009)认为企业要想成功实施国际化战略,必
须引入双元的战略思想,在以下四个方面实施双元战略:双元导向(短期生存与
长期发展)、双元能力(交易能力与关系能力)、双元竞争(竞争与合作)、双元演
化(响应与影响外部环境)。Prange 等(2011)在此基础上明确提出了国际化双
元战略的思想,认为实施国际化探索战略能够推动企业长期发展,实施国际化
利用战略有利于企业短期生存,因此企业应在这两种国际化战略之间保持平衡
和协调,以此来推动企业持续稳定发展。Hsu 等(2013)以企业海外研发和营销
分支机构数量来表征企业国际化探索能力,以企业海外制造分支机构数量来表
征企业国际化利用能力,以中国台湾企业为样本,实证检验了企业国际化双元
对企业财务绩效的影响。

总的来说,目前对于国际化双元战略的研究还很不充分。第一,尽管已有
研究从理论上区分出了探索性国际化和利用性国际化两种战略,但并没有深入
剖析这两种战略对于企业创新的影响;第二,对于国际化双元战略的构念界定
和测度方法还没有系统的研究;第三,对于国际化双元战略影响创新绩效的情
景条件和中介机制,以及如何实施国际化双元战略等问题还缺乏系统思考。本
研究正是在此基础上尝试填补这些理论缺口。

二、组织双元性

(一)组织双元的范式转换

尽管 Duncan(1976)最早提出了组织双元的概念,但直到 March(1991)提出探索和利用的双元学习构念,组织双元问题才引起学术界的广泛关注。March(1991)认为探索性学习与搜寻、变异、风险承担、实验、柔性、发现以及创新等相关,而开发性学习则与精炼、选择、成果、效率、履行等相关。探索和利用需要完全不同的组织结构、战略和组织情景(Levinthal et al.,1993;Raisch et al.,2008;刘洋等,2011)。因此,早期研究认为组织必须在"创造新知识"和"使用现有知识"之间进行权衡取舍(March,1991;McGill et al.,1992)。然而,近期的研究否定了这种论断,认为组织有必要并且完全可能同时实施探索和利用活动,企业的长期生存和发展取决于同时实施探索和利用活动的能力(He et al.,2004;Gupta et al.,2006)。随后,学者们从实证角度研究了组织双元与绩效的关系形态,以及如何实现组织双元。

(二)组织双元的后果

尽管组织双元的影响是多方面的,但目前的研究主要关注组织双元对绩效的影响(Junni et al.,2013)。对于组织双元与绩效的关系,尽管有少量学者研究发现组织双元与绩效无关(Ebben et al.,2005)或负相关(Atuahene-Gima,2005),但绝大部分实证研究证实了组织双元能够促进企业绩效提升(He et al.,2004;Gibson et al.,2004;Lubatkin et al.,2006;Cao et al.;2009;焦豪,2011;李桦,2012;Patel et al.,2013;Clercq et al.,2013,2014;周俊等,2014)。特别是在技术和市场不确定的环境下,组织双元更能够促进企业绩效提升(Junni et al.,2013;O'Reilly Ⅲ et al.,2013)。

然而,大多数研究主要关注组织双元与绩效的直接效应,较少有学者探究组织双元影响绩效的中介机制。在笔者所检索的文献中,仅有少数研究探索了组织双元影响绩效的中介机制。如 He 等(2004)发现创新战略双元通过影响产品创新强度和工艺创新强度进而影响企业绩效;Jansen 等(2009a)发现结构双元通过影响高管团队整合机制(权变奖励和社会整合)和组织整合机制(跨职能界面和连接性)进而影响企业绩效。因此,后续研究需要更多地关注组织双元影响绩效的中介机制。

此外,目前组织双元的研究存在明显的不对称性,主要集中于以下几个领域:组织学习(March,1991;Levinthal et al.,1993;Gupta et al.,2006)、技术创新(Atuahene-Gima,2005;Lin et al.,2013)、组织适应(Brown et al.,1997)、组织设计(Duncan,1976;Tushman et al.,1996)。此外,在国际化领域有所涉及,但远没有形成较完整的理论体系。近年来,有学者尝试将组织双元性理论应用到了战略导向(张婧等,2010)、战略联盟(Lavie et al.,2006)等领域。这些研究证实了双元性研究在其他领域拓展的可能性。因此,后续研究可以进一步将双元性研究深入拓展至国际化领域,这有助于拓宽双元性的研究范畴。

(三)组织双元的前因

对于如何实现组织双元,学者们提出了三种方案:结构双元、情景双元和基于高管团队的双元。Tushman 等(1996)认为结构上的分离使得探索性和利用性业务单元在过程、结构、文化等方面相互独立。然而,通过结构分离实现组织双元必须以组织的整体战略意图、价值观和设定的结构联系机制为基础,这样才能协调好探索性和利用性业务单元之间的资源分配和成果整合(O'Reilly et al.,2008;Jansen et al.,2009)。

行为学视角认为实现组织双元取决于在企业内部建立一个"鼓励员工在探索和利用活动的时间分配上进行自主决策"的高绩效情景(Ghoshal et al.,1994;Gibson et al.,2004)。Gibson 等(2004)将这种高绩效情景定义为:纪律、伸展、支持和信任。Patel 等(2013)进一步指出,企业可以通过建立高绩效人力资源管理系统来营造这种情景。企业通过提供晋升机会、工作稳定性保障、员工参与、信息分享等进一步增强了组织内部的信任和支持,进而营造了一个利于知识交流和分享的高绩效情景。

结构双元和情景双元的支持者都认为高管领导在实现组织双元方面发挥了重要的作用。例如,W. K. Smith 等(2005)认为在高管中建立一个矛盾的认知框架和过程能够帮助企业在探索和利用活动之间平衡战略冲突。Lubatkin

等(2006)认为通过建立一个行为整合的高管团队(鼓励信息分享、合作和共同决策制定)能够推动组织双元。Nemanicha 等(2009)认为变革型领导对组织双元具有直接正向影响。Cao 等(2010)认为拥有丰富网络资源的中小企业 CEO(首席执行官)能够处理大量矛盾性的信息和知识过程,进而实现组织双元。表2.1 为组织双元实证研究的汇总情况。

表 2.1　组织双元的实证研究

学者 (年份)	研究问题	研究结论
He 等 (2004)	探索性创新、利用性创新、创新双元与企业销售增长率的关系	探索与创新战略的交互项与销售增长率正相关,探索与创新战略差项的绝对值与销售增长率负相关
Gibson 等 (2004)	如何在组织内部实现组织双元,以及组织双元与企业绩效之间的关系	情景双元(纪律与拓展、支持和信任)能够推动组织双元的建立,组织双元与企业绩效正相关
Lubatkin 等 (2006)	中小企业实施组织双元(探索性创新和利用性创新)的前因和后果	高管团队行为整合(合作行为、信息交流、共同决策制定)与组织双元正相关,组织双元与企业绩效正相关
Jansen 等 (2006)	探索性与利用性创新的前因和后果,以及环境动态性和竞争性的调节作用	中心化负向影响探索性创新,正式化正向影响利用性创新,连接性正向影响探索性创新和利用性创新;探索性创新的作用在动态环境中更为明显,利用性创新在竞争性环境中的作用更为明显
K. Lin 等 (2007)	在企业联盟(探索性联盟与利用性联盟)背景下关注组织双元与企业绩效的理论边界	联盟双元与企业绩效之间的关系取决于企业规模、环境不确定性、企业中心性、结构洞、网络动态性
Li 等 (2008)	响应市场导向和先动市场导向与探索性创新、利用性创新关系研究	响应市场导向与探索性创新正相关,响应市场导向对探索性创新的影响要低于先动市场导向;响应市场导向与利用性创新正相关,先动市场导向对利用性创新的影响要低于响应市场导向

续表

学者 （年份）	研究问题	研究结论
Judge 等 （2008）	企业实施战略双元的能力基础和情景因素	组织变革能力与双元战略正相关，受到环境不确定性与组织冗余的调节作用
Jansen 等 （2008）	高管团队属性、领导行为与组织双元的关系	高管团队共享愿景、社会整合、权变激励对组织双元性具有正向影响
Mom 等 （2009）	从管理者层面分析影响管理者双元的整合因素	管理者决策制定的集权性与管理者双元正相关，管理者任务的正式化与管理者双元不相关，管理者个人的协调机制（管理者参与跨职能界面以及与其他组织的连接性）与管理者双元正相关
Cao 等 （2009）	组织双元的平衡维度和联合维度对于绩效的影响	平衡维度对资源限制型企业更为有利，整合维度对能获取大量资源的企业更为有利
Jansen 等 （2009a）	结构差异化与双元：整合机制的中介作用	结构差异化通过影响高管团队整合机制（权变奖励和社会整合）和组织整合机制（跨职能界面和连接性），进而对组织双元性产生影响
Carmeli 等 （2009）	高管团队行为整合、行为复杂性与组织双元关系研究	高管团队行为整合通过影响团队行为复杂性进而影响组织双元性
Nemanich 等（2009）	变革型领导、学习型文化、组织双元性关系研究	变革型领导对组织双元性具有直接正向影响，同时变革型领导还会通过学习型文化正向影响组织双元性
Jansen 等 （2009b）	战略领导（变革型领导、交易型领导）与探索性创新和利用性创新关系研究	变革型领导与探索性创新正相关，交易型领导与探索性创新负相关，交易型领导与利用性创新正相关，环境动态性负向调节交易型领导与探索性创新、利用性创新之间的关系
张婧 等 （2010）	市场导向均衡对制造型企业产品创新绩效的影响	市场导向的匹配均衡正向影响产品创新绩效，单独分析时市场导向联合均衡对产品创新绩效有显著正效应，同时实现匹配均衡和联合均衡能改善产品创新绩效，环境动态性正向调节市场导向均衡两个维度与创新绩效之间的关系

续表

学者 （年份）	研究问题	研究结论
Cao 等 （2010）	CEO 与高管团队在实现组织双元方面的作用	CEO 个人网络的信息优势与组织双元正相关，这一关系受到 CEO 与 TMT（高层管理团队）成员信息分享水平（沟通丰富程度）、全面评估和理解程度（职能互补）、共同利用程度（权力分散化）的影响
焦豪 （2011）	双元型组织竞争优势的构建路径	利用式创新和探索式创新的平衡效应在一定程度上能增强企业的长期竞争优势，二者平衡匹配才能产生协同效应
Chang 等 （2011）	影响中小企业实施创新双元的内外部因素	内部组织结构（决策制定的中心化＋部门间的连接性）、外部环境（动态性＋竞争性）均与创新双元正相关
Chang 等 （2012）	从高管、组织结构、组织情境三个方面研究中小企业实施组织双元的前因	结构特征（正式化、连接性）和领导特征（风险容忍和适应性）与创新双元正相关
李桦（2012）	探讨了战略柔性对企业绩效产生影响的作用机制，即战略柔性能否通过组织双元性的中介作用对企业绩效产生影响	战略柔性对组织双元性和企业绩效有正面的影响；组织双元性在资源柔性影响企业绩效的过程中起到了部分中介作用；组织双元性在协调柔性影响企业绩效的过程中起到了完全中介作用
Hsu 等 （2013）	新兴经济体中国际化双元与企业绩效的关系	国际化双元与企业绩效正相关，受到国际化深度、广度的负向调节，受到国际化速度的正向调节
Patel 等 （2013）	如何通过高绩效人力资源管理系统推动情景双元的建立	高绩效人力资源管理系统所提供的晋升机会、工作稳定性保障、员工参与、信息分享等元素进一步增强了组织内部的信任和支持，进而营造一个推动内部知识交流和分享的双元情景
Lin 等 （2013）	企业学习能力、创新双元与企业绩效关系研究	当组织内部学习、建立外部伙伴关系、开放性组织文化整合在一起时，会对组织双元性产生正向影响

续表

学者 （年份）	研究问题	研究结论
Clercq 等 （2013）	情景双元与企业绩效关系的内部情景因素	当信息公平和奖励依存度较高时，组织双元性与企业绩效之间的关系会增强；当任务冲突和资源竞争程度较高时，组织双元性之间的关系会减弱
Li（2014）	高管团队多样化影响组织双元的机制研究	高管团队多样化不仅通过战略谋划过程正向影响组织双元，还会通过组内冲突负向影响组织双元，高管团队整合机制正向调节这一过程
Clercq 等 （2014）	中小企业情景双元与企业绩效关系的内外部情景因素	当内部竞争较为激烈时，组织双元性（匹配与适应性）对企业绩效的影响程度降低；当外部竞争较为激烈时，组织双元性（匹配与适应）对企业绩效的影响效应增强
Wei 等 （2014）	组织学习双元（探索性学习和利用性学习）、战略柔性与新产品开发	相对探索维度与新产品开发之间呈倒 U 形关系，联合维度与新产品开发之间正相关，资源柔性和协调柔性正向调节这两者之间的关系
周俊 等 （2014）	组织双元性的培育机制以及双元性对企业绩效的影响	组织学习促进双元性培育；双元性提高企业绩效；双元性在组织学习和企业绩效之间发挥部分中介作用
Paliokaitê 等 （2014）	实证检验了组织预见能力（环境扫描能力、战略选择能力、整合能力）对组织双元性的影响	环境扫描能力、战略选择能力、整合能力均对组织双元性（探索性创新和利用性创新）具有正向影响
Lin 等 （2015）	制度压力、组织双元与绿色绩效关系研究	组织双元在制度压力与绿色绩效之间起到中介作用
Lee 等 （2016）	创新型文化、组织双元与新产品开发绩效关系研究	组织双元在创新型文化与新产品开发绩效之间起到中介作用
Zhang 等 （2016）	战略导向、基于能力的人力资源管理、创新双元与企业绩效关系	战略导向、基于能力的人力资源管理的交互项通过影响创新双元进而影响企业绩效

资料来源：吴航.企业外部知识搜索的创新机制[M],北京：社会科学文献出版社,2017.

总的来说,对于组织双元前因的研究主要集中于结构特征、情景特征、高管领导特征三个方面,并认为三个方面的设计都能够实现组织双元。然而,已有研究只是从结构、情景、高管领导三种解决途径中的单一视角进行剖析,缺乏整合性的研究。Raisch 等(2008)认为对于组织双元前因的研究需要整合三种视角,探索三种影响因素对组织双元的影响机理。Chang 等(2012)认为三种影响因素对于组织双元的影响存在理论重叠。例如,结构双元容易形成业务单元各自为战的局面,增强了不同业务单元之间的整合难度,而高管的战略整合行为对于推动信息分享和合作非常关键,因而解决了结构双元造成的难题(Simsek,2009)。同样,建立一个高绩效的行为情景也需要高管在资源获取透明性、行动自主权、决策制定公正性等方面进行指导(Gibson et al.,2004)。基于这种逻辑,本研究认为有必要整合三种分析视角,综合研究组织结构特征、情景特征、高管领导特征三者之间及其对国际化双元的影响机理。这也是本研究的理论拓展点。

三、知识整合

(一)概念界定

知识整合的概念最早由 Henderson 等(1990)在研究产品开发时提出。他们认为企业产品开发需要两方面的知识——元件知识和架构知识,架构知识的产生过程就是知识整合,是在产品开发过程中对企业现有知识的重新配置。Kogut 等(1992)认为知识整合是企业利用现有知识产生新应用的能力。Grant(1996a)首次系统阐释了知识整合的理论框架,包括知识整合的两种机制(命令和组织惯例)、三种特征(整合效率、范围和灵活性),认为企业竞争优势并不是来自知识,而是来自企业整合知识的能力。然而,Grant(1996a)并没有对知识整合能力给出清晰的定义。Zahra 等(2000)在此基础上,将知识整合定义为企业管理者识别、集成、利用所获取知识的过程。De Luca 等(2007)进一步将知识整合定义为企业识别、分析、解释、组合已有知识的结构和过程,如利用文件、信息分享会议、项目分析、项目评审、外部专家咨询等。总的来说,已有研究将知识整合定义为一种对搜索到的知识进行分析、融合与重构的正式知识整合机制,而对于非正式的知识整合机制没有涉及。

(二)知识整合的后果

Grant(1996a)认为企业竞争优势并不是来自于知识,而是来自于企业整合知识的能力。原因在于,知识的黏性特征使得知识在企业内部的转移和整合难度、成本都极大。后来的学者都支持这种观点,并实证检验了知识整合对企业创新绩效的正向影响。Boer 等(1999)认为企业通过一些命令、政策、程序、手册等机制,能够融合内部各种不同属性的知识,形成新概念或新工艺,进而促进产品创新。De Luca 等(2007)认为企业从市场上学到的知识需要经过内部的知识整合才能用于企业的产品创新。通过在企业内部建立正式的结构和过程,企业能够整合不同职能部门的创造力和智慧,推动不同职能部门的知识分享、利用和学习,从而提高产品创新过程中问题解决的成功率。此后,不少学者均以大样本实证检验了知识整合对于企业创新绩效的促进作用(缪根红等,2014;李贞等,2012;周健明等,2014)。然而,现有以知识整合作为前置变量对企业创新绩效的研究均仅关注企业内部的正式知识整合机制,而对于非正式知识整合机制缺乏关注。事实上,Zahra 等(2002)指出,企业内部的知识整合机制包括正式机制和非正式机制。正式知识整合机制通过事先建立的过程、管理界面来协调和解决差异化的活动,而非正式知识整合机制是一种社会特征,强调在企业内部建立一种非正式的机制并营造相应的文化氛围来推动内部的知识分享和扩散。因此,本研究在此基础上进一步深化,探索实施国际化双元战略的企业如何通过建立两种知识整合机制来提升企业创新绩效。

(三)知识整合的前因

企业知识整合过程的发生取决于两大关键要素:知识存量和知识交流。

一方面,企业的知识整合以知识为基础,因此企业需要拥有足量的知识。谢洪明等(2007a)认为学习是组织知识的主要来源,并实证发现学习导向对知识整合有显著的直接正向影响。李贞等(2012)认为企业通过与其上下游其他企业之间的沟通调整以及合作,能够学习大量的互补知识,进而推动知识整合过程。魏江等(2014)也赞同构建知识网络是知识整合的前提,并实证发现本地与超本地两类知识网络的双重嵌入对知识整合具有正向影响。Tzabbar 等

(2013)发现招募具有远端知识的科学家比与熟悉伙伴的联盟更能够推动知识整合。熊焰等(2011)研究了企业外部网络结构对知识整合的影响,并发现工具性社会网络密度对知识整合有显著的积极影响。

另一方面,知识整合的前提是知识拥有者愿意把知识拿出来共享,因此企业内部要形成一种鼓励合作和分享的文化氛围。张可军等(2011)实证分析了变革型领导对知识整合的作用机制,发现变革型领导能够打造和提升组织的信任氛围,此时员工更愿意交换信息和采取合作行为,因而推动知识整合活动的发生。Ghazali 等(2015)也实证检验了变革型领导与交易型领导对知识整合机制的影响。此外,Tsai 等(2014)也发现企业内部的跨职能合作能够打造信任与合作氛围,进而促进知识整合机制建立。

总之,目前对于知识整合前因的研究主要集中于学习导向、网络嵌入、领导风格、跨职能合作等方面,而以国际化视角进行的研究较少。本研究尝试从国际化双元理论角度探索企业知识整合能力的建立机制。表 2.2 为知识整合实证研究的汇总情况。

表 2.2 知识整合的实证研究

作者(年份)	研究问题	研究结论
Huang 等 (2003)	跨职能项目情境下知识整合过程与动力研究	组织的嵌入实践、以往经验、社会资本决定知识整合的效率和范围
Tiwana (2004)	知识整合对软件开发绩效影响的实证研究	软件开发过程中应用领域的知识与技术知识的高度整合能够提高软件开发效率
K. G. Smith 等 (2005)	现有知识、知识整合能力与新产品引入率关系研究	员工现有知识、个人网络、组织氛围正向影响知识整合能力,知识整合能力正向影响新产品数量
谢洪明等 (2006)	知识整合、组织创新与组织绩效关系研究	知识整合可以通过技术创新来提升组织绩效,也可以通过管理创新来提升组织绩效
Collins 等 (2006)	人力资源管理实践、知识整合、企业绩效关系研究	人力资源管理实践通过正向影响组织社会氛围,进而影响知识整合能力,最终影响企业绩效
Kenney 等 (2006)	组织形式、组合能力与知识整合能力关系研究	组织形式、组合能力对知识整合的效率、范围、灵活性具有重要影响

续表

作者(年份)	研究问题	研究结论
柯江林等 (2007)	R&D(研究与开发)团队之社会资本对团队效能的影响机制	知识分享与知识整合在团队社会资本与团队效能间具有完全中介作用
谢洪明等 (2007a)	学习、知识整合与创新的关系研究	学习导向直接正向影响知识整合,必须通过知识的整合才能促进技术创新和管理创新
谢洪明等 (2007b)	组织学习、知识整合与核心能力的关系研究	组织学习通过影响知识整合进而影响核心能力,最后影响组织绩效
De Luca 等 (2007)	市场知识、跨职能合作影响产品创新绩效的机制研究	知识整合机制在市场知识维度、跨职能合作与产品创新绩效间起到中介作用
简兆权等 (2008)	吸收能力、知识整合对组织创新和绩效的影响	吸收能力正向影响知识整合,知识整合通过正向影响组织创新进而提升组织绩效
谢洪明等 (2008)	知识整合对技术创新的影响机制研究	社会化能力、合作能力通过正向知识影响整合效果进而影响技术创新
M. J. Lin 等 (2008)	内部整合和外部整合对三种类型知识分享的影响	内部整合和外部整合显著影响内部能力、顾客和供应商的知识分享,团队成员分享的知识对创新能力和新产品竞争优势具有正向影响
陈明等 (2009)	企业文化、知识整合机制对企业间知识转移绩效的影响	人员交流和团队交流在创新型文化与知识转移绩效间具有部分中介作用,程序交流在支持型文化与知识转移绩效间具有完全中介作用
魏成龙等 (2009)	企业并购后知识整合传导机理	知识整合能力直接正向影响并购整合绩效,核心能力对企业并购整合绩效有显著的直接正向影响
蒋天颖等 (2009)	战略领导行为、学习导向、知识整合和组织创新绩效关系研究	战略领导行为正向影响学习导向;战略领导行为通过学习导向间接影响知识整合;学习导向和知识整合在战略领导行为与创新绩效之间起着中介作用

续表

作者(年份)	研究问题	研究结论
惠青等 (2010)	产学研合作创新网络、知识整合、技术创新关系研究	知识整合在网络结构与技术创新间起到完全中介作用,在网络关系与技术创新间起到部分中介作用
张可军等 (2011)	变革型领导对知识整合的影响:信任为中介变量	员工信任在变革型领导与知识整合(贡献知识、组合知识)之间具有部分中介作用
熊焰等 (2011)	网络结构、知识整合与知识型团队绩效关系研究	工具性社会网络密度对知识整合有显著的积极影响;工具性社会网络非中心度对知识整合有 U 形的影响关系;知识整合对团队绩效有显著的积极影响
Tsou (2012)	合作能力、伙伴匹配影响电子服务产品创新的机制研究	知识整合机制在合作能力、伙伴匹配与电子服务产品创新间起到中介作用
潘文安 (2012)	关系强度、知识整合能力与供应链知识效率转移	外部知识整合能力在关系强度与知识转移绩效之间起到部分中介作用
李贞等 (2012)	吸收能力、关系学习及知识整合对企业创新绩效的影响	知识整合在吸收能力与创新绩效间起到完全中介作用,在关系学习和创新绩效间起到部分中介作用
赵增耀等 (2012)	内资企业知识整合机制、知识整合能力与知识转移效果之间的关系	垂直整合机制、水平整合机制和混合整合机制正向影响知识转移效果;内资企业的知识整合能力是影响知识整合机制与知识转移效果的关键中介因素
孙彪等 (2012)	不确定性、知识整合机制与创新绩效的关系研究	独立型、合作型知识整合机制在任务不确定性、联盟关系不确定性(联盟依赖和联盟冲突)以及外部环境不确定性和创新绩效之间起中介作用
高展军等 (2012)	网络连接与关系信任的互动对突变创新的影响机制研究	关系信任和网络连接正向影响知识整合,并通过知识整合的中介促进突变创新;关系信任和网络连接的互动效应也通过知识整合的中介影响突变创新

续表

作者(年份)	研究问题	研究结论
曹霞等 (2012)	产学研合作创新知识整合影响因素研究	知识整合手段、合作双方共有知识、合作创新技术特性、创新组织氛围和知识整合意愿对知识整合绩效有显著性影响,但产学研合作创新组织的知识整合能力对知识整合绩效不具有显著性影响
Connell等 (2013)	市场营销导向、知识整合、竞争优势关系研究	知识整合在市场营销导向与竞争优势间起到中介作用
吴俊杰等 (2013)	企业家社会资本、知识整合能力与创新绩效的关系	企业家技术、商业和制度社会资本正向影响知识整合能力,知识整合能力正向影响技术创新绩效
叶笛等 (2013)	基于相似吸引理论探讨相似和吸引对于信息系统开发团队知识整合的效应	人口统计学相似性和目标相似性会影响成员间的人际吸引,激发成员间的社会融合并最终促进团队成员间的知识整合
蒋天颖等 (2013)	基于市场导向的中小微企业竞争优势形成机理	市场导向既直接影响竞争优势,也通过知识整合和组织创新产生间接影响;知识整合对中小微企业组织创新产生显著影响,但对竞争优势无显著影响
Tzabbar等 (2013)	从外部获取知识在什么情况下能推动知识整合	相比与熟悉的伙伴建立联盟,招募具有远端知识的科学家更能够促进知识整合速度
雷宏振等 (2013)	组织成员关系、知识吸收能力对知识整合的影响研究	知识吸收能力在义务性关系和知识整合之间具有完全中介作用,在情感性关系和知识整合之间具有部分中介作有
李晓红等 (2013)	知识整合能力对自主创新的影响	外部知识整合能力、内部知识整合能力、用户整合能力显著正向影响自主创新绩效
魏江等 (2014)	知识网络双重嵌入、知识整合与集群企业创新能力关系研究	互补性知识整合和辅助性知识整合的中介效应在集群企业本地和超本地双重嵌入与其创新能力之间具有中介效应
Tsai等 (2014)	跨职能合作、知识整合机制与新产品绩效的关系	跨职能合作正向影响知识整合机制,知识整合机制正向影响新产品绩效

续表

作者(年份)	研究问题	研究结论
周健明等 (2014)	知识惯性、知识整合与新产品开发绩效的关系研究	知识整合在程序惯性与新产品绩效间具有完全中介作用,在经验惯性与新产品绩效间具有部分中介作用,外部知识整合在资讯惯性与新产品绩效间具有完全中介作用
缪根红等 (2014)	外部新知识搜寻、知识整合与创新绩效关系研究	知识整合在外部新知识搜寻和创新绩效之间具有部分中介作用,在外部旧知识搜寻和创新绩效之间具有完全中介作用
Ghazali 等 (2015)	探索知识整合在领导风格与企业系统成功间的中介作用	知识整合在变革型领导、交易型领导与企业系统成功间起到完全中介作用
Tsai 等 (2015)	使用知识整合机制是否能够提升创新绩效	知识整合与创新绩效呈倒 U 形关系

资料来源:吴航.企业外部知识搜索的创新机制[M].北京:社会科学文献出版社,2017.

第三章

探索性国际化、利用性国际化战略
对创新绩效的影响

　　已有研究对于不同国际化战略的创新机理缺乏关注。基于探索与利用视角,将国际化战略划分为探索性国际化与利用性国际化两种,实证研究了探索性国际化、利用性国际化对创新绩效的影响,同时整合权变理论检验了企业年龄、母国与东道国相似性、国际环境动荡性的调节效应。研究发现探索性国际化、利用性国际化都对创新绩效具有正向影响,而探索性国际化对创新绩效具有更强的影响效应;此外,企业国际化战略选择必须与组织(企业年龄)、战略(母国与东道国相似性)、环境(国际环境动荡性)因素相匹配。研究结论对于国际化战略理论与实践具有启示意义。

一、引言

　　实施国际化发展战略已成为我国企业对接国际创新源、拓展发展空间的重要战略抉择。一方面,通过进入国际市场,企业可以在更广的范围内探索新的知识和资源,如前沿的知识和技术、高端的研发和管理人才、先进的生产和运营经验等;另一方面,进入国际市场还能帮助企业充分发挥技术和市场优势,推动规模经济的实现(Hitt et al.,1997;Makino et al.,2002;Thite et al.,2016;Zheng et al.,2016)。中国企业尽管对于进军国际市场表现出了极大的热忱,但在实施国际化战略的结局上表现不一。换言之,虽然吉利、海尔等一批企业在国际化战略上取得了重大成功,推动了企业创新的大发展,但也有一大批企业在国际化过程中折戟沉沙,并没有取得预期的创新效果。因此,理论上有必要进一步深入研究国际化对企业创新的影响机理。

学术界对于国际化与创新关系的研究给予了极大关注,但并未得出一致结论。实证研究显示国际化对于创新可能存在多种影响效应:正向影响(Hitt et al.,1997;Salomon et al.,2005)、负向影响(Mahmooda et al.,2009)、U 形影响(Hsu et al.,2015)、无影响(Liu et al.,2008)。究其原因,发现现有研究中存在的两个理论缺口导致该领域的研究还需进一步深化。首先,现有研究将国际化视为一种整体战略,并没有实证检验差异化的国际化战略对于创新绩效的影响机理(Hitt et al.,1997;Salomon et al.,2005;Buckley et al.,2014;Martineaua et al.,2016)。事实上,Makino 等(2002)早已指出企业实施国际化战略的动机存在差异,包括资产搜寻和资产利用两种类型;Awate 等(2015)认为企业国际化战略可以从能力创造和能力利用两个方面来理解,而 Prange 等(2011)更是进一步点出企业在国际市场上的运营实际上就是探索和利用相结合的过程。因此,理论上有必要对国际化进一步细分,深入剖析不同国际化战略影响创新绩效的机理。其次,对于国际化与创新关系的解释主要源自资源观和组织学习两个理论视角(Hitt et al.,1997;Salomon et al.,2005),而这两种理论存在一个共同的理论局限性:没有提出资源和学习影响创新的情景条件(Karna et al.,2016)。依据权变理论的逻辑(Lawrence et al.,1967),企业实施国际化战略的创新效应取决于国际化战略选择与组织因素、战略因素、环境因素的匹配程度。因此,有必要整合国际化与权变理论,探索企业实施不同国际化战略的情景匹配条件。

为了填补以上研究缺口,本研究将基于 March(1991)对探索和利用的经典阐释,将国际化分解为探索性国际化和利用性国际化两种战略,同时引入权变理论的分析视角,综合分析探索性国际化、利用性国际化对创新绩效的差异化影响,以及两种国际化战略与企业年龄(组织因素)、母国与东道国相似性(战略因素)、国际环境动荡性(环境因素)的匹配效应。研究结论对于深化国际化理论、拓展国际化影响创新的理论边界具有重要贡献,同时对于企业管理者实施国际化战略以实现创新能力提升具有实践指导意义。

二、国际化战略的理论基础与概念模型

(一)国际化战略:探索性国际化与利用性国际化

国际商务领域的一个重大议题就是"确定企业进入国际市场是'利用'现有资源,还是'探索'新的资源"(Makino et al.,2002)。依据组织学习理论视角,March(1991)认为探索是与搜寻、变异、风险承担、实验、柔性、发现以及创新等相关的活动,注重通过对新信息、新知识的挖掘提升企业长期绩效,而开发则是与精炼、选择、成果、效率、履行等相关的活动,注重利用现有信息和知识来获得短期收益。探索和利用活动都涉及组织学习,差异在于探索性学习是在较大范围内对新领域知识的搜索,而利用性学习是在已知的狭窄范围内的深层次学习(Katila et al.,2002)。依据探索与利用的概念逻辑,本研究将探索性国际化定义为企业在国际市场上广泛搜索新知识和互补资源的学习活动,将利用性国际化定义为企业在国际市场上利用自身资源和知识的学习活动。

(二)企业实施国际化战略的情景特征

权变理论是行为理论中的一个学派,在战略管理和国际商务领域有着广泛的应用。该理论学派认为企业绩效取决于组织模式与环境、战略和企业特征的匹配程度,最佳的组织方式应该视企业所面临的特定环境而定。因此,依据权变理论的核心逻辑,企业管理者应努力使得组织目标与内外部环境实现战略匹配和一致(Lawrence et al.,1967)。事实上,权变理论在国际化战略领域早有体现。如Dunning(1981)提出了国际生产折衷理论,并认为国际化企业成功的原因在于拥有所有权优势、区位优势和内部化优势。借鉴该理论框架,Brouthers等(1999)进一步提出企业实施国际化战略需要与企业所有权、区位和内部化优势相匹配,实现匹配的国际化企业比那些没有实现匹配的企业绩效更优。然而,目前国际商务的研究往往将国际化视为单一变量,并未在权变理论思维框架下研究企业实施不同国际化战略的创新效应。

(三)国际化探索、国际化利用与创新绩效的关系模型

本研究认为企业国际化可以划分为探索性和利用性两种战略,企业创新绩效受到探索性国际化和利用性国际化的影响,探索性国际化对创新绩效具有更强的正向影响。更为重要的是,企业实施国际化战略的创新效应取决于探索性国际化、利用性国际化与组织因素(企业年龄)、战略因素(母国与东道国相似性)、环境因素(国际环境动荡性)的匹配程度。本研究理论框架如图3.1所示。

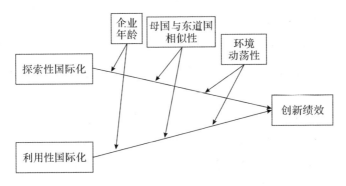

图 3.1 探索性国际化、利用性国际化影响创新绩效的概念模型

三、探索性、利用性国际化影响创新绩效的假设提出

(一)探索性国际化与创新绩效

企业实施探索性国际化战略的目的是在国际市场上获取学习机会和创新资源,包括新技术、营销、管理等方面的知识和高端人才。Mathews(2002)认为新兴经济国家企业进入国际市场的主要动机就是为了通过建立海外关系来获取战略资源和学习机会,同时帮助企业避免国外市场的风险和不确定性。Luo等(2007)认为新兴经济国家企业将国际市场作为弥补企业竞争劣势的战略跳板,进入国际市场的主要动机是为了获取企业发展所需的互补资产和学习机

会。这些创新资源和学习机会能够丰富企业的知识库,为企业创新带来新的知识元素和创新构想,对于企业创新至关重要(Katila et al.,2002)。Mihalache 等(2012)认为从国外搜索创新知识能够显著拓展企业知识积累的深度和广度,增加企业的知识组合类型,同时不断更新企业的思维模式,避免陷入创新能力陷阱。鉴于此,本研究提出如下假设:

H$_{3.1}$:探索性国际化对创新绩效具有正向影响。

(二)利用性国际化与创新绩效

企业实施利用性国际化战略是为了在国际市场上充分利用企业的所有权优势,将企业有限资源的效益最大化。通过在国外市场上重复利用企业先前已经熟知的技术和产品市场知识,企业的创新效率将会大幅提升。重复使用相同的知识元素会促进相关知识利用惯例的形成,削减产品开发过程中的不必要步骤,进而提高产品创新的效率和成功率(Katila et al.,2002;Li et al.,2010)。Atuahene-Gima 等(2007)认为重复实施利用活动不仅能够降低企业在新产品开发过程中的失误概率,同时还能够帮助企业在整合和重组企业现有知识的过程中对这些知识有更加深入的理解,进而识别新的知识元素或新的知识组合,最终推动企业创新。鉴于此,本研究提出如下假设:

H$_{3.2}$:利用性国际化对创新绩效具有正向影响。

(三)探索性国际化 vs 利用性国际化

尽管利用性国际化能够降低企业创新风险,提升创新效率,并且能够在一定程度上促进创新资源重组,但本研究认为探索性国际化更能够推动企业创新。依据 March(1991)、Gupta 等(2006)对探索与利用活动的经典定义和阐释,探索与利用是两种不同的学习活动,差异在于探索强调学习是沿着全新的轨迹,而利用强调学习是沿着已有的轨迹。依据这种组织学习的解释逻辑,探索性国际化和利用性国际化虽然都是学习行为,但是探索性国际化所带来的技术和市场知识学习发生于新的知识和技术领域,而利用性国际化所带来的学习发生于企业已经了解的知识领域。因此,相比利用性国际化战略,实施探索性国际化战略的企业能够获取大量新颖的知识和信息。一方面,从国际市场上获取的知识新颖性越强,就越能够引起企业管理者的重视,并将其应用于创新实践;另一方面,新知识能够不断更新企业知识基础,推动现有知识的创新性应用。鉴于此,本研究提出如下假设:

H_{3.3}:相比利用性国际化,探索性国际化更能促进企业创新绩效的提升。

(四)调节效应

1. 组织匹配:国际化战略与企业年龄

已有研究证实了企业年龄在企业战略决策和绩效中发挥着重要的作用(Sørensen et al.,2000)。本研究认为,企业实施国际化战略的创新效应受到企业年龄的影响,年轻企业更能从利用性国际化战略中获益,年老的企业更能从探索性国际化战略中获益。企业年龄是反映企业资源存量的一个重要指标,年轻企业面临先天劣势和小规模劣势,因而导致企业拥有有限的内部资源和外部网络资源(Yamakawa et al.,2011)。因此,年轻企业在国际市场上更倾向于选择实施低风险的利用活动,通过重复利用企业已有资源和能力来获取收益,而重复的实施利用活动最终能够推动企业创新。尽管实施国际化探索战略能够为企业带来更多差异化的知识和信息,但对于缺乏国际化经验的年轻企业而言,选择实施国际化探索战略无疑意味着更高的资源投入和知识整合风险,最终极有可能导致企业创新失败。随着企业年龄的增长,成功的利用活动得到保留、强化,进而形成组织记忆,最终使得企业陷入能力陷阱和核心刚性的陷阱(Leonard-Barton,1995)。对于国际化企业而言,在国际市场上实施探索战略是帮助企业获取学习机会、更新资源基础、增强环境适应能力的重要举措。相比探索性国际化,利用性国际化本质上并不会带来足够多的学习机会。因此,企业年龄与国际化战略的匹配对于增强创新能力至关重要。鉴于此,本研究提出如下假设:

H_{3.4a}:企业年龄正向调节探索性国际化与创新绩效之间的关系。

H_{3.4b}:企业年龄负向调节利用性国际化与创新绩效之间的关系。

2. 战略匹配:国际化战略与母国和东道国相似性

国际化企业面临战略抉择"在不同的国家实施哪种国际化战略"。依据战略匹配理论,探索性与利用性国际化战略的实施与所选择进入的海外市场的匹配程度对于创新绩效的提升至关重要(Zou et al.，2002;A. P. Cui et al.，2014)。相似性较高的海外市场是企业实施利用性战略的首选,因为企业轻而易举就能在海外市场实现规模经济,延长现有产品的生命周期(Zhan et al.，2013)。这意味着当企业选择在商业文化、政治制度、经济发展水平等方面相近的国家实施利用活动时,此时企业只需对自己掌握的知识和拥有的产品进行细微调整就可以将其用于国外市场,从而获取实施利用性国际化战略的创新收益。相比之下,相似性较低的海外市场是企业实施探索性战略的首要选择,因为政治、文化、经济等方面的差异性为企业探索新的技术和市场知识提供了机会(A. P. Cui et al.，2014)。Kumar 等(1997)发现为了快速适应陌生的海外环境,企业往往能够在未知或未满足的市场领域探索出新的发展机遇。然而,如果企业选择在相似性较低的海外市场实施利用战略,往往会出现产品不能满足国外顾客需求或难以与国外竞争对手抗衡的局面,最终导致战略实施的失败。鉴于此,本研究提出如下假设:

$H_{3.5a}$:母国和东道国相似性负向调节探索性国际化与创新绩效之间的关系。

$H_{3.5b}$:母国和东道国相似性正向调节利用性国际化与创新绩效之间的关系。

3. 环境匹配:国际化战略与国际环境动荡性

企业实施国际化战略的创新效应还受到外部环境动荡性的影响。国际环境动荡性表示国际市场上技术、顾客需求、竞争者推出新产品的速度和不可预测程度(Dess et al.，1984)。当国际环境动荡性较高时,企业面临更多的增长空间和发展机遇,同时企业面临更高的过时风险(Jansen et al.，2006;Lisboa et al.，2013),此时国际化企业倾向于实施探索性战略,通过识别不断变化的顾客需求,创造出新的产品或服务以应对外部环境的动态变化。相比之下,在动荡环境下实施利用性国际化战略企业的创新绩效会下降,因为这部分企业习惯于在现有的产品、服务和市场领域实施利用活动,最终使得企业生产出来的产品越来越难以满足动态变化的市场需求(Jansen et al.，2006;Cruz-González et al.，2015)。当国际环境动荡性较低时,国际化企业面临稳定的顾客需求和技术发展轨迹,此时企业实施高风险探索战略的压力较小,只需对现有产品或服务进行微调就能满足国际市场的需求,因而国际化企业更倾向于实施利用战略(Yamakawa et al.,2011)。在稳定环境下实施利用战略能够帮助企业不断利用自身优势,降低生产成本,实现规模经济,这些对于推动创新都是极为有利的。鉴于此,本研究提出如下假设:

$H_{3.6a}$:国际环境动荡性正向调节探索性国际化与创新绩效之间的关系。

$H_{3.6b}$:国际环境动荡性负向调节利用性国际化与创新绩效之间的关系。

四、研究方法

(一)数据收集

本研究以国际化制造企业为研究对象,以大样本问卷调查的方式收集所需数据,所有问卷题项均由企业内部高层管理者或部门主管填写。问卷在发放之前进行了详细的设计。首先通过文献回顾设计出各变量的测度题项,继而选择信度和效度均通过检验的问卷,然后采用预调研的方式选择几位研究人员和企业人员进行现场访谈,并咨询相关专家,根据专家意见对问卷措辞进行进一步提炼和修正,使之更加符合中国语境。

问卷主要通过三种渠道发放。

其一,现场发放,现场回收。主要是研究人员到高新技术企业园区现场调研时发放,或者是在高校 MBA、EMBA 课堂上发放,或者是在完成企业咨询类课题过程中进行发放等。共计发放问卷 155 份,回收问卷 155 份,剔除其中的无效问卷 22 份,有效问卷共计 133 份,有效率为 85.8%。

其二,委托发放,委托回收。主要是求助关系较好的同事、同学、朋友、亲戚等代为发放与回收。累计委托 33 人次,共计发放问卷 389 份,回收问卷 126 份,剔除其中的无效问卷 58 份,有效问卷共计 68 份,有效率为 17.5%。

其三,通过电子邮件的方式发放与回收问卷。借助个人和项目团队的关系获取了"武汉·中国光谷"部分企业的电子邮件通信方式,在电子邮件中讲明了本次调研的目的和基本要求,然后在半个月的时间内通过电子邮件向相关企业

2 次发放调研问卷，共计发放问卷 185 份，回收问卷 61 份，剔除其中的无效问卷 35 份，有效问卷共计 26 份，有效率为 14.1%。

因此，利用三种方式共发放问卷 729 份，回收有效问卷 227 份，有效问卷回收率为 31.1%。

由于本研究存在大量的未回复问卷，需要检验是否存在应答偏差(response bias)。按照通行的做法，通过方差分析比较了早期回收问卷(前 25%)和晚期回收问卷(后 25%)在控制变量上是否存在显著差异，结果显示不存在显著差异，说明不存在显著的无应答偏差。此外，Harman 单因子检验分析结果显示，没有哪个因子能够解释绝大多数的变差，说明不存在共同方法偏差。

由于数据来自三种渠道，考虑到不同的收集途径可能对数据一致性产生影响，因此必须对不同样本来源的数据差异性进行检验。本研究通过方差分析来判断三类数据在主要变量上是否存在显著差异。结果发现，三种渠道的样本数据在企业规模、企业年龄等企业基本特征上均不存在显著差异，证明三种渠道的数据来自同一母体，不存在一致性差异。

样本具有以下特征：从填写人学历上看，专科及以下程度占比 16.74%，本科程度占比 74.45%，研究生程度占比 8.81%。从公司规模上看，500 人以下占比 25.55%，501～2500 人占比 30.40%，2500 人以上占比 44.05%。从企业年龄上看，5 年及以下占比 7.05%，6～10 年占比 24.23%，11～20 年(含)占比 41.41%，20 年以上占比 27.31%。从产业分布上看，电子信息产业占比 30.40%，专用设备制造业占比 19.38%、交通运输设备制造业占比 13.22%、一般机械制造业占比 12.78%，金属制品业占比 9.25%，纺织、服装等其他产业占比 14.98%。

(二)变量测度

为了提高测量量表的信度和效度，本研究充分借鉴文献研究中的成熟量表。所有量表均采用李克特 7 点量表进行测量。

1. 探索性国际化与利用性国际化

尽管目前理论上对于探索性国际化和利用性国际化并没有开发出专门的测量量表，但 Makino 等(2002)、Hsu 等(2013)均指出了探索性国际化以在国际市场上寻求技术、营销和管理人才等战略资产为主要目的，利用性国际化以在国际市场上利用企业专属资产为主要目的,因此本研究立足 Makino 等(2002)、Hsu 等(2013)对探索性国际化与利用性国际化内涵的深刻阐释,分别以五个题项来测量探索性国际化与利用性国际化。

2. 创新绩效

遵循 Wu 等(2016)、Chen 等(2011)的研究,选用六个题项来测度创新绩效,主要测度与同行业竞争对手相比企业创新的质量和速度。

3. 调节变量

以企业成立之初至调查之日的经营年限来测度企业年龄。依据 A. P. Cui 等(2014)对于母国与东道国相似性的测度方式,选用三个题项来测度母国与东道国在商业文化、政治和法律体系以及经济发展水平方面的相似性。关于国际环境动荡性的测量主要依据 Jaworski 等(1993)的思路和题项,选用三个题项来测度国际市场在技术、顾客需求和竞争者行为方面的动荡性。

4. 控制变量

将以下四个变量作为控制变量:企业规模、产业类型、研发投入强度、国际化经验。以企业人数的自然对数来测度企业规模;选用研发投入占总销售收入的比重来衡量研发投入强度;以企业开展国际化业务至今的年限来测度国际化经验;产业类型设置为哑变量(设置 5 个哑变量分别代表电子信息、专用设备制造、交通运输设备制造、一般机械制造和金属制品产业)。

(三)信度分析

1. 创新绩效

首先对被解释变量——创新绩效进行信度分析,分析结果如表 3.1 所示。创新绩效变量的 CITC 值均大于 0.9,Cronbach's α 为 0.985,大于 0.9,同时分别删除"新产品的数量""新产品开发的速度""新产品的新颖程度""新产品销售额占销售总额比重""新产品开发成功率""申请专利数量"后各个题项的 α 值为 0.982、0.982、0.983、0.982、0.981、0.982,均小于 0.985。数据分析显示各指标均满足前文所述的信度指标要求,通过了信度检验,说明创新绩效变量测度的一致性良好。

表 3.1　创新绩效量表的信度检验

变量	题项	CITC	删除该题项后的 α 值	Cronbach's α
创新绩效	1.新产品的数量	0.946	0.982	0.985
	2.新产品开发的速度	0.949	0.982	
	3.新产品的新颖程度	0.943	0.983	
	4.新产品销售额占销售总额比重	0.948	0.982	
	5.新产品开发成功率	0.963	0.981	
	6.申请专利数量	0.945	0.982	

2.国际化战略

其次对解释变量——国际化战略(探索性国际化、利用性国际化)进行信度分析,分析结果如表 3.2 所示。探索性国际化变量的 CITC 值均大于 0.8,Cronbach's α 为 0.963,大于 0.9,同时分别删除"从海外市场获取高层次的研发和管理人才""获取企业创新所需的技术和营销资源""接近国外的创新环境,获取成果溢出""利用国外良好的 R&D 硬件基础设施""与当地行业领先企业建立战略合作关系"后各个题项的 α 值为 0.958、0.957、0.956、0.955、0.944,均小于0.963。数据分析显示各指标均满足前文所述的信度指标要求,通过了信度检验,说明探索性国际化变量测度的一致性良好。

利用性国际化变量的 CITC 值均大于 0.75,Cronbach's α 为 0.921,大于0.9,同时分别删除"在国外市场上利用企业的技术优势""占领国外市场以拓展企业的发展空间""生产出满足国外顾客消费需求的产品""在国外设立生产基地以降低运输成本""利用国外市场廉价的劳动力和物质资源"后各个题项后的α 值为 0.902、0.904、0.900、0.905、0.907,均小于 0.921。数据分析显示各指标均满足前文所述的信度指标要求,通过了信度检验,说明利用性国际化变量测度的一致性良好。

表 3.2 国际化战略量表的信度检验

变量	题项	CITC	删除该题项后的 α 值	Cronbach's α
探索性国际化	1. 从海外市场获取高层次的研发和管理人才	0.870	0.958	0.963
	2. 获取企业创新所需的技术和营销资源	0.879	0.957	
	3. 接近国外的创新环境,获取成果溢出	0.880	0.956	
	4. 利用国外良好的 R&D 硬件基础设施	0.889	0.955	
	5. 与当地行业领先企业建立战略合作关系	0.958	0.944	
利用性国际化	1. 在国外市场上利用企业的技术优势	0.803	0.902	0.921
	2. 占领国外市场以拓展企业的发展空间	0.796	0.904	
	3. 生产出满足国外顾客消费需求的产品	0.812	0.900	
	4. 在国外设立生产基地以降低运输成本	0.791	0.905	
	5. 利用国外市场廉价的劳动力和物质资源	0.782	0.907	

3. 母国与东道国相似性

首先对调节变量——母国与东道国相似性进行信度分析,分析结果如表 3.3 所示。母国与东道国相似性变量的 CITC 值均大于 0.8,Cronbach's α 为 0.905,大于 0.9,同时分别删除"选择进入的海外市场与本国商业文化较为相似""选择进入的海外市场与本国政治和法律体系较为相似""选择进入的海外市场与本国经济发展水平较为相似"后各个题项的 α 值为 0.861、0.861、0.869,均小于 0.905。数据分析显示各指标均满足前文所述的信度指标要求,通过了信度检验,说明母国与东道国相似性变量测度的一致性良好。

表 3.3　母国与东道国相似性量表的信度检验

变量	题项	CITC	删除该题项后的 α 值	Cronbach's α
母国与东道国相似性	1. 选择进入的海外市场与本国商业文化较为相似	0.814	0.861	0.905
	2. 选择进入的海外市场与本国政治和法律体系较为相似	0.813	0.861	
	3. 选择进入的海外市场与本国经济发展水平较为相似	0.804	0.869	

4. 国际环境动荡性

首先对调节变量——国际环境动荡性进行信度分析,分析结果如表 3.4 所示。国际环境动荡性变量的 CITC 值均大于 0.8,Cronbach's α 为 0.912,大于 0.9,同时分别删除"企业所在的海外市场技术变化迅速""国外顾客倾向于消费新的产品或服务""国外竞争者经常推出新的产品或服务"后各个题项的 α 值为 0.867、0.870、0.885,均小于 0.912。数据分析显示各指标均满足前文所述的信度指标要求,通过了信度检验,说明国际环境动荡性变量测度的一致性良好。

表 3.4　国际环境动荡性量表的信度检验

变量	题项	CITC	删除该题项后的 α 值	Cronbach's α
国际环境动荡性	1. 企业所在的海外市场技术变化迅速	0.833	0.867	0.912
	2. 国外顾客倾向于消费新的产品或服务	0.829	0.870	
	3. 国外竞争者经常推出新的产品或服务	0.811	0.885	

(四)效度分析

1. 探索性因子分析

对研究中涉及的主要变量的测度题项分别作因子分析。经检验,所有测度题项的 KMO 样本测度和巴特利特球形检验结果为:KMO 值为 0.882,大于 0.8,且巴特利特球形检验的统计值也达到了显著水平,非常适合做因子分析。鉴于此,本研究对所构建的 22 个问卷测度题项进行探索性因子分析,分析结果如表 3.5 所示。

表 3.5　国际化战略、调节变量与创新绩效探索性因子分析

变量	测度题项	因子				
		1	2	3	4	5
探索性国际化	1. 从海外市场获取高层次的研发和管理人才	0.906	0.014	0.027	−0.012	0.185
	2. 获取企业创新所需的技术和营销资源	0.879	0.125	−0.108	−0.069	0.229
	3. 接近国外的创新环境,获取成果溢出	0.897	0.033	−0.044	−0.110	0.192
	4. 利用国外良好的 R&D 硬件基础设施	0.913	0.089	−0.042	−0.019	0.159
	5. 与当地行业领先企业建立战略合作关系	0.936	0.121	−0.027	−0.031	0.246
利用性国际化	1. 在国外市场上利用企业的技术优势	0.109	0.848	0.043	0.127	0.176
	2. 占领国外市场以拓展企业的发展空间	0.096	0.860	−0.028	0.048	0.101
	3. 生产出满足国外顾客消费需求的产品	0.071	0.873	−0.034	0.046	0.112
	4. 在国外设立生产基地以降低运输成本	−0.011	0.869	−0.106	0.053	0.074
	5. 利用国外市场廉价的劳动力和物质资源	0.081	0.837	−0.003	0.049	0.185
母国与东道国相似性	1. 选择进入的海外市场与本国商业文化较为相似	−0.024	−0.021	0.897	−0.144	−0.134
	2. 选择进入的海外市场与本国政治和法律体系较为相似	−0.040	0.031	0.886	−0.179	−0.168
	3. 选择进入的海外市场与本国经济水平较为相似	−0.084	−0.118	0.882	−0.065	−0.209

续表

变量	测度题项	因子				
		1	2	3	4	5
国际环境动荡性	1.企业所在的海外市场技术变化迅速	−0.045	0.018	−0.107	0.926	−0.015
	2.国外顾客倾向于消费新的产品或服务	−0.082	0.105	−0.112	0.905	0.072
	3.国外竞争者经常推出新的产品或服务	−0.067	0.159	−0.156	0.886	0.036
创新绩效	1.新产品的数量	0.228	0.122	−0.149	0.037	0.915
	2.新产品开发的速度	0.168	0.103	−0.117	0.009	0.934
	3.新产品的新颖程度	0.226	0.164	−0.125	0.039	0.911
	4.新产品销售额占销售总额比重	0.200	0.151	−0.131	0.020	0.922
	5.新产品开发成功率	0.194	0.147	−0.078	0.021	0.930
	6.申请专利数量	0.159	0.138	−0.136	0.026	0.943

通过探索性因子分析可以发现，一共抽取了 5 个因子，这 5 个因子解释了 86.069% 的变差。通过因子分析，可以观察到这 5 个因子的含义非常明确。

因子 1 包含的变量为"从海外市场获取高层次的研发和管理人才""获取企业创新所需的技术和营销资源""接近国外的创新环境，获取成果溢出""利用国外良好的 R&D 硬件基础设施""与当地行业领先企业建立战略合作关系"5 个题项。很明显，这 5 个题项衡量的是企业在海外的探索性行为，可以称为"探索性国际化"因子。

因子 2 包含的变量为"在国外市场上利用企业的技术优势""占领国外市场以拓展企业的发展空间""生产出满足国外顾客消费需求的产品""在国外设立生产基地以降低运输成本""利用国外市场廉价的劳动力和物质资源"5 个题项。很明显，这 5 个题项衡量的是企业在海外的利用性行为，可以称为"利用性国际化"因子。

因子 3 包含的变量为"选择进入的海外市场与本国商业文化较为相似" "选择进入的海外市场与本国政治和法律体系较为相似""选择进入的海外市场与本国经济发展水平较为相似"3 个题项。很明显,这 3 个题项衡量的是母国与东道国在文化、政治、经济方面的相似性,可以称为"母国与东道国相似性"因子。

因子 4 包含的变量为"企业所在的海外市场技术变化迅速""国外顾客倾向于消费新的产品或服务""国外竞争者经常推出新的产品或服务"3 个题项。很明显,这 3 个题项衡量的是企业所在的海外市场在技术、市场等方面的变化情况,可以称为"国际环境动荡性"因子。

因子 5 包含的变量为"新产品的数量""新产品开发的速度""新产品的新颖程度""新产品销售额占销售总额比重""新产品开发成功率""申请专利数量"6 个题项。很明显,这 6 个题项衡量的是企业的创新绩效,可以称为"创新绩效"因子。

2. 验证性因子分析

本研究运用验证性因子分析来检验构念的聚合效度和区分效度,总体测量模型见图 3.2。

五因子模型的验证性因子分析结果显示模型拟合良好($\chi^2 = 429.356$; $\chi^2/df = 2.157$, NFI $= 0.929$, NNFI $= 0.950$, CFI $= 0.960$, IFI $= 0.961$, RMSEA$=0.067$),且所有变量的标准化因子载荷值均大于 0.8($p < 0.001$,见表 3.6),所有潜变量的 AVE(average variance extracted,平均方差提取值)最小值为 0.702(大于 0.50,见表 3.6),证实各构念具有良好的聚合效度。

一般认为,模型中每个潜变量的 AVE 的平方根应该大于该构念与其他构念的相关系数。通过对各个构念的描述性统计分析和相关分析,发现所有构念的 AVE 值的平方根均远大于构念间相关系数,证实探索性国际化、利用性国际化、母国与东道国相似性、国际环境动荡性、创新绩效之间具有良好的区分效度。

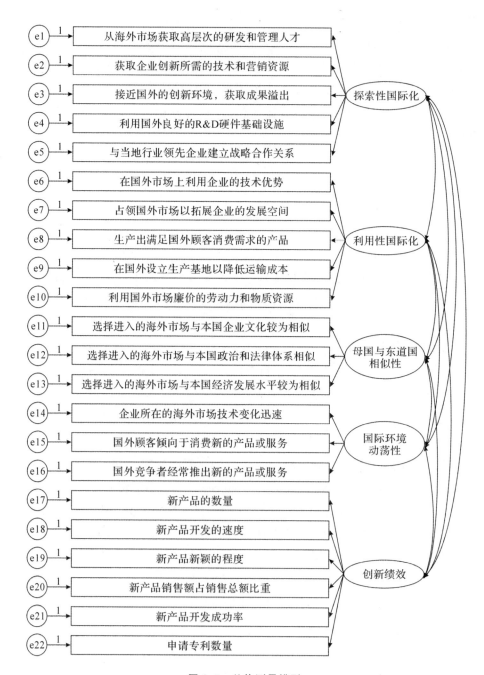

图 3.2 总体测量模型

表 3.6　验证性因子分析及 Cronbach's *α*

变量	测度题项	标准化因子载荷值	AVE	Cronbach's *α*
探索性国际化	1. 从海外市场获取高层次的研发和管理人才	0.895	0.840	0.963
	2. 获取企业创新所需的技术和营销资源	0.897		
	3. 接近国外的创新环境,获取成果溢出	0.906		
	4. 利用国外良好的 R&D 硬件基础设施	0.893		
	5. 与当地行业领先企业建立战略合作关系	0.988		
利用性国际化	1. 在国外市场上利用企业的技术优势	0.847	0.702	0.921
	2. 占领国外市场以拓展企业的发展空间	0.837		
	3. 生产出满足国外顾客消费需求的产品	0.852		
	4. 在国外设立生产基地以降低运输成本	0.830		
	5. 利用国外市场廉价的劳动力和物质资源	0.824		
母国与东道国相似性	1. 选择进入的海外市场与本国商业文化较为相似	0.857	0.751	0.900
	2. 选择进入的海外市场与本国政治和法律体系较为相似	0.893		
	3. 选择进入的海外市场与本国经济发展水平较为相似	0.850		
国际环境动荡性	1. 企业所在的海外市场技术变化迅速	0.889	0.777	0.912
	2. 国外顾客倾向于消费新的产品或服务	0.891		
	3. 国外竞争者经常推出新的产品或服务	0.865		
创新绩效	1. 新产品的数量	0.955	0.917	0.985
	2. 新产品开发的速度	0.953		
	3. 新产品的新颖程度	0.952		
	4. 新产品销售额占销售总额比重	0.959		
	5. 新产品开发成功率	0.954		
	6. 申请专利数量	0.973		

注:所有标准化因子载荷值均在 *p* < 0.001 水平上显著。

(五)共同方法偏差评价

本研究数据由问卷填答者的自陈式报告所得,且问卷所有数据均出自同一填写者,因此可能存在共同方法偏差。本研究从程序和统计方法上尽量降低并检验可能的共同方法偏差。首先,在问卷调查设计过程中综合采用主观指标和客观指标。本研究的自变量和控制变量均采用客观指标测度,而因变量和中介变量均采用主观问题测度。其次,在问卷调查完成后,随机选取调查中的 10 位管理者来回答问卷中的 10 个问题,比较两次回答的差异性。结果显示,两次回答不存在显著差异。最后,运用 Harman 单因子检验(Harman's one-factor test)来测度问卷数据是否存在共同方法偏差。对问卷所有题项进行因子分析,发现在未旋转的情况下没有哪个因子能够解释绝大多数的变差;同时碎石图也显示不存在共同方法偏差。

五、实证检验:相关分析与回归分析

(一)相关性分析

表 3.7 为本研究各变量的均值、标准差和相关系数矩阵。从表 3.7 中可见,探索性国际化($\beta=0.42, p<0.001$)、利用性国际化($\beta=0.31, p<0.001$)与创新绩效均显著正相关,探索性国际化与利用性国际化显著正相关($\beta=0.19, p<0.01$)。

表 3.7　描述性统计分析与相关系数矩阵

变量	均值	标准差	1	2	3	4	5
1.企业年龄	15.8	8.25	1				
2.企业规模	7.54	1.39	0.26^{***}	1			
3.研发投入	0.05	0.02	0.05	0.01	1		
4.国际化经验	6.97	3.73	-0.04	0.02	0.46^{**}	1	

续表

变量	均值	标准差	1	2	3	4	5
5. 探索性国际化	3.96	1.35	0	0.20**	0.22**	0.17**	1
6. 利用性国际化	4.59	1.07	0.04	0.14*	0.24***	0.18**	0.19**
7. 母国与东道国相似性	4.84	1.21	0.22**	0.01	0.17*	0.01	0
8. 环境动荡性	4.27	1.25	0.21**	−0.15*	−0.01	−0.02	−0.1
9. 创新绩效	3.97	1.67	0.07	0.20**	0.34***	0.21***	0.42***

变量	均值	标准差	6	7	8	9
1. 企业年龄	15.8	8.25				
2. 企业规模	7.54	1.39				
3. 研发投入	0.05	0.02				
4. 国际化经验	6.97	3.73				
5. 探索性国际化	3.96	1.35				
6. 利用性国际化	4.59	1.07	1			
7. 母国与东道国相似性	4.84	1.21	0.13*	1		
8. 坏境动荡性	4.27	1.25	0.17**	0.34***	1	
9. 创新绩效	3.97	1.67	0.31***	0.23***	0.07	1

注：* 表示 $p < 0.05$，** 表示为 $p < 0.01$，*** 表示 $p < 0.001$。

(二)层次回归分析

1.回归分析三大问题检验

在采用多元回归方法研究问题时，为了保证正确地使用模型并得出科学的结论，需要研究回归模型是否存在多重共线性、序列相关和异方差三大问题(马庆国,2002)。

(1)多重共线性检验

多重共线性是指回归模型中多个解释变量(包括控制变量)之间的相关太高,导致这些变量之间有共同的变化趋势,在统计学上常用方差膨胀因子(variance inflation factor,VIF)来衡量(马庆国,2002;吴明隆,2003)。一般来说,当 $0 < VIF < 10$,不存在多重共线性;当 $10 \leqslant VIF < 100$,存在较强的多重共线性;当 $VIF \geqslant 100$,存在显著的多重共线性。对后面将要介绍的回归模型的VIF计算结果表明,在所有模型中VIF值均大于0且小于10。因此,这些解释变量之间不存在较强的多重共线性问题。

(2)序列相关检验

序列相关是指回归模型中的不同残差项之间具有相关关系(马庆国,2002),在统计学上通常使用 Durbin-Waston 值(DW值)来检验模型的序列相关问题。经验判断方法表明,当DW值在1.5和2.5之间(或接近于2)时,回归模型不存在序列相关。在本研究中,由于样本数据是截面数据,因此理论上不存在序列相关问题。对后面将要介绍的回归模型的DW计算结果表明,在所有模型中DW值均接近于2。因此,在本研究中不存在不同编号的样本值之间的序列相关问题。

(3)异方差检验

异方差是指随着解释变量的变化,被解释变量的方差存在明显的变化趋势(不具有常数方差的特征)(马庆国,2002)。在统计学上通常利用散点图来判断回归模型是否具有异方差线性。本研究对后面将要介绍的各回归模型以标准化预测为横轴、标准化残差为纵轴进行残差项的散点图分析,结果显示,散点图呈无序状态。因此,本研究中的所有回归模型均不存在异方差问题。

2. 主效应检验

本研究首先检验探索性国际化、利用性国际化对创新绩效的影响和其影响程度的大小(见表3.8)。模型1是加入控制变量的回归模型,模型2是在模型1基础上加入探索性国际化后的回归模型。模型3是在模型1基础上加入利用性国际化后的回归模型。模型4是在模型1基础上同时加入探索性国际化、利用性国际化后的回归模型。由模型3可得,探索性国际化对创新绩效具有显著的正向影响($\beta = 0.300, p < 0.001$),假设 $H_{3.1}$ 得到支持;由模型4可得,利用性国际化对创新绩效具有显著的正向影响($\beta = 0.175, p < 0.01$),

假设 $H_{3.2}$ 得到支持。由模型 5 可得,探索性国际化($\beta=0.285,p<0.001$)、利用性国际化($\beta=0.142,p<0.05$)对创新绩效具有显著正向影响,假设 $H_{3.1}$、$H_{3.2}$ 再次得到支持。

表 3.8　层次回归分析结果

变量	模型 1	模型 2	模型 3	模型 4	模型 5
电子信息业	−0.026	−0.192	−0.162	−0.187	−0.160
专用设备制造业	0.080	0.016	0.001	−0.010	−0.019
交通运输设备制造业	−0.002	−0.085	−0.076	−0.117	−0.102
一般机械制造业	0.100	0.025	0.021	0.000	0.001
金属制品业	0.063	0.004	0.008	−0.027	−0.017
企业规模	0.230***	0.257***	0.192**	0.216**	0.162*
研发投入强度	0.323***	0.237**	0.196**	0.205**	0.172*
国际化经验	0.057	0.084	0.055	0.074	0.049
企业年龄		−0.053	−0.035	−0.047	−0.031
母国与东道国相似性		−0.301***	−0.257***	−0.297***	−0.256***
国际环境动荡性		0.062	0.087	0.029	0.060
探索性国际化			0.300***		0.285***
利用性国际化				0.175**	0.142*
R^2	0.180	0.261	0.340	0.286	0.356
F	5.980***	6.912***	9.198***	7.153***	9.071***
Max VIF	2.122	2.551	2.562	2.552	2.562

注:* 表示 $p<0.05$,** 表示 $p<0.01$,*** 表示 $p<0.001$。表中系数为标准化回归系数。

3. 企业年龄的调节效应检验

接下来检验企业年龄的调节效应(见表 3.9)。模型 1 是加入控制变量的回归模型,模型 2 在模型 1 基础上加入调节变量。模型 3 在模型 2 基础上加入自变量。模型 4 在主效应模型的基础上加入企业年龄与探索性国际化、利用性国际化的交互项。模型 4 显示企业年龄正向调节探索性国际化与创新绩效之间的关系($\beta=0.191,p<0.01$),假设 $H_{3.4a}$ 得到支持;企业年龄负向调节利用性国际化与创新绩效之间的关系($\beta=-0.172,p<0.01$),假设 $H_{3.4b}$ 得到支持。

表 3.9　层次回归分析结果

变量	模型 1	模型 2	模型 3	模型 4
电子信息业	-0.026	-0.192	-0.160	-0.154
专用设备制造业	0.080	0.016	-0.019	-0.031
交通运输设备制造业	-0.002	-0.085	-0.102	-0.119
一般机械制造业	0.100	0.025	0.001	0.009
金属制品业	0.063	0.004	-0.017	-0.027
企业规模	0.230^{***}	0.257^{***}	0.162^{*}	0.160^{*}
研发投入强度	0.323^{***}	0.237^{**}	0.172^{*}	0.165^{*}
国际化经验	0.057	0.084	0.049	0.063
企业年龄		-0.053	-0.031	-0.035
母国与东道国相似性		-0.301^{***}	-0.256^{***}	-0.257^{***}
国际环境动荡性		0.062	0.060	0.046
探索性国际化			0.285^{***}	0.286^{***}
利用性国际化			0.142^{*}	0.136^{*}
探索性国际化×企业年龄				0.191^{**}
利用性国际化×企业年龄				-0.172^{**}
R^2	0.180	0.261	0.356	0.405
F	5.980^{***}	6.912^{***}	9.071^{***}	9.557^{***}
Max VIF	2.122	2.551	2.562	2.575

注:* 表示 $p<0.05$,** 表示 $p<0.01$,*** 表示 $p<0.001$。表中系数为标准化回归系数。

4. 母国与东道国相似性的调节效应检验

接下来检验母国与东道国相似性的调节效应(见表 3.10)。模型 1 是加入控制变量的回归模型,模型 2 在模型 1 基础上加入调节变量。模型 3 在模型 2 基础上加入自变量。模型 4 在主效应模型的基础上加入母国与东道国相似性与探索性国际化、利用性国际化的交互项。模型 4 显示母国和东道国相似性负向调节探索性国际化与创新绩效之间的关系($\beta=-0.125$, $p<0.05$),假设 $H_{3.5a}$ 得到支持;母国和东道国相似性正向调节利用性国际化与创新绩效之间的关系($\beta=0.279$, $p<0.001$),假高 $H_{3.5b}$ 得到支持。

表 3.10 层次回归分析结果

变量	模型1	模型2	模型3	模型4
电子信息业	−0.026	−0.192	−0.160	−0.165
专用设备制造业	0.080	0.016	−0.019	−0.021
交通运输设备制造业	−0.002	−0.085	−0.102	−0.094
一般机械制造业	0.100	0.025	0.001	−0.028
金属制品业	0.063	0.004	−0.017	−0.010
企业规模	0.230***	0.257***	0.162*	0.144*
研发投入强度	0.323***	0.237**	0.172*	0.163*
国际化经验	0.057	0.084	0.049	0.062
企业年龄		−0.053	−0.031	−0.007
母国与东道国相似性		−0.301***	−0.256***	−0.208**
国际环境动荡性		0.062	0.060	0.008
探索性国际化			0.285***	0.340***
利用性国际化			0.142*	0.141*
探索性国际化×母国与东道国相似性				−0.125*
利用性国际化×母国与东道国相似性				0.279***
R^2	0.180	0.261	0.356	0.417
F	5.980***	6.912***	9.071***	10.055***
Max VIF	2.122	2.551	2.562	2.568

注:* 表示 $p<0.05$,** 表示 $p<0.01$,*** 表示 $p<0.001$。表中系数为标准化回归系数。

5. 国际环境动荡性的调节效应检验

接下来检验国际环境动荡性的调节效应(见表 3.11)。模型 1 是加入控制变量的回归模型,模型 2 在模型 1 基础上加入调节变量。模型 3 在模型 2 基础上加入自变量。模型 4 在主效应模型的基础上加入国际环境动荡性与探索性国际化、利用性国际化的交互项。模型 4 显示国际环境动荡性正向调节探索性国际化与创新绩效之间的关系($\beta=0.288, p<0.001$),假设 $H_{3.6a}$ 得到支持;国际环境动荡性负向调节利用性国际化与创新绩效之间的关系($\beta=-0.201, p<0.001$),假设 $H_{3.6b}$ 得到支持。探索性国际化、利用性国际化影响创新绩效的实证分析结果模型见图 3.3。

表 3.11　层次回归分析结果

变量	模型 1	模型 2	模型 3	模型 4
电子信息业	-0.026	-0.192	-0.160	-0.181^{*}
专用设备制造业	0.080	0.016	-0.019	-0.074
交通运输设备制造业	-0.002	-0.085	-0.102	-0.133^{*}
一般机械制造业	0.100	0.025	0.001	-0.014
金属制品业	0.063	0.004	-0.017	-0.031
企业规模	0.230^{***}	0.257^{***}	0.162^{*}	0.154^{**}
研发投入强度	0.323^{***}	0.237^{**}	0.172^{*}	0.099
国际化经验	0.057	0.084	0.049	0.088
企业年龄		-0.053	-0.031	-0.036
母国与东道国的相似性		-0.301^{***}	-0.256^{***}	-0.201^{**}
国际环境动荡性		0.062	0.060	0.074
探索性国际化			0.285^{***}	0.283^{***}
利用性国际化			0.142^{*}	0.149^{**}
探索性国际化×国际环境动荡性				0.288^{***}
利用性国际化×国际环境动荡性				-0.201^{***}
R^2	0.180	0.261	0.356	0.458
F	5.980^{***}	6.912^{***}	9.071^{***}	11.906^{***}
Max VIF	2.122	2.551	2.562	2.588

注: * 表示 $p<0.05$,** 表示 $p<0.01$,*** 表示 $p<0.001$。表中系数为标准化回归系数。

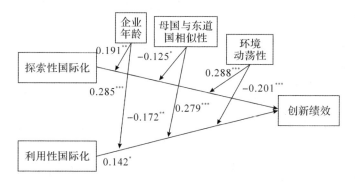

图 3.3 探索性国际化、利用性国际化影响创新绩效的实证分析结果模型

注：主效应标准化回归系数来源于模型 3，企业年龄、母国与东道国相似性、环境动荡性调节效应的标准化回归系数分别来源于表 3.9、表 3.10、表 3.11。

六、结论与讨论

(一)研究结论

本研究基于 March(1991)的探索与利用分析视角，将国际化战略划分为探索性国际化和利用性国际化，实证分析了两种国际化战略对创新绩效的影响，同时整合权变理论重点剖析了探索性国际化和利用性国际化与组织因素、战略因素、国际环境因素的匹配效应。研究得出了以下几点结论：

其一，探索性国际化、利用性国际化都对企业创新绩效具有正向影响。企业在国际市场上实施探索战略能够获取大量新的创意和新颖的知识，增加企业知识积累的深度和广度，进而推动新产品的生成；实施利用战略使得企业对内部创新相关知识有更深入的理解，能够显著降低创新失误率，并提升企业创新效率。

其二，相比利用性国际化，探索性国际化对创新绩效具有更强的影响效应。尽管探索性国际化和利用性国际化都能推动企业创新绩效的提升，但相比利用性国际化，实施探索性国际化战略的企业能够获取更加新颖的知识和信息，对创新具有更大的推动作用。研究结论进一步呼应了 March(1991)对探索和利用两种学习模式的定义,强调探索是沿着全新轨迹的学习活动,而利用是沿着已有轨迹的学习活动,两种模式具有不同的创新效应。

其三,企业选择实施探索性和利用性国际化战略必须与组织、战略和环境因素相匹配。年轻企业更能够在实施利用性国际化战略过程中推动创新绩效提升,年老企业更能够在实施探索性国际化战略过程中推动创新绩效提升。当选择进入与母国相似性较高的国外市场时,企业更能够从利用性国际化战略中获取创新收益;当选择进入与母国相似性较低的国外市场时,企业更能够从探索性国际化战略中获取创新收益。当国际环境动荡性较高时,实施探索性国际化战略更能够提升创新绩效;当国际环境动荡性较低时,实施利用性国际化战略更能够提升创新绩效。

(二)理论与实践意义

尽管 Makino 等(2002)、Prange 等(2011)均在理论上点出了企业国际化具有多种形式,但先前关于国际化与创新关系的实证研究均将国际化视为一种整体发展战略,忽视了国际化的内在差异性对于创新的影响,进而使得实证研究得出了不一致的结论(Hitt et al.,1997;Salomon et al.,2005;Mahmooda et al.,2009;Liu et al.,2008)。本研究深化了 Makino 等(2002)、Prange 等(2011)关于国际化战略的分类理论,明确将国际化战略进一步细分为探索性国际化和利用性国际化,并实证分析了两种国际化战略对创新绩效的影响程度。更为重要的是,本研究在传统国际化与创新关系的理论研究框架内创新性整合权变理论,认为探索性国际化、利用性国际化对创新绩效的影响取决于两种国际化战略与企业年龄、母国与东道国相似性、国际环境动荡性的匹配程度,因此回应了以往关于国际化与创新的矛盾性关系,弥补了以往国际化研究的理论缺口。

本研究对企业管理者具有实践指导意义。一方面,企业管理者应意识到在国外市场上实施探索和利用活动都能推动创新,并且由于探索和利用两种战略的学习差异性,探索性国际化更能推动创新绩效的提升。中国企业在国际市场上充分利用自身技术优势赚取规模经济收益的同时,更应重点考虑对海外新颖的知识和信息获取,这对于实现创新能力提升和对发达国家企业的创新追赶意义重大。另一方面,企业管理者要综合国际化战略与企业年龄、母国与东道国相似性、国际环境动荡性的匹配性。对于年轻企业,选择进入与母国在文化、政治和经济上相似的海外市场的企业或者在环境动荡性较低的海外市场运营的企业,选择实施利用性国际化战略更能推动企业创新绩效提升;对于年老企业、选择进入与母国在文化、政治和经济上差异性较大的海外市场的企业或者在环境动荡性较高的海外市场运营的企业,选择实施探索性国际化战略更能推动企业创新绩效提升。

(三)研究局限性与未来研究展望

本研究还存在一定的局限性,为未来研究工作的开展指明了方向。本研究整合国际化与权变理论,阐释了探索性国际化、利用性国际化与组织、战略、外部环境因素的匹配性,未来研究可以考虑整合国际化与其他理论以进一步丰富国际化理论研究,如整合国际化与组织双元理论,研究国际化双元战略对创新绩效的影响机制。此外,本研究仅剖析了探索性国际化、利用性国际化两种战略对创新绩效的影响机制,未来研究可以进一步探索企业实施两种不同国际化战略的前因,如企业内部资源类型、组织冗余、社会资本、战略领导等。最后,本研究基于横截面数据开展实证研究,未来研究可以考虑基于面板数据来进一步检验探索性国际化、利用性国际化与创新绩效的因果关系。

第四章

组织冗余与探索性国际化、利用性国际化战略关系研究

目前国际商务领域的研究仅区分了国际化的探索和利用动机，强调了组织冗余对于国际化的重要性，而没有指出组织冗余是如何影响探索性国际化、利用性国际化的，组织领域关于组织冗余与探索和利用之间的关系研究更是得出了矛盾性的结论。本研究基于资源稀缺性和吸收性对组织冗余进一步细分，研究了财务冗余（非稀缺、非吸收冗余）、关系冗余（稀缺、非吸收冗余）、运营冗余（非稀缺、吸收冗余）、人力资源冗余（稀缺、吸收冗余）对探索性国际化、利用性国际化的影响效应。研究发现，财务冗余对探索性国际化具有正向影响，对利用性国际化具有负向影响；关系冗余、运营冗余、人力资源冗余对探索性国际化具有负向影响，对利用性国际化具有正向影响。

一、引言

实施国际化发展战略已成为企业拓展生存空间、实现创新追赶的重要举措。我国企业国际化发展之路呈现"探索"与"利用"并存的局面。一方面，部分企业将国际化视为一种重要的市场多元化战略，通过在海外建立生产基地、销售渠道等方式来利用其技术和营销优势，进而提升财务绩效；另一方面，部分企业将海外市场视为企业创新发展的战略跳板，通过并购海外优质资产、搜索海外研发资源来探索建立新的竞争优势（Hitt et al.，1997；Makino et al.，2002；Tan et al.，2015）。因此，对于国际化企业而言，组织战略决策的重要问题就在于确定如何在探索性和利用性国际化之间进行资源分配（Siggelkow et al.，2003）。

目前,国际商务领域的研究虽然区分了探索性与利用性两种国际化战略,强调探索性国际化战略的实施重点在于跨国界寻求新的创新信息和互补资源,利用性国际化战略的实施重点在于跨国界转移和利用企业的竞争优势(Makino et al.,2002;Prange et al.,2011),并且突出了企业实施国际化战略需要一定的冗余资源(Tseng,2007;Cui et al.,2014),但却并未指出组织冗余与探索性和利用性两种国际化战略之间的具体关系。尽管组织领域的相关研究为在国际化情境下思考组织冗余与探索、利用之间的关系提供了理论借鉴,但仍留下了值得进一步思考的理论缺口。一方面,学者们实证研究发现,组织冗余资源与一系列探索活动之间正相关,如创新(Nohria et al.,1996)、风险承担(Singh,1986)、组织适应性(Kraatz et al.,2001)。另一方面,也有学者认为较高的组织冗余会导致管理层的自满情绪和风险规避倾向,使得管理者在决策时患得患失,进而限制探索性战略的实施,转而选择实施低风险的利用性战略(Tan et al.,2003)。因此,关于组织冗余与探索和利用之间的关系仍是一个悬而未决的理论谜题,需要从新的视角破解这个难题。

本研究认为不同类型的组织冗余对企业实施探索和利用活动具有差异化的影响。鉴于此,本研究尝试从资源稀缺性和吸收性两个维度对冗余资源进一步细分,探究国际化情境下不同稀缺性和吸收性的冗余资源对探索性和利用性活动的影响,进而发现冗余资源的稀缺性和吸收性会对企业实施探索活动施加认知限制和结构性限制。具体而言,本研究以中国国际化制造企业为样本,重点研究财务冗余(非稀缺性、非吸收性)、运营冗余(非稀缺性、吸收性)、关系冗余(稀缺性、非吸收性)、人力资源冗余(稀缺性、吸收性)对探索性国际化和利用性国际化的影响效应。

二、国际化与组织冗余的理论背景和概念模型

(一)基于探索与利用视角的国际化战略

March(1991)在阐释组织学习理论时提出了探索和利用的概念,指出探索是与"搜索、差异化、风险承担、实验、灵活性、发现、创新"相关的活动,利用是与

"精炼、选择、生产、效率、实施、执行"相关的活动。Baum(2000)进一步指出探索是基于差异、计划的试验和实验所获取的学习,利用就是通过本地搜索、试验性精炼和现有惯例的再次使用来获得的学习。事实上,企业国际化包含探索和利用两个过程(Makino et al.,2002;Prange et al.,2011),这一点在国际化理论中得到了验证。早期的国际化理论(如垄断优势理论、内部化理论)均假定企业实施国际化战略的目的在于利用企业的技术、营销和管理等优势(Dunning,1981),而近期对于新兴经济国家企业国际化的理论研究(LLL理论、跳板理论)证实了企业国际化的另一重要目的在于寻求发展所需的知识、技术、人才、品牌等稀缺资源(Luo et al.,2007)。依据这种逻辑,本研究认为国际化企业存在探索性和利用性两种国际化战略选择。探索性国际化指企业在国际市场上广泛搜索新知识和互补资源的活动,重点在于对企业现有能力的更新和延伸;而利用性国际化指企业在国际市场上利用自身资源和知识的活动,重点在于对现有能力的适度修改和利用。

(二)基于稀缺性和吸收性的组织冗余

冗余表示企业在一定时期内拥有的过剩资源(Nohria et al.,1996)。组织冗余的获得可能是企业在一定时期内良好经营的积累,或者是由于计划失败导致的资源冗余。目前关于组织冗余对探索和利用的影响效应研究可以划分为两个阵营(Nohria et al.,1996;Kraatz et al.,2001;Tan et al.,2003)。一派学者认为组织冗余使得企业能够远离一些"救火"活动,从而可以进行一些探索性和创新性的思考,这些活动往往是高收益和高风险并存的。例如,财务冗余资源使得企业能够在激进创新项目上有的放矢,而不必过于担心项目失败所带来的巨大风险。另一种观点认为较高的组织冗余会使得企业出现风险规避倾向,进而不愿在探索性活动上冒险,反而会增加企业利用活动的实施。这种观点认为冗余资源少的企业更倾向于实施探索性活动,特别是在高强度竞争的环境下,冗余资源缺乏的企业迫于生存压力不得不实施冒险性的探索活动来寻求发展机遇(Katila et al.,2005)。

导致冗余与探索、利用存在矛盾性关系的原因是理论上对于组织冗余缺乏深层剖析。依据资源观理论的逻辑,企业的持续竞争优势来源于所拥有和控制的各种稀缺的、有价值的、难以模仿的、不可完全替代的资源(Barney,1991)。

Christensen 等(1996)进一步指出资源稀缺性是影响企业战略决策和竞争优势获取的重要因素。由于稀缺资源很难被取代,企业管理者并不愿意过度消耗稀缺资源,而是选择尽量多保存稀缺资源,因此组织冗余的稀缺性会影响企业实施高风险探索性国际化战略的动机。此外,Sharfman 等(1988)认为组织冗余在吸收性上也存在差异。由于吸收性冗余资源往往具有特定的用途,管理者在部署这些冗余资源时常常显得无能为力,因此组织冗余的吸收性会对企业实施探索性国际化战略施加结构性限制(Tan et al.,2003)。鉴于此,本研究认为从资源稀缺性和吸收性角度来看,不同特性的组织冗余对于探索和利用的影响存在差异。

稀缺性组织冗余。依据资源观的逻辑,企业竞争优势来自于稀缺资源。一些难以获得的原材料和人力资源往往是稀缺的;关系资本也是一种稀缺资源,因为关系资本的积累需要经过长时间的、复杂的过程。鉴于稀缺资源的低替代性,管理者对于稀缺的冗余资源倾向于选择保存,而不是急于消耗,因而会影响探索性活动的实施。

吸收性组织冗余。一些未被吸收的冗余资源(如财务冗余)可以轻而易举地用于其他用途。然而,由于黏附性和专用性等原因,有些冗余资源(如生产能力、专业技工)很难被转用于其他用途。因此,资源吸收性所导致的这种结构性限制使得管理者往往难以将这些冗余资源再用于其他用途,进而限制探索性活动的实施,转而选择实施低风险的利用活动。

本研究重点研究四种冗余资源:财务冗余、关系冗余、运营冗余、人力资源冗余。

财务冗余表示企业拥有的流动资产的水平,如留存现金量(Kraatz et al.,2001)。虽然财务冗余对于企业非常重要,但却是一种非稀缺性资源。财务冗余可以在内部通过多种渠道生成,或通过外部市场机制在短时间内筹集(钱锡红等,2010)。财务冗余也是一种非吸收性资源,企业可以将财务冗余轻易分配到多个项目上。

关系冗余表示外部关系主体给予企业的过剩资源,主要表现为供应商、顾客、政府部门、中介机构等(Kraatz et al.,2001)。与一次性的、交易性的合作主体相比,与外部关系伙伴的密切接触能够稳定降低企业的生产销售成本,提高经营管理效率,带来可预期的金钱或信息收益(孙理军,2012)。关系冗余是一种稀缺的、非吸收性的资源。一方面,企业往往很难与外部主体建立持久的、忠诚的合作关系,这往往取决于企业的信誉和苦心经营。因此,关系冗余的获取实际上需要长时间的苦心经营和信誉积累。另一方面,企业在重新部署关系资源上却没有任何结构限制,能够将关系冗余应用于多种用途。

运营冗余来自于没有用完或没有充分利用的生产经营资源,如过剩的生产能力(Tan et al.,2003;Greve,2003)。由于运营冗余既不难获取,又不是组织所独有的,因此并不是稀缺资源,企业在部署运营资源时不会遭遇动机限制。然而,因为运营冗余往往是吸收性的,一般具有特定的用途,并且往往与其他资源一起形成共生关系,因而在短期内很难对其进行重新部署。

人力资源冗余指专业化和熟练的人力资源(Mishina et al.,2004)。激烈的竞争环境使得企业认识到专业技工对于企业长期发展的重要性,导致专业技能人才往往难以获取(稀缺性)。同时,这些专业技能人才往往具有专门的用途(吸收性),通常仅适用于固定、狭窄的技术和产品领域,因而难以在企业内部重新配置。

(三)组织冗余与探索性、利用性国际化概念模型

本研究重点研究四种冗余资源:财务冗余、关系冗余、运营冗余、人力资源冗余。图 4.1 列出了四种冗余资源的吸收性、稀缺性特性。接下来,本研究将重点阐述财务冗余、关系冗余、运营冗余、人力资源冗余对探索性国际化与利用性国际化的不同影响(见图 4.2)。

资源吸收性

	低	高
资源稀缺性 低	财务冗余	运营冗余
资源稀缺性 高	关系冗余	人力资源冗余

图 4.1 不同冗余资源的吸收性、稀缺性

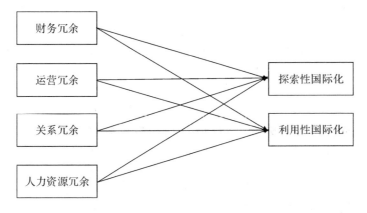

图 4. 2　组织冗余与国际化关系模型

三、组织冗余影响探索性、利用性国际化的假设提出

(一)财务冗余与探索性国际化、利用性国际化

财务冗余表示企业拥有的流动资产的水平,如留存现金量(Kraatz et al.,2001)。虽然财务冗余对于企业非常重要,却是一种非稀缺性资源。财务冗余可以在内部通过多种渠道生成,或通过外部市场机制在短时间内筹集(Dierickx et al.,1989)。财务冗余也是一种非吸收性资源,企业可以将财务冗余轻易地分配到多个项目上。因此,企业在部署财务冗余资源时往往不会遭遇动机和能力限制。换言之,当财务冗余水平较高时,企业不会保存,而是倾向于在国际市场上利用财务冗余来实施高风险的探索活动,以推动企业长期发展,并且财务冗余的非吸收性又使得企业能够轻松地将其部署到国际化探索活动上。因此,拥有较多财务冗余的企业往往倾向于在国际化市场探索新的竞争优势,而不屑于实施低回报的利用性国际化活动。然而,当财务冗余水平较低时,企业便倾向于保存财务冗余资源,不会愿意实施高风险的探索性国际化活动,而是转而实施低风险的利用性国际化活动,即通过对企业现有产品进行略微调整,应用于国际市场以获取稳定的现金回报。此外,由于实施利用性国际化战略并不具

有严格的资源限制,因此低水平的财务冗余能够满足利用性国际化战略的实施要求。鉴于此,本研究提出如下假设:

$H_{4.1a}$:财务冗余与探索性国际化正相关。

$H_{4.1b}$:财务冗余与利用性国际化负相关。

(二)关系冗余与探索性国际化、利用性国际化

关系冗余表示企业外部关系主体给予企业的过剩资源,主要表现为供应商、顾客、政府部门、中介机构等。与一次性的、交易性的合作主体相比,与外部关系伙伴的密切接触能够稳定降低企业的生产销售成本,提高企业的经营管理效率,为企业带来可预期的金钱或信息收益(Sirdeshmukh et al.,2002)。关系冗余是一种稀缺的、非吸收性的资源。一方面,关系冗余资源的获取实际上需要长时间的苦心经营和信誉积累,企业短时间内很难与外部主体建立持久的、忠实的合作关系。另一方面,企业在重新部署关系资源上却没有任何结构限制,能够将关系冗余应用于多种用途。尽管关系冗余的非吸收性能够推动探索性国际化战略的实施,但本研究认为关系冗余的稀缺性会极大地降低企业应用关系冗余实施探索性国际化战略的动力。鉴于关系建立的难度以及实施探索性活动的高投入、高风险性,企业管理者在应用关系冗余实施探索性国际化战略时往往会投鼠忌器,担心战略失败会导致企业声誉的丧失,危及企业关系资本的进一步获取。因此,即使企业拥有较多的关系冗余资源,企业管理者往往也会保护辛苦建立并很难再次建立的关系冗余资源。相比之下,实施利用性国际化战略拥有较低的风险,不会对企业辛苦建立的关系资本造成损失,同时较高的关系冗余更能够保障利用性国际化战略的成功实施。鉴于此,本研究提出如下假设:

$H_{4.2a}$:关系冗余与探索性国际化负相关。

$H_{4.2b}$:关系冗余与利用性国际化正相关。

(三)运营冗余与探索性国际化、利用性国际化

运营冗余来自于企业没有用完或没有充分利用的生产经营资源,如过剩的生产能力(Tan et al.,2003;Greve,2003)。运营冗余并不是稀缺资源,企业在

部署运营资源时不会遭遇动机限制。然而，因为运营冗余往往是吸收性的，一般在组织内具有特定的用途，并且往往与其他资源一起形成共生关系，因而使得企业在短期内很难对运营冗余进行重新部署。因此，本研究认为运营冗余的这种吸收性使得其对探索性国际化具有负向影响，对利用性国际化具有正向影响。当企业的吸收性资源很多时，企业应用吸收性资源从事探索性国际化活动必然意味着资源浪费，此时企业管理者会选择止损，减少国际化探索活动的实施。行为经济学中关于"心理账户"的研究也证实，企业管理者倾向于收益虽小但稳定的战略方案，而不是收益颇丰但风险巨大的方案（Zeelenberg et al.，1997）。依据这种逻辑，高水平的运营冗余会导致企业选择风险规避行为，依靠现有的资源和能力来获取稳定的收益，即企业会减少探索性国际化战略的实施，转而选择实施利用性国际化战略。鉴于此，本研究提出如下假设：

$H_{4.3a}$：运营冗余与探索性国际化负相关。

$H_{4.3b}$：运营冗余与利用性国际化正相关。

（四）人力资源冗余与探索性国际化、利用性国际化

人力资源冗余指的是专业化和熟练的人力资源（Mishina et al.，2004）。激烈的竞争环境使得企业认识到专业技能员工对于推动企业长期发展的重要性，导致专业技能人才往往难以获取（稀缺性）。同时，这些专业技能人才往往具有专门的用途（吸收性），通常仅适用于固定、狭窄的技术和产品领域，因而难以在企业内部重新配置。因此，本研究认为人力资源冗余的这种稀缺性和吸收性使得其对探索性国际化具有负向影响，对利用性国际化具有正向影响。由于实施探索性国际化战略意味着在未知领域耕耘，因此企业不会选择将适用于专业领域的人力资源冗余应用于高风险的、收益不确定的探索活动，而是选择在国际市场上利用专业人才的技能优势。此外，由于专业化人力资源在内部流动面临结构限制，因而使得企业很难在短期内将其用于国际化探索活动。鉴于此，本研究提出如下假设：

$H_{4.4a}$：人力资源冗余与探索性国际化负相关。

$H_{4.4b}$：人力资源冗余与利用性国际化正相关。

四、研究方法

(一)数据收集

数据收集情况参见第三章相关论述,此处不再赘述。

(二)变量测度

1. 探索性国际化与利用性国际化

Makino 等(2002)、Hsu 等(2013)均指出了探索性国际化以在国际市场上寻求技术、营销和管理人才等战略资产为主要目的,利用性国际化以在国际市场上利用企业专属资产为主要目的。因此本研究立足于 Makino 等(2002)、Hsu 等(2013)对探索性国际化与利用性国际化内涵的深刻阐释,分别以五个题项作为探索性国际化与利用性国际化的测量量表。

2. 组织冗余

借鉴 Nohria 等(1996)的测量思路,本研究采用主观题项来测量组织冗余。本研究以三个题项来测量财务冗余,即企业留存收益、内部投资收益、外部投资收益各减少为目前的 90%,对下年度的经营运作或产值的影响的严重程度;以四个题项来测量关系冗余,即与企业有密切联系的顾客、政府机构、中介机构、供应商各减少为目前的 90%,对下年度的经营运作或产值的影响的严重程度;以三个题项来测量经营冗余,即企业的机器设备、一线工人、原材料各减少为目前的 90%,对下年度的经营运作或产值的影响的严重程度;以四个题项来测量人力资源冗余,即企业的营销人员、管理人员、研发人员、生产人员各减少为目前的 90%,对下年度的经营运作或产值的影响的严重程度。本研究使用李克特 7 点打分量表来测量,1 表示产出不受影响,7 表示产出将会下降 20% 甚至更多,中间点 4 表示产出将会下降 10%。因此,最终的得分越高表示组织冗余越低。鉴于此,本研究对问卷测度值进行反向转换,用 7 减去测量值来测量组织冗余水平,该值越大说明组织冗余水平越高,越小说明组织冗余水平越低。

3.控制变量

将以下四个变量作为控制变量：企业年龄、企业规模、产业类型、国际化经验。以企业人数的自然对数来测度企业规模；以企业成立之初至调查之日的经营年限来测度企业年龄；以企业开展国际化业务至今的年限来测度国际化经验。产业类型设置为哑变量（设置 5 个哑变量分别代表电子信息、专用设备制造、交通运输设备制造、一般机械制造和金属制品产业）。

（三）信度分析

1.组织冗余

首先对解释变量——组织冗余（关系冗余、人力资源冗余、财务冗余、运营冗余）进行信度分析，分析结果如表 4.1 所示。关系冗余变量的 CITC 值均大于0.8，Cronbach's α 为 0.942，大于 0.9，同时分别删除"顾客""政府机构""中介机构""供应商"后各个题项的 α 值为 0.926、0.919、0.930、0.922，均小于 0.942。数据分析显示各指标均满足前文所述的信度指标要求，通过了信度检验，说明关系冗余变量测度的一致性良好。

人力资源冗余变量的 CITC 值均大于 0.85，Cronbach's α 为 0.950，大于0.9，同时分别删除"营销人员""管理人员""研发人员""生产人员"后各个题项的 α 值为 0.933、0.936、0.932、0.937，均小于 0.950。数据分析显示各指标均满足前文所述的信度指标要求，通过了信度检验，说明人力资源冗余变量测度的一致性良好。

财务冗余变量的 CITC 值均大于 0.8，Cronbach's α 为 0.921，大于 0.9，同时分别删除"留存收益""内部投资收益""外部投资收益"后各个题项后的 α 值为 0.873、0.915、0.865，均小于 0.921。数据分析显示各指标均满足前文所述的信度指标要求，通过了信度检验，说明财务冗余变量测度的一致性良好。

运营冗余变量的 CITC 值均大于 0.8，Cronbach's α 为 0.935，大于 0.9，同时分别删除"机器设备""一线工人""原材料"后各个题项的 α 值为 0.899、0.888、0.927，均小于 0.935。数据分析显示各指标均满足前文所述的信度指标要求，通过了信度检验，说明运营冗余变量测度的一致性良好。

表 4.1　组织冗余量表的信度检验

变量	题项	CITC	删除该题项后的 α 值	Cronbach's α
关系冗余	1.顾客	0.857	0.926	
	2.政府机构	0.880	0.919	
	3.中介机构	0.844	0.930	0.942
	4.供应商	0.868	0.922	
人力资源冗余	1.营销人员	0.884	0.933	
	2.管理人员	0.874	0.936	
	3.研发人员	0.888	0.932	0.950
	4.生产人员	0.872	0.937	
财务冗余	1.留存收益	0.857	0.873	
	2.内部投资收益	0.810	0.915	0.921
	3.外部投资收益	0.866	0.865	
运营冗余	1.机器设备	0.876	0.899	
	2.一线工人	0.888	0.888	0.935
	3.原材料	0.841	0.927	

2.国际化战略

其次对被解释变量——国际化战略(探索性国际化、利用性国际化)进行信度分析,分析结果详见第三章。数据分析显示,探索性国际化、利用性国际化各指标均满足前文所述的信度指标要求,通过了信度检验,说明二者变量测度的一致性良好。

(四)效度分析

1.探索性因子分析

本研究对研究中涉及的主要变量的测度题项分别作因子分析。经检验,所有测度题项的 KMO 样本测度和巴特利特球形检验结果为:KMO 值为 0.868,大于 0.8,且巴特利特球形检验的统计值也达到了显著水平,非常适合做因子分析。鉴于此,本研究对所构建的 24 个问卷测度题项进行探索性因子分析,分析结果如表 4.2 所示。

表 4.2 国际化战略与组织冗余探索性因子分析

变量	题项	因子					
		1	2	3	4	5	6
探索性国际化	1. 从海外市场获取高层次的研发和管理人才	0.899	0.049	0.116	−0.123	0.011	−0.186
	2. 获取企业创新所需的技术和营销资源	0.880	0.170	0.086	−0.074	−0.151	−0.122
	3. 接近国外的创新环境,获取成果溢出	0.861	0.104	0.145	−0.097	−0.205	−0.170
	4. 利用国外良好的 R&D 硬件基础设施	0.910	0.106	0.086	−0.142	−0.082	−0.053
	5. 与当地行业领先企业建立战略合作关系	0.931	0.172	0.138	−0.091	−0.135	−0.105
利用性国际化	1. 在国外市场上利用企业的技术优势	0.190	0.799	−0.120	0.129	0.192	0.169
	2. 占领国外市场以拓展企业的发展空间	0.165	0.792	−0.127	0.179	0.044	0.240
	3. 生产出满足国外顾客消费需求的产品	0.123	0.835	−0.056	0.155	0.134	0.173
	4. 在国外设立生产基地以降低运输成本	−0.009	0.888	−0.071	0.107	−0.045	0.153
	5. 利用国外市场廉价的劳动力和物质资源	0.191	0.764	−0.189	0.190	0.215	0.132
财务冗余	1. 留存收益	0.126	−0.096	0.925	0.058	0.024	−0.097
	2. 内部投资收益	0.220	−0.176	0.846	0.000	0.056	−0.171
	3. 外部投资收益	0.132	−0.164	0.907	−0.007	0.034	−0.142
关系冗余	1. 顾客	−0.115	0.160	−0.036	0.891	0.089	0.100
	2. 政府机构	−0.093	0.232	0.088	0.900	0.011	0.074
	3. 中介机构	−0.128	0.128	−0.033	0.888	0.076	0.103
	4. 供应商	−0.132	0.126	0.035	0.888	0.059	0.195

续表

变量	题项	因子					
		1	2	3	4	5	6
运营冗余	1. 机器设备	−0.129	0.151	−0.009	0.079	0.920	0.088
	2. 一线工人	−0.119	0.104	0.055	0.071	0.923	0.149
	3. 原材料	−0.217	0.137	0.075	0.062	0.862	0.196
人力资源冗余	1. 营销人员	−0.152	0.166	−0.092	0.133	0.122	0.889
	2. 管理人员	−0.185	0.236	−0.144	0.136	0.094	0.854
	3. 研发人员	−0.159	0.215	−0.183	0.147	0.089	0.865
	4. 生产人员	−0.123	0.217	−0.080	0.105	0.214	0.862

通过探索性因子分析可以发现，一共抽取了 6 个因子，这 6 个因子解释了 85.550% 的变差。通过因子分析，可以观察到这 6 个因子的含义非常明确。

因子 1 包含的变量为"从海外市场获取高层次的研发和管理人才""获取企业创新所需的技术和营销资源""接近国外的创新环境，获取成果溢出""利用国外良好的 R&D 硬件基础设施""与当地行业领先企业建立战略合作关系"5 个题项，很明显这 5 个题项衡量的是企业在海外的探索性行为，可以称为"探索性国际化"因子。

因子 2 包含的变量为"在国外市场上利用企业的技术优势""占领国外市场以拓展企业的发展空间""生产出满足国外顾客消费需求的产品""在国外设立生产基地以降低运输成本""利用国外市场廉价的劳动力和物质资源"5 个题项，很明显这 5 个题项衡量的是企业在海外的利用性行为，可以称为"利用性国际化"因子。

因子 3 包含的变量为"留存收益""内部投资收益""外部投资收益"3 个题项，很明显这 3 个题项衡量的是企业的财务冗余情况，可以称为"财务冗余"因子。

因子 4 包含的变量为"顾客""政府机构""中介机构""供应商"4 个题项，很明显这 4 个题项衡量的是企业的关系冗余情况，可以称为"关系冗余"因子。

因子 5 包含的变量为"机器设备""一线工人""原材料"3 个题项，很明显这 3 个题项衡量的是企业的运营冗余情况，可以称为"运营冗余"因子。

因子 6 包含的变量为"营销人员""管理人员""研发人员""生产人员"4 个题项，很明显这 4 个题项衡量的是企业的人力资源冗余情况，可以称为"人力资源冗余"因子。

2. 验证性因子分析

本研究运用验证性因子分析来检验构念的聚合效度和区分效度,总体测量模型见图 4.3。

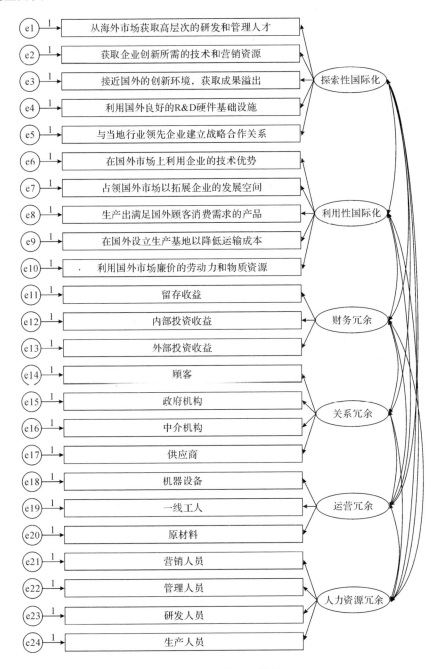

图 4.3 总体测量模型

通过对六因子模型的验证性因子分析发现（$\chi^2 = 510.604$；$\chi^2/df = 2.154$，NFI＝0.913，NNFI＝0.938，CFI＝0.951，IFI＝0.951，RMSEA＝0.067），模型拟合良好。如表 4.3 所示，所有标准化因子载荷值均大于 0.80，且具有很强的统计显著性（$p < 0.001$），同时本研究每个潜变量的 AVE 最小值为 0.702，大于 0.50，从而满足了对 AVE 的要求，因此探索性国际化、利用性国际化、财务冗余、关系冗余、运营冗余、人力资源冗余具有良好的聚合效度。

一般认为，模型中每个潜变量的 AVE 的平方根应该大于该构念与其他构念的相关系数。通过对各个构念的描述性统计分析和相关分析，发现所有构念的 AVE 值的平方根均远大于构念间相关系数，证实财务冗余、关系冗余、运营冗余、人力资源冗余、探索性国际化、利用性国际化之间具有良好的区分效度。

表 4.3　验证性因子分析及 Cronbach's α

变量	测度题项	标准化因子载荷值	AVE	Cronbach's α
财务冗余	1. 留存收益	0.906	0.802	0.921
	2. 内部投资收益	0.854		
	3. 外部投资收益	0.925		
关系冗余	1. 顾客	0.882	0.804	0.942
	2. 政府机构	0.923		
	3. 中介机构	0.869		
	4. 供应商	0.912		
运营冗余	1. 机器设备	0.918	0.832	0.935
	2. 一线工人	0.937		
	3. 原材料	0.880		
人力资源冗余	1. 营销人员	0.911	0.827	0.950
	2. 管理人员	0.906		
	3. 研发人员	0.921		
	4. 生产人员	0.899		

续表

变量	测度题项	标准化因子载荷值	AVE	Cronbach's α
探索性 国际化	1.从海外市场获取高层次的研发和管理人才	0.895	0.841	0.963
	2.获取企业创新所需的技术和营销资源	0.898		
	3.接近国外的创新环境,获取成果溢出	0.908		
	4.利用国外良好的 R&D 硬件基础设施	0.894		
	5.与当地行业领先企业建立战略合作关系	0.987		
利用性 国际化	1.在国外市场上利用企业的技术优势	0.848	0.702	0.921
	2.占领国外市场以拓展企业的发展空间	0.844		
	3.生产出满足国外顾客消费需求的产品	0.849		
	4.在国外设立生产基地以降低运输成本	0.816		
	5.利用国外市场廉价的劳动力和物质资源	0.831		

注:所有标准化因子载荷值均在 $p < 0.001$ 水平上显著.

五、实证检验:相关分析与回归分析

(一)相关性分析

表 4.5 为本研究各变量的均值、标准差和相关系数矩阵。从表 4.5 中可见,探索性国际化与财务冗余($\beta = 0.270, p < 0.01$)正相关,与关系冗余($\beta = -0.232, p < 0.01$)、运营冗余($\beta = -0.274, p < 0.01$)、人力资源冗余($\beta = -0.307, p < 0.01$)负相关;利用性国际化与财务冗余($\beta = -0.261, p < 0.01$)负相关,与关系冗余($\beta = 0.343, p < 0.01$)、运营冗余($\beta = 0.261, p < 0.01$)、人力资源冗余($\beta = 0.426, p < 0.01$)正相关。

表 4.5　描述性统计分析与相关系数矩阵

变量	均值	标准差	1	2	3	4	5
1.企业年龄	15.8	8.246	1				
2.企业规模	7.536	1.388	0.263**	1			
3.国际化经验	6.970	3.730	−0.036	0.021	1		
4.财务冗余	3.582	1.375	−0.069	0.138*	0.059	1	
5.关系冗余	4.403	1.276	−0.006	0.106	0.072	−0.034	1
6.运营冗余	4.313	1.344	−0.053	0.071	0.044	0.006	0.200**
7.人力资源冗余	4.524	1.322	0.017	−0.070	0.056	−0.317**	0.321**
8.探索性国际化	3.957	1.349	−0.001	0.198**	0.172**	0.270**	−0.232**
9.利用性国际化	4.591	1.066	0.041	0.143*	0.176**	−0.261**	0.343**

变量	均值	标准差	6	7	8	9
1.企业年龄	15.8	8.246				
2.企业规模	7.536	1.388				
3.国际化经验	6.970	3.730				
4.财务冗余	3.582	1.375				
5.关系冗余	4.403	1.276				
6.运营冗余	4.313	1.344				
7.人力资源冗余	4.524	1.322	0.337**			
8.探索性国际化	3.957	1.349	−0.274**	−0.307**	1	
9.利用性国际化	4.591	1.066	0.261**	0.426**	0.187**	1

注：* 表示 $p < 0.05$，** 表示 $p < 0.01$，*** 表示 $p < 0.001$。

(二)层次回归分析

本研究利用层次回归分析来检验研究假设。在所有回归分析的多重共线性检验中，各变量方差膨胀因子(VIF)介于 1 与 2 之间，表明变量之间没有出现显著的多重共线性问题。

为了检验组织冗余与探索性国际化的关系，以探索性国际化作为因变量进行以下层次回归分析（见表 4.6）。首先在模型 1 中加入控制变量（企业年龄、企业规模、产业类别、国际化经验），然后在模型 2 中加入自变量财务冗余，在模型 3 中加入自变量关系冗余，在模型 4 中加入自变量运营冗余，在模型 5 中加入自变量人力资源冗余，在模型 6 中加入所有自变量（财务冗余、关系冗余、运营冗余、人力资源冗余）。模型 2 显示财务冗余对探索性国际化具有显著正向影响（$\beta=0.262, p<0.001$），假设 $H_{4.1a}$ 得到支持；模型 3 显示关系冗余对探索性国际化具有显著负向影响（$\beta=-0.281, p<0.001$），假设 $H_{4.2a}$ 得到支持；模型 4 显示运营冗余对探索性国际化具有显著负向影响（$\beta=-0.303, p<0.001$），假设 $H_{4.3a}$ 得到支持；模型 5 显示人力资源冗余对探索性国际化具有显著负向影响（$\beta=-0.329, p<0.001$），假设 $H_{4.4a}$ 得到支持；此外，模型 6 的全模型回归分析结果也进一步支持了 $H_{4.1a}$、$H_{4.2a}$、$H_{4.3a}$、$H_{4.4a}$。

为了检验组织冗余和利用性国际化之间的关系，本研究以利用性国际化为因变量进行如下层次回归（见表 4.7）。首先在模型 1 中加入控制变量（企业年龄、企业规模、产业类别、国际化经验），其次在模型 2 中加入自变量财务冗余，在模型 3 中加入自变量关系冗余，在模型 4 中加入自变量运营冗余，在模型 5 中加入自变量人力资源冗余，在模型 6 中加入所有自变量（财务冗余、关系冗余、运营冗余、人力资源冗余）。模型 2 显示财务冗余对探索性国际化具有显著负向影响（$\beta=-0.272, p<0.001$），假设 $H_{4.1b}$ 得到支持；模型 3 显示关系冗余对探索性国际化具有显著正向影响（$\beta=0.295, p<0.001$），假设 $H_{4.2b}$ 得到支持；模型 4 显示运营冗余对探索性国际化具有显著正向影响（$\beta=0.244, p<0.001$），假设 $H_{4.3b}$ 得到支持；模型 5 显示人力资源冗余对探索性国际化具有显著正向影响（$\beta=0.392, p<0.001$），假设 $H_{4.4b}$ 得到支持；此外，模型 6 的全模型回归分析结果也进一步支持了 $H_{4.1b}$、$H_{4.2b}$、$H_{4.3b}$、$H_{4.4b}$。

表 4.6　层次回归分析结果

步骤及变量	因变量：探索性国际化					
	模型 1	模型 2	模型 3	模型 4	模型 5	模型 6
企业年龄	-0.045	-0.015	-0.055	-0.072	-0.031	-0.042
企业规模	0.231**	0.198**	0.263***	0.255***	0.212**	0.236***
产业 1：电子信息	-0.092	-0.100	-0.065	-0.047	-0.067	-0.038
产业 2：专用设备制造	0.037	0.082	0.068	0.080	0.108	0.153†
产业 3：交通运输设备制造	-0.001	0.003	0.051	0.011	0.062	0.071
产业 4：一般机械制造	0.008	0.034	0.033	0.026	0.046	0.073
产业 5：金属制品	-0.043	-0.021	-0.027	-0.009	-0.001	0.027
国际化经验	0.170*	0.154*	0.186**	0.178**	0.182**	0.178**
财务冗余		0.262***				0.212**
关系冗余			-0.281***			-0.186**
运营冗余				-0.303***		-0.223***
人力资源冗余					-0.329***	-0.130†
R^2	0.082	0.146	0.158	0.171	0.185	0.290
校正 R^2	0.048	0.110	0.123	0.137	0.151	0.250
F	2.436*	4.112***	4.512***	4.981***	5.459***	7.276***
Max VIF	2.134	2.136	2.144	2.157	2.140	2.163

注：$\dagger$ 表示 $p<0.1$，* 表示 $p<0.05$，** 表示 $p<0.01$，*** 表示 $p<0.001$。表中系数为标准化回归系数。

表 4.7　层次回归分析结果

因变量：利用性国际化

步骤及变量	模型 1	模型 2	模型 3	模型 4	模型 5	模型 6
企业年龄	0.029	−0.002	0.040	0.051	0.013	0.016
企业规模	0.186**	0.221**	0.152*	0.167*	0.208**	0.191**
产业 1：电子信息	0.022	0.030	−0.007	−0.014	−0.007	−0.026
产业 2：专用设备制造	0.203*	0.156†	0.171*	0.169*	0.119	0.082
产业 3：交通运输设备制造	0.245**	0.241**	0.193*	0.236**	0.170*	0.158*
产业 4：一般机械制造	0.161*	0.134†	0.135†	0.147†	0.116	0.092
产业 5：金属制品	0.192*	0.169*	0.175*	0.165*	0.142*	0.121*
国际化经验	0.137*	0.154*	0.123†	0.131*	0.123*	0.127*
财务冗余		−0.272***				−0.192**
关系冗余			0.295***			0.188**
运营冗余				0.244***		0.129*
人力资源冗余					0.392***	0.231**
R^2	0.130	0.198	0.213	0.187	0.275	0.348
校正 R^2	0.098	0.165	0.181	0.153	0.245	0.311
F	4.055***	5.965***	6.531***	5.551***	9.142***	9.499***
Max VIF	2.134	2.136	2.144	2.157	2.140	2.163

注：†表示 $p<0.1$，*表示 $p<0.05$，**表示 $p<0.01$，***表示 $p<0.001$。表中系数为标准化回归系数。

六、结论与讨论

(一)研究结论

实施国际化发展战略已成为我国"全面提高开放型经济水平,加快走出去步伐,增强企业国际化经营能力"的重要战略举措。冗余资源的稀缺性和吸收性会影响企业的感知,以及其对资源的配置能力,进而影响企业国际化战略实施。本研究基于资源的稀缺性和吸收性两个维度对不同类型的组织冗余进一步细分,实证检验了财务冗余、关系冗余、运营冗余、人力资源冗余对于探索性国际化、利用性国际化的影响,并得出了以下几点结论:

其一,财务冗余对探索性国际化具有正向影响,对利用性国际化具有负向影响。财务冗余属于非稀缺性、非吸收性资源,企业在应用财务资源时不存在认知限制和结构性限制。这意味着当财务冗余较多时,企业愿意并且能够将其应用到高风险的探索性活动上,而不会选择追求短期收益的利用性国际化战略。

其二,关系冗余、运营冗余、人力资源冗余对探索性国际化具有负向影响,对利用性国际化具有正向影响。关系冗余属于稀缺性、非吸收性资源,运营冗余属于非稀缺性、吸收性资源,人力资源冗余属于稀缺性、吸收性资源。冗余资源的稀缺性和吸收性分别会给企业带来认知限制和结构性限制,进而阻碍企业对于探索性国际化战略的追求,转而实施低风险的利用性国际化战略。

(二)理论与实践意义

本研究的理论贡献主要体现为两个方面。

一方面,国际商务领域的学者意识到了企业在国际市场上可以同时实施探索和利用两种战略(Makino et al.,2002;Prange et al.,2011),并且指出企业实施国际化战略需要具备一定的冗余资源(Tseng et al.,2007),然而已有研究并未指出组织冗余与探索性国际化、利用性国际化之间的关系。本研究进一步深化了该领域的研究,发现实施不同的国际化战略(探索性 vs 利用性)所依赖的组织冗余类型(财务冗余、关系冗余、运营冗余、人力资源冗余)存在差异。

另一方面,尽管组织领域的学者对于组织冗余与探索和利用之间的关系给予了充分关注,但并未得出一致结论(Nohria et al. ,1996;Singh,1986;Kraatz et al. ,2001;Tan et al. ,2003)。原因在于现有的理论研究将组织冗余视为一个整体,并没对组织冗余进一步细分,因而不能准确反映组织冗余与探索和利用之间的关系。本研究基于资源稀缺性和吸收性的角度,将组织冗余划分为四种,包括非稀缺性、非吸收性冗余,稀缺性、非吸收性冗余,非稀缺性、吸收性冗余,稀缺性、吸收性冗余,并且在国际化情境下分别检验了四种组织冗余对探索和利用活动的影响机理,因而准确揭示了组织冗余与探索、利用之间的关系,回答了组织研究领域关于冗余资源与探索、利用矛盾性关系的问题。

本研究对企业管理者具有实践指导意义。谨慎的企业管理者倾向于保留一定的冗余资源,以应对各种突发情况。然而,本研究却进一步告诫管理者,对于倾向于实施探索性国际化战略的企业,需要留有较多的财务冗余,而关系冗余、运营冗余、人力资源冗余要保持适当的量,因为过多的关系冗余、运营冗余、人力资源冗余会限制企业探索性国际化战略的实施。更进一步,对于倾向于经营关系的企业而言,应意识到尽管关系资源是一种宝贵的资源,但与政府机构、顾客、供应商等保持过于亲密的关系可能会阻碍企业在国际市场上探索新的知识和创意。

(三)研究局限性与未来研究展望

本研究还存在一定的局限性,这也对未来研究提供了空间。本研究仅从组织冗余的角度研究了实施探索性国际化和利用性国际化战略的前端因素,未来研究可以考虑进一步拓宽分析思路,从战略导向、社会资本等角度分析其对探索性国际化和利用性国际化的影响。如关于战略导向的研究认为防御性战略导向倾向于选择实施利用战略,激进性战略导向倾向于选择实施探索战略,分析性战略导向倾向于整合探索和利用两种战略。因此,未来研究整合战略导向的分析思维能够极大地拓展现有的理论分析框架。此外,未来还可以进一步研究探索性国际化和利用性国际化对创新或财务绩效的影响机制,或者进一步剖析组织冗余在该过程中的调节效应。

第五章

社会资本与探索性国际化、利用性
国际化战略关系研究

借助社会资本实施国际化战略已在企业界达成共识。然而,现有研究对于社会资本与国际化战略的匹配性问题缺乏关注。基于国际化制造企业样本数据,本研究重点研究社会资本对探索性国际化和利用性国际化的差异性影响。研究发现,商业网络资本对探索性国际化、利用性国际化具有同等程度的正向影响,政治网络资本对探索性国际化具有更强的正向影响,知识网络资本对利用性国际化具有更强的正向影响。研究结论对于企业如何借助社会资本推动国际化战略实施具有理论贡献和政策启示。

一、引言

《2014 年度中国对外直接投资统计公报》显示中国企业对外直接投资连续13 年(2002—2014 年)保持增长势头。进入国际市场不仅意味着企业能够在国际市场上利用技术和营销优势来赚取利润,同时还可以在国际市场上探索先进技术和互补资源(Chen et al.,2016)。通过在国际市场上打出"探索"和"利用"的战略组合拳,我国企业创新能力实现了大幅提升。然而,中国企业实施国际化发展战略仍面临诸多限制,国际化发展之路一波三折。如 TCL 在 2003 年斥资 3.149 亿欧元并购了汤姆逊,但这次并购并没有给 TCL 带来拓展欧美市场的机遇,反而使其背上了沉重的包袱。企业实施国际化发展战略需要具备相应的技术资源、营销资源、组织冗余资源(Tseng et al.,2007)。因此,在内部资源限制和国际化经验缺失的情况下,企业应该思考如何从外部网络寻找实施探索性和利用性国际化战略所需的资源(Ozer et al.,2015;Pinho et al.,2016)。

理论上关于外部网络与探索性国际化、利用性国际化关系的研究可以追溯至国际商务和组织学习两个领域。一方面，国际商务领域的研究虽然在理论上初步区分了探索性和利用性两种国际化战略（Makino et al.，2002；Prange et al.，2011；Buckley et al.，2016），但在实证研究中仍将国际化视为一个整体，重点研究不同类型的网络资源与国际化的关系，却得出了不一致的结论（Hitt et al.，2006；Lu et al.，2010；Manolova et al.，2010）。如 Lu 等（2010）发现管理者商业网络资本通过增强企业信息获取能力和适应能力进而推动企业国际化，而 Hitt 等（2006）却发现顾客关系资本对国际化具有负向影响，Manolova 等（2010）甚至发现企业间商业网络资本对国际化不具有显著影响。本研究认为出现这种现象的原因在于同一网络资源对探索和利用两种国际化战略的影响存在差异，因此理论上有必要进一步阐释同一网络资源对探索性国际化和利用性国际化的差异化影响。

另一方面，组织学习领域学者重点从社会资本角度研究了探索和利用的驱动因素（Yli-Renko et al.，2001；Atuahene-Gima et al.，2007）。Yli-Renko 等（2001）整合社会资本与顾客关系理论，重点研究了高技术新创企业顾客关系资本的关系维度（社会交互）、认知维度（关系质量）、结构维度（顾客网络关系）对知识获取和知识利用的影响机制。Atuahene-Gima 等（2007）重点研究了新产品开发背景下社会资本的结构维度（产业内管理关系、产业外管理关系、权利）、关系维度（信任）、认知维度（团结性、战略一致）对探索性学习和利用性学习的影响机制。已有研究重点关注社会资本的三个维度对探索性和利用性活动的影响，少有研究分析不同类型的社会资本如何影响探索和利用。正如 Atuahene-Gima 等（2007）所说，未来的研究应聚焦不同类型的网络关系资本对探索性和利用性学习的影响机理。

基于 March（1991）对于探索和利用的经典定义，本研究对探索性国际化和利用性国际化进行了精确定义，并认为实施两种国际化战略需要差异化的资源基础，而不同类型的社会资本所提供的主要资源类型存在差异，因而对探索性和利用性国际化具有差异化的影响。具体而言，本研究以国际化制造企业为研究对象，整合国际商务和组织学习领域的理论研究，尝试探索商业网络资本、政治网络资本、知识网络资本对探索性国际化和利用性国际化的差异性影响，为企业管理者和政策制定者推动国际化战略实施提供新的思路和政策指引。

二、国际化战略与社会资本的理论背景

(一)国际化战略:探索性国际化与利用性国际化

目前国际商务与战略管理领域的研究均将国际化视为一种整体战略,忽视了企业国际化战略的动机差异。通过文献梳理发现,可以按照组织学习领域的探索和利用视角将国际化划分为两种完全不同的战略。March(1991)将"探索"定义为与搜寻、变异、风险承担、实验、柔性、发现以及创新等相关的活动,往往具有较高的风险和不确定的收益回报;将"利用"定义为与精炼、选择、成果、效率、履行等相关的活动,往往具有较低的风险和可预期的收益。Levinthal 等(1993)认为探索是对未知领域知识的追求,而利用是对已知领域知识的运用。依据这种逻辑,本研究将探索性国际化定义为企业在国际市场上广泛搜索新知识和互补资源的活动,将利用性国际化定义为企业在国际市场上利用自身资源和知识的活动。

事实上,本研究对于国际化战略的划分和界定并不是凭空产生的,而是高度根植于国际化领域的已有理论研究。早期国际商务领域的垄断优势理论(Hymer,1960)、内部化理论(Buckley et al.,1976)、国际生产折衷理论(Dunning,1981)均假定企业进入国际市场的前提是必须拥有一定的所有权优势,认为企业实施国际化战略的目的是在全球范围内利用这些优势。后期的研究逐步认可了国际化企业的探索动机,特别是近年来对于新兴经济国家企业国际化的理论研究,如 LLL 理论框架(Mathews,2002,2006)、跳板理论(Luo et al.,2007)、战略动机理论(Child et al.,2005;Rui et al.,2008),均强调企业的战略资产寻求动机,认为企业实施国际化战略的目的是通过在全球范围内搜索资源以增强企业竞争力。

（二）社会资本理论

社会资本理论自 20 世纪 90 年代后半期开始被引入管理学领域,该理论在解释企业资源交换与资源流动、知识交流与知识共享、创新与绩效等方面得到了广泛的应用(Nahapiet et al.,1998;Peng et al.,2000;Zhang et al.,2010)。对于国际化企业而言,社会资本是嵌入在国际化企业所拥有的关系网络中的可用资源总和(Nahapiet et al.,1998)。目前对于企业社会资本的研究主要集中于两个方面:一派学者承袭了 Nahapiet 等(1998)对于社会资本的维度划分方式,研究社会资本的结构维(密度、连通性和层级性)、关系维(信任、可靠性、规范与准则、义务和期望、身份、声誉)、认知维(共同的语言和编码)对于企业经营行为或绩效的影响(Yli-Renko et al.,2001;Atuahene-Gima et al.,2007)。另一派学者承袭了 Coleman(1988)对于社会资本的功能主义界定,认为企业所嵌入的不同的利益相关者网络能够为企业带来差异化的资源。依据这种思想以及各学者研究兴趣点的差异,理论界重点探索了企业家与不同社会角色成员交往对企业经营行为或绩效的影响(Park et al.,2001;Peng et al.;Zhang et al.,2010)。

鉴于目前理论界对社会资本与探索和利用活动的相关研究重点剖析了社会资本的结构维度、认知维度和关系维度对于探索和利用活动的影响(Yli-Renko et al.,2001;Atuahene-Gima et al.,2007),而忽视了对于不同类型关系资本与探索、利用关系的进一步剖析,本研究响应 Atuahene-Gima 等(2007)的号召,在国际化背景下阐释不同类型的社会资本对探索和利用活动的影响机理。对于社会资本的类型划分,学界的经典研究依据利益相关者提供的资源类型重点关注了商业网络资本、政治网络资本和知识网络资本(Park et al.,2001;Peng et al.,2000;Whittington et al.,2009;耿新等,2010;Wang et al.,2014;Guan et al.,2016)。商业网络资本表示企业嵌入顾客、供应商、竞争者网络中所能获取的资源;政治网络资本表示企业嵌入各级政府部门网络中所能获取的资源;知识网络资本表示企业嵌入高校、科研院所、技术中介组织及其他行业技术专家网络中所能获取的资源。

社会资本与探索性国际化、利用性国际化关系模型见图 5.1。

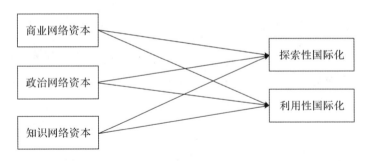

图 5.1　社会资本与探索性国际化、利用性国际化关系模型

三、社会资本影响探索性、利用性国际化的假设提出

（一）商业网络资本与探索性国际化、利用性国际化

商业网络资本主要是指本企业与其他企业之间通过网络关系所形成的社会资本（Peng et al.，2000；耿新等；2010）。通过与顾客、供应商和竞争者的接触，企业能够直接了解到国外市场的技术和营销知识，这对于企业在国际市场寻求新的竞争优势和利用现有竞争优势都是至关重要的。耿新等（2010）认为企业在建立外部商业网络的过程中，无形之中已经嵌入网络的网络之中。这意味着商业网络对于国际化企业而言能够发挥一种桥接作用，帮助企业获取更广的网络资源，进而推动企业国际化。值得指出的是，本研究认为相比探索性国际化，商业网络资本对利用性国际化具有更强的正向影响。这是因为实施探索性国际化战略最关键的是更多的资金投入和承受更高的不确定性风险，而实施利用性国际化战略最关键的是了解国外顾客偏好和政治法律环境，以及建立稳健的生产系统（Atuahene-Gima et al.，2007）。与供应商的战略合作能够帮助企业获取合格的原材料、良好的服务、及时的配送；与顾客的战略合作能够帮助提高顾客忠诚度，增加产品吸引力；与同行业和竞争性企业的战略合作能够推动企业产品升级换代进程，熟悉国外市场运营规律。因此，商业网络更能够为企业实施利用性国际化战略提供绝佳的资源基础。鉴于此，本研究提出如下

假设：

H_{5.1}：相比探索性国际化，商业网络资本对利用性国际化具有更强的正向影响。

(二)政治网络资本与探索性国际化、利用性国际化

政治网络资本是指企业与政府机构、银行和金融机构之间通过网络关系所形成的社会资本(Peng et al.,2000;耿新等,2010)。尽管经历了多年的行政体制改革,但中国政府仍然控制着大量的资源,因此与政府机构保持良好的关系对于企业进入国际市场非常关键(Peng et al.,2000)。一方面,政府部门为企业了解国外市场情况、顾客需求和制度环境提供机会,如参加政府部门举办的产品博览会、与外商的对接洽谈会、出国考察等;另一方面,政府部门为企业进入国际市场提供了资金支持,如税收减免、贷款支持等(Lu et al.,2010;Zheng et al.,2015)。本研究认为政治网络资本对探索性国际化具有更强的正向影响。依据 March(1991)对探索和利用活动的区分逻辑,相比利用性国际化,探索性国际化虽然必定是一项高投入、高风险且短期收益不确定的活动,却能决定企业的长期竞争优势。对于中国企业而言,企业发展面临的最大问题就是技术瓶颈和资金难题,具体表现为技术落后、产品升级换代缓慢、资金缺乏以及融资难、融资贵。尽管国内企业普遍意识到对接国际技术前沿是企业完成技术升级换代、实现创新追赶的最佳途径,且企业的长期发展取决于企业的技术更新能力,但缺乏资金支持与实施探索性国际化的高投入、高风险属性使得企业对之望而却步。因此,对于政治网络资本丰富的企业而言,从政府部门获取的资金和贷款支持能够有效提高国际化企业的风险承担,快速推动探索性国际化战略的实施。鉴于此,本研究提出如下假设：

H_{5.2}：相比利用性国际化,政治网络资本对探索性国际化具有更强的正向影响。

(三)知识网络资本与探索性国际化、利用性国际化

知识网络资本是指企业与高校、科研院所、技术中介机构、行业技术专家之间通过网络关系所形成的社会资本(Wang et al.,2014;Wagner et al.,2014;

Guan et al.,2016)。以往关于社会资本的研究重点关注商业网络资本和政治网络资本，事实上知识网络资本也是影响企业运作的一种重要的网络资源。高校、科研院所、行业技术专家及技术顾问等，作为具有非常强的知识属性的外部网络资源，能够为企业提供大量具有发展潜力的技术和市场机会（耿新等；2010）。企业在国际市场上探索新的竞争优势、利用现有的竞争优势都需要具有一定的知识和技术基础。相比探索性国际化，本研究认为知识网络资本对利用性国际化具有更强的正向影响。如前所述，尽管技术知识、营销知识、资金支持都会影响企业国际化战略的实施（Tseng et al.,2007），但限制中国企业实施探索性国际化战略的最大的瓶颈是缺乏资金，企业本身无法承受在国际市场上实施探索活动所带来的高风险，而限制企业利用性国际化战略实施的关键因素是无法生产出满足国外顾客偏好的产品。外部知识网络虽能为企业探索海外知识提供智力支持，但企业从外部知识网络所获取的技术和信息更倾向于应用在产品开发和创新能力提升上。因此，拥有丰富知识网络资本的国际化企业更倾向于实施利用性国际化战略。鉴于此，本研究提出如下假设：

$H_{5.3}$：相比探索性国际化，知识网络资本对利用性国际化具有更强的正向影响。

四、研究方法

（一）数据收集

数据收集情况参见第三章相关论述，此处不再赘述。

（二）变量测度

为了提高测量量表的信度和效度，本研究充分借鉴文献研究中的成熟量表。所有量表均采用李克特 7 点量表进行测量。

1. 社会资本

借鉴 Peng 等（2000）对于商业网络资本和政治网络资本的测度方式，本研究以四个题项来测度企业与外部顾客、供应商、竞争者和其他行业内企业建立的合作关系情况，以四个题项来测度企业与政府部门建立的合作关系情况。借鉴耿新等（2010）、Guan 等（2016）对于知识网络资本的理解和测度方式，本研究选用三个题项来测度企业与高校、科研院所、技术中介机构建立的合作关系情况。

2. 探索性国际化与利用性国际化

尽管目前理论上对于探索性国际化和利用性国际化并没有开发出专门的测量量表，但 Makino 等（2002）、Hsu 等（2013）均指出了探索性国际化以在国际市场上寻求技术、营销和管理人才等战略资产为主要目的，利用性国际化以在国际市场上利用企业专属资产为主要目的，因此本研究立足于 Makino 等（2002）、Hsu 等（2013）对探索性国际化与利用性国际化内涵的深刻阐释，开发了探索性国际化与利用性国际化的测量量表。

3. 控制变量

将企业年龄、企业规模作为控制变量。以企业人数的自然对数来测度企业规模；以企业成立之初至调查之日的经营年限来测度企业年龄。

（三）信度分析

1. 社会资本

首先对被解释变量——社会资本（商业网络资本、政治网络资本、知识网络资本）进行信度分析，分析结果如表 5.1 所示。

表 5.1　社会资本量表的信度检验

变量	题项	CITC	删除该题项后的 α 值	Cronbach's α
商业网络资本	1. 企业与顾客保持着良好的合作关系	0.839	0.895	0.924
	2. 企业与供应商保持着良好的合作关系	0.829	0.899	
	3. 企业与同行业企业保持着良好的合作关系	0.828	0.899	
	4. 企业与竞争企业保持着良好的合作关系	0.796	0.909	

续表

变量	题项	CITC	删除该题项后的 α 值	Cronbach's α
政治网络资本	1. 企业与政府部门保持着良好的合作关系	0.870	0.904	
	2. 企业能从政府部门获取国际化所需的资源	0.823	0.920	
	3. 政府部门为企业发展提供了大量的资源和信息	0.826	0.918	0.933
	4. 政府部门的帮助增强了企业的发展信心	0.854	0.910	
知识网络资本	1. 企业与高校保持着良好的合作关系	0.807	0.879	
	2. 企业与科研院所保持着良好的合作关系	0.821	0.867	0.909
	3. 企业与技术中介保持着良好的合作关系	0.826	0.863	

商业网络资本变量的 CITC 值均大于 0.75，Cronbach's α 为 0.924，大于 0.9，同时分别删除"企业与顾客保持着良好的合作关系""企业与供应商保持着良好的合作关系""企业与同行业企业保持着良好的合作关系""企业与竞争企业保持着良好的合作关系"后各个题项后的 α 值为 0.895、0.899、0.899、0.909，均小于 0.924。数据分析显示各指标均满足前文所述的信度指标要求，通过了信度检验，说明商业网络资本变量测度的一致性良好。

政治网络资本变量的 CITC 值均大于 0.8，Cronbach's α 为 0.933，大于 0.9，同时分别删除"企业与政府部门保持着良好的合作关系""企业能从政府部门获取国际化所需的资源""政府部门为企业发展提供了大量的资源和信息""政府部门的帮助增强了企业的发展信心"后各个题项后的 α 值为 0.904、0.920、0.918、0.910，均小于 0.933。数据分析显示各指标均满足前文所述的信度指标要求，通过了信度检验，说明政治网络资本变量测度的一致性良好。

知识网络资本变量的 CITC 值均大于 0.8，Cronbach's α 为 0.909，大于 0.9，同时分别删除"企业与高校保持着良好的合作关系""企业与科研院所保持着良好的合作关系""企业与技术中介保持着良好的合作关系"后各个题项后的 α 值为 0.879、0.867、0.863，均小于 0.909。数据分析显示各指标均满足前文所述的信度指标要求,通过了信度检验,说明知识网络资本变量测度的一致性良好。

2. 国际化战略

其次对解释变量——国际化战略(探索性国际化、利用性国际化)进行信度分析,分析结果详见第三章。

数据分析显示,探索性国际化、利用性国际化各指标均满足前文所述的信度指标要求,通过了信度检验,说明二者变量测度的一致性良好。

(四)效度分析

1. 探索性因子分析

本研究对研究中涉及的主要变量的测度题项分别作因子分析。经检验,所有测度题项的 KMO 样本测度和巴特利特球形检验结果为:KMO 值为 0.927,大于 0.9,且巴特利特球形检验的统计值也达到了显著水平,非常适合做因子分析。鉴于此,本研究对所构建的 21 个问卷测度题项进行探索性因子分析,分析结果如表 5.2 所示。

表 5.2 国际化战略、社会资本探索性因子分析

变量	题项	因子				
		1	2	3	4	5
探索性国际化	1. 从海外市场获取高层次的研发和管理人才	0.895	−0.003	0.212	0.126	0.034
	2. 获取企业创新所需的技术和营销资源	0.872	0.093	0.095	0.252	0.134
	3. 接近国外的创新环境,获取成果溢出	0.882	−0.009	0.106	0.218	0.116
	4. 利用国外良好的 R&D 硬件基础设施	0.894	0.054	0.173	0.138	0.133
	5. 与当地行业领先企业建立战略合作关系	0.924	0.088	0.176	0.199	0.133

续表

变量	题项	因子				
		1	2	3	4	5
利用性国际化	1. 在国外市场上利用企业的技术优势	0.082	0.811	0.211	0.143	0.210
	2. 占领国外市场以拓展企业的发展空间	0.062	0.812	0.235	0.139	0.166
	3. 生产出满足国外顾客消费需求的产品	0.025	0.811	0.227	0.207	0.170
	4. 在国外设立生产基地以降低运输成本	−0.079	0.770	0.232	0.210	0.254
	5. 利用国外市场廉价的劳动力和物质资源	0.093	0.837	0.060	0.136	0.218
商业网络资本	1. 企业与顾客保持着良好的合作关系	0.181	0.249	0.782	0.315	0.177
	2. 企业与供应商保持着良好的合作关系	0.280	0.304	0.741	0.303	0.110
	3. 企业与同行业企业保持着良好的合作关系	0.193	0.298	0.732	0.362	0.168
	4. 企业与竞争企业保持着良好的合作关系	0.256	0.247	0.755	0.199	0.257
政治网络资本	1. 企业与政府部门保持着良好的合作关系	0.254	0.202	0.273	0.822	0.097
	2. 企业能从政府部门获取国际化所需的资源	0.237	0.164	0.235	0.811	0.165
	3. 政府部门为企业发展提供了大量的资源和信息	0.261	0.250	0.293	0.754	0.137
	4. 政府部门的帮助增强了企业的发展信心	0.268	0.248	0.235	0.786	0.216

续表

变量	题项	因子				
		1	2	3	4	5
知识网络资本	1.企业与高校保持着良好的合作关系	0.231	0.320	0.201	0.179	0.774
	2.企业与科研院所保持着良好的合作关系	0.092	0.329	0.184	0.183	0.821
	3.企业与技术中介保持着良好的合作关系	0.188	0.317	0.168	0.149	0.820

通过探索性因子分析可以发现,一共抽取了5个因子,这5个因子解释了82.988%的变差。通过因子分析,可以观察到这5个因子的含义非常明确。

因子1包含的变量为"从海外市场获取高层次的研发和管理人才""获取企业创新所需的技术和营销资源""接近国外的创新环境,获取成果溢出""利用国外良好的R&D硬件基础设施""与当地行业领先企业建立战略合作关系"5个题项,很明显这5个题项衡量的是企业在海外的探索性行为,可以称为"探索性国际化"因子。

因子2包含的变量为"在国外市场上利用企业的技术优势""占领国外市场以拓展企业的发展空间""生产出满足国外顾客消费需求的产品""在国外设立生产基地以降低运输成本""利用国外市场廉价的劳动力和物质资源"5个题项,很明显这5个题项衡量的是企业在海外的利用性行为,可以称为"利用性国际化"因子。

因子3包含的变量为"企业与顾客保持着良好的合作关系""企业与供应商保持着良好的合作关系""企业与同行业企业保持着良好的合作关系""企业与竞争企业保持着良好的合作关系"4个题项,很明显这4个题项衡量的是企业的商业网络资本,可以称为"商业网络资本"因子。

因子4包含的变量为"企业与政府部门保持着良好的合作关系""企业能从

政府部门获取国际化所需的资源""政府部门为企业发展提供了大量的资源和信息""政府部门的帮助增强了企业的发展信心"4个题项,很明显这4个题项衡量的是企业的政治网络资本,可以称为"政治网络资本"因子。

因子5包含的变量为"企业与高校保持着良好的合作关系""企业与科研院所保持着良好的合作关系""企业与技术中介保持着良好的合作关系"3个题项,很明显这3个题项衡量的是企业的知识网络资本,可以称为"知识网络资本"因子。

2. 验证性因子分析

本研究运用验证性因子分析来检验构念的聚合效度和区分效度,总体测量模型见图5.2。

通过对五因子模型的验证性因子分析发现($\chi^2 = 339.433$; $\chi^2/df = 1.896$,NFI$=0.931$,NNFI$=0.956$,CFI$=0.966$,IFI$=0.966$,RMSEA$=0.059$),模型拟合良好。如表5.3所示,所有标准化因子载荷值均大于0.80,且具有很强的统计显著性($p<0.001$),同时本研究每个潜变量的 AVE 最小值为0.702,大于0.50,从而满足了对 AVE 的要求,因此各构念具有良好的聚合效度。

对比商业网络资本、政治网络资本、知识网络资本、探索性国际化、利用性国际化的 AVE 值的平方根和各构念间的相关系数,发现所有构念的 AVE 值的平方根均远大于构念间相关系数,证实商业网络资本、政治网络资本、知识网络资本、探索性国际化、利用性国际化之间具有良好的区分效度。

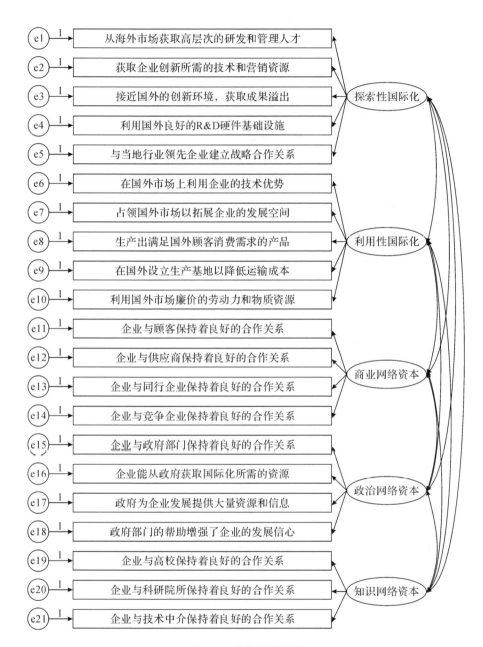

图 5.2　总体测量模型

表 5.3　验证性因子分析及 Cronbach's α

变量	测度题项	标准化因子载荷值	AVE	Cronbach's α
商业网络资本	1. 企业与顾客保持着良好的合作关系	0.880	0.752	0.924
	2. 企业与供应商保持着良好的合作关系	0.872		
	3. 企业与同行业企业保持着良好合作关系	0.883		
	4. 企业与竞争企业保持着良好的合作关系	0.832		
政治网络资本	1. 企业与政府部门保持着良好的合作关系	0.905	0.780	0.933
	2. 企业能从政府获取国际化所需的资源	0.858		
	3. 政府为企业发展提供大量资源和信息	0.872		
	4. 政府部门的帮助增强了企业的发展信心	0.895		
知识网络资本	1. 企业与高校保持着良好的合作关系	0.871	0.770	0.909
	2. 企业与科研院所保持着良好的合作关系	0.877		
	3. 企业与技术中介保持着良好的合作关系	0.884		
探索性国际化	1. 从海外市场获取高层次研发和管理人才	0.896	0.841	0.963
	2. 获取企业创新所需的技术和营销资源	0.898		
	3. 接近国外的创新环境,获取成果溢出	0.907		
	4. 利用国外良好的 R&D 硬件基础设施	0.895		
	5. 与当地行业领先企业建立战略合作关系	0.987		
利用性国际化	1. 在国外市场上利用企业的技术优势	0.844	0.702	0.921
	2. 占领国外市场以拓展企业的发展空间	0.835		
	3. 生产出满足国外顾客消费需求的产品	0.855		
	4. 在国外设立生产基地以降低运输成本	0.841		
	5. 利用国外市场廉价的劳动力和物质资源	0.814		

注:所有标准化因子载荷值均在 $p < 0.001$ 水平上显著。

五、实证检验：相关分析与结构方程建模

（一）相关性分析

表 5.4 为本研究各变量的均值、标准差和相关系数矩阵。从表 5.5 中可见，商业网络资本（$\beta=0.480, p<0.01$）、政治网络资本（$\beta=0.517, p<0.01$）、知识网络资本（$\beta=0.365, p<0.01$）与探索性国际化均显著正相关；商业网络资本（$\beta=0.584, p<0.01$）政治网络资本（$\beta=0.498, p<0.01$）、知识网络资本（$\beta=0.615, p<0.01$）与利用性国际化均显著正相关。

表 5.4　描述性统计分析与相关系数矩阵

变量	均值	标准差	1	2	3	4
1.企业年龄	15.800	8.246	1			
2.企业规模	7.536	1.388	0.263**	1		
3.商业网络	4.293	1.116	0.009	0.127	1	
4.政治网络	4.275	1.137	0.048	0.230**	0.696**	1
5.知识网络	4.140	1.219	0.006	0.064	0.551**	0.499**
6.探索性国际化	3.957	1.349	−0.001	0.198**	0.480**	0.517**
7.利用性国际化	4.591	1.066	0.041	0.143*	0.584**	0.498**

变量	均值	标准差	5	6	7
1.企业年龄	15.800	8.246			
2.企业规模	7.536	1.388			
3.商业网络	4.293	1.116			
4.政治网络	4.275	1.137			
5.知识网络	4.140	1.219			
6.探索性国际化	3.957	1.349	0.365**	1	
7.利用性国际化	4.591	1.066	0.615**	0.187**	1

注：* 表示 $p<0.05$，** 表示 $p<0.01$。

(二)结构方程模型

本研究采用结构方程模型(SEM)来检测商业网络资本、政治网络资本、知识网络资本对探索性国际化、利用性国际化的相对影响。借鉴 Hoskisson 等(2002)的分析思路,本研究采取两阶段分析法,即首先求出理论模型的整体拟合模型结果,然后对理论模型中的路径系数进行比较,参见表 5.5。在进行路径系数比较时,对比分析理论模型与限制模型(将假设中的对比路径系数设为相等)的 χ^2 变化。当 $\Delta\chi^2$ 的变化为显著时,证明路径系数相等的限制是不合理的,即对比的两条路径系数存在显著差异,这样就验证了假设的合理性。

表 5.5　路径系数比较分析表

模型	系数估计		χ^2	$\Delta\chi^2$	df	Δdf	p	检验结果
理论模型			435.667		219			
全部限制模型			447.826	12.159	222	3	<0.01	
局部限制模型 ($H_{5.1}$)	$0.190^{?}$	0.344^{***}	436.044	0.377	220	1	>0.1	不支持
局部限制模型 ($H_{5.2}$)	0.336^{***}	0.019	442.411	6.744	220	1	<0.01	支持
局部限制模型 ($H_{5.3}$)	0.093	0.453^{***}	442.794	7.127	220	1	<0.01	支持

注:♀表示 $p<0.1$, *** 表示 $p<0.001$。理论模型为无限制模型,全部限制模型为假设 $H_{5.1}$、假设 $H_{5.2}$、假设 $H_{5.3}$ 中的 3 对路径系数均限制为相等后的模型。

应用 SEM 对理论模型进行拟合分析发现, $\chi^2(219)=435.667$, $p<0.001$, NFI=0.913, NNFI=0.942, CFI=0.954, IFI=0.955, RMSEA=0.062,理论模型拟合良好。各自变量与因变量间的路径系数见图 5.3 所示。

表 5.6 列出了假设检验的分析结果。第一行为理论模型的 χ^2 统计值和自由度,第二行为全限制模型(三对路径系数均假定为相等)的 χ^2 统计值和自由度,以及全限制模型与理论模型的 χ^2 检验结果,检验结果证实两模型的 χ^2 对比发生了显著变化($\Delta\chi^2=12.159$, $\Delta df=3$, $p<0.01$),即假设中三对路径系数的

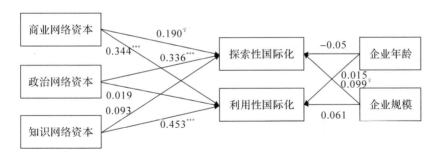

图 5.3 理论模型结构方程拟合系数

注:♀表示 $p<0.1$,*** 表示 $p<0.001$,表中系数为标准化回归系数。

某些路径存在区别。

$H_{5.1}$提出相比探索性国际化,商业网络资本对利用性国际化具有更强的正向影响。图 5.3 显示,商业网络资本对探索性国际化具有显著正向影响($\beta=0.190$, $p<0.1$),商业网络资本对利用性国际化具有显著正向影响($\beta=0.344$, $p<0.001$)。表 5.5 中的局部限制模型($H_{5.1}$)对比分析结果显示,理论模型与局部限制模型($H_{5.1}$)的 $\Delta\chi^2$ 并不存在显著差异($\Delta\chi^2=0.377, \Delta df=1$, $p>0.1$),证明尽管商业网络资本对探索性国际化、利用性国际化均具有显著正向影响,但并不存在显著差异,假设 $H_{5.1}$并未得到支持。

$H_{5.2}$提出相比利用性国际化,政治网络资本对探索性国际化具有更强的正向影响。图 5.3 显示,政治网络资本对探索性国际化具有显著正向影响($\beta=0.336, p<0.001$),政治网络资本对利用性国际化具有正向影响,但不显著($\beta=0.019, p>0.1$)。表 5.5 中的局部限制模型($H_{5.2}$)对比分析结果显示,理论模型与局部限制模型($H_{5.2}$)的 $\Delta\chi^2$ 存在显著差异($\Delta\chi^2=6.744, \Delta df=1$, $p<0.01$),证明政治网络资本影响探索性国际化和利用性国际化的路径系数存在显著差异,政治网络资本对探索性国际化具有更强的正向影响,假设 $H_{5.2}$得到支持。

$H_{5.3}$提出相比探索性国际化,知识网络资本对利用性国际化具有更强的正向影响。图 1 显示,知识网络资本对探索性国际化具有正向影响,但不显著($\beta=0.093, p>0.1$),知识网络资本对利用性国际化具有显著正向影响($\beta=0.453$, $p<0.001$)。表 中的局部限制模型($H_{5.3}$)对比分析结果显示,理论模型与局部

限制模型($H_{5.3}$)的 $\Delta\chi^2$ 存在显著差异($\Delta\chi^2 = 7.127, \Delta df = 1, p < 0.001$),证明知识网络资本影响探索性国际化和利用性国际化的路径系数存在显著差异,政治网络资本对利用性国际化具有更强的正向影响,假设 $H_{5.3}$ 得到支持。

六、结论与讨论

(一)研究结论

在国际市场上实施探索和利用两种战略已成为中国企业拓展生存空间、实现创新追赶的重要抓手,而充分利用外部网络资源是决定企业国际化战略成败的重要支点。然而,目前国际商务和组织学习领域的研究较难解释特定类型的网络资源对探索性国际化、利用性国际化的差异性影响。本研究基于社会资本理论视角,深入探索了商业网络资本、政治网络资本、知识网络资本对探索性国际化和利用性国际化的差异化影响,得出了以下几点研究结论:

其一,商业网络资本对探索性国际化和利用性国际化的差异性影响并不显著。本研究证实商业网络资本对于探索性国际化和利用性国际化具有同等程度的正向影响,原因可能是企业与顾客、供应商和竞争者建立的关系不仅能够帮助企业完善技术体系,建立稳定的生产体系,同时也能够提供一定的融资功能,帮助企业实施高风险的探索性活动。

其二,相比利用性国际化,政治网络资本对探索性国际化具有更强的正向影响。Lu 等(2010)提出政治网络资本能够为企业国际化带来大量的资金支持、信息支持,本研究进一步证实对于中国企业而言,政治网络资本所带来的资金支持、信息支持更能够推动企业探索性国际化战略的实施。

其三,相比探索性国际化,知识网络资本对利用性国际化具有更强的正向影响。已有研究重点关注商业网络资本和政治网络资本对于企业国际化的影响效应,实际上企业与高校、科研院所、技术中介等建立的关系对于企业同样重要,并且由于从知识网络获取的资源更能够应用于产品创新和技术改造,因而更能推动企业利用性国际化战略的实施。

(二)理论与实践意义

本研究对于国际商务和组织学习两个领域的研究具有理论贡献。

一方面,尽管国际商务领域的学者初步意识到了企业进入国际市场通常会实施探索和利用两种战略(Makino et al.,2002;Prange et al.,2011;Buckley et al.,2016),然而在实证研究中均将国际化视为一个整体,剖析了不同类型的网络资源对于国际化的影响机制(Hitt et al.,2006;Lu et al.,2010;Manolova et al.,2010)。本研究进一步深化了国际商务领域的研究,发现政治网络资本和知识网络资本对于探索性和利用性国际化具有差异性的影响,而商业网络资本对于探索性和利用性国际化具有同等程度的正向影响,研究结论从更深层次对于"企业需要借助哪类网络资源推动探索性或利用性国际化战略实施"这一问题给出了更满意的答案。

另一方面,尽管组织学习领域的研究热衷于从社会资本的理论视角来阐释结构维度、关系维度、认知维度对于探索性学习和利用性学习的影响机理,却忽视了对于不同类型社会资本的研究(Yli-Renko et al.,2001;Atuahene-Gima et al.,2007)。本研究响应了 Atuahene-Gima 等(2007)的理论呼吁,在国际化情境下重点研究商业网络资本、政治网络资本、知识网络资本对于探索性学习和利用性学习的差异性影响。研究证实尽管社会资本能够推动组织探索性和利用性学习,但不同类型的社会资本(商业网络资本、政治网络资本、知识网络资本)对于探索性学习和利用性学习的影响存在差异。

本研究对企业和政府具有实践指导意义。企业管理者应意识到实施探索性国际化和利用性国际化战略所需具备的网络资源差异,因此在关系运营时应有选择性地建立与国际化战略相匹配的外部网络关系,使得企业关系运营上升到战略高度。此外,政府部门在制定政策时,应充分考虑到不同企业间的国际化战略差异,对于实施探索性国际化战略的企业要加大税收减免和贷款优惠等财务支持力度,鼓励同行业企业间的战略合作,而对于实施利用性国际化的企业除了鼓励企业间战略合作,还应该推动其与高校、科研院所等智库部门的合作。

(三)研究局限性与未来研究展望

本研究还存在一定的局限性,这也为未来研究提供了空间。本研究仅分析了不同类型社会资本对探索性国际化和利用性国际化的差异性影响，未来研究可以进一步深入剖析社会资本的其他特征，如整合研究企业不同类型社会资本、在外部网络中所处的地位、与外部不同类型主体的联系强度等网络特征对国际化战略的影响机理。此外，未来研究还可以分析商业网络资本、政治网络资本、知识网络资本影响探索性国际化、利用性国际化的中介机制。

第六章

国际化双元战略对创新绩效的
影响效应

目前已有理论仅指出企业在实施国际化战略中应用组织双元思想的重要性,而对于国际化双元是否以及在什么条件下影响创新绩效缺乏系统研究。本研究整合组织双元与国际化战略理论,研究了国际化双元的平衡维度和联合维度对创新绩效的影响,以及内部竞争强度和外部竞争强度的调节效应。基于中国 227 家制造企业的问卷调查结果表明,国际化双元的平衡维度和联合维度对于创新绩效具有正向影响,内部竞争强度负向调节国际化双元与创新绩效的关系,而外部竞争强度正向调节这一关系。研究结论实证支持了国际化双元的理论构想,深化了国际化双元理论框架。

一、引言

继"引进来"战略之后,实施"走出去"战略已成为我国企业对接国际创新源、实现创新追赶的重要战略举措(Thite et al.,2016)。2013 年,中国对外直接投资流量创下 1078.4 亿美元的历史新高,同比增长 22.8%,连续两年位列全球三大对外投资国。国内一大批领先企业(吉利、三一重工、海尔、华为、联想、TCL 等)均积极实施了国际化发展战略。然而,进入国际市场并不意味着国际化战略的成功实施,也不意味着创新绩效的必然提升。一方面,诸多企业通过实施国际化战略成功开发出了新的产品和工艺,拓展了海外销售市场,增强了企业竞争力。如吉利在 2010 年以 18 亿美元的价格收购沃尔沃的全部资产(包含全部知识产权)。通过整合沃尔沃的研发资源和海外销售渠道,吉利快速实现了质的飞跃。吉利 2011 年营业收入达到 1500 多亿元,其中有 1100 多亿元是沃尔沃贡献的,吉利控股跃居世界 500 强。另一方面,也有大批企业虽然积极实施了国际化战略,但却遭遇了失败或未能取得预期的效果。如 TCL 在早期国际化进程中偏重探索战略,先后并购了施耐德、汤姆逊和阿尔卡特,然而并购后企业出现巨额亏损。最为典型的就是 2003 年 TCL 斥资 3.149 亿欧元并购了汤姆逊,但由于对彩电产业市场和技术转型判断失误,这次并购并没有给 TCL 带来拓展欧美市场的机遇,反而使其背上了沉重的包袱,严重影响到了 TCL 的生存和发展。因此,理论上有必要探究企业如何选择正确的国际化发展战略。

现有国际化领域的研究重点关注了企业"为何"国际化,而对于企业"如何"国际化缺乏系统思考(Bandeira-de-Mello et al.,2016)。传统国际商务理论认为企业进入国际市场是为了在更广的市场上利用现有竞争优势获取规模经济收益(Hymer,1960;Buckley et al.,1976;Dunning,1981)。近期大量的研究显示企业进入国际市场不仅是为了利用现有优势,更为重要的是为了在全球市场上探索和获取先进的技术和互补资源,这对于增强企业持续竞争力和长期绩效至关重要(Mathews,2002;Luo et al.,2007;Child et al.,2005;Rui et al.,2008)。然而,企业在国际市场上利用已有竞争优势虽能在短期内提升绩效,但从长远来讲却会让企业陷入"核心刚性"或"能力陷阱";在国际市场上实施探索战略虽能获取新的知识和信息,但过多的探索活动也会让企业陷入"失败陷阱"(Levinthal et al.,1993;吴航等,2016)。Luo 等(2009)、Prange 等(2011)将组织双元的思想引入国际商务领域,认为企业在国际市场上应实施双元战略,即企业可以通过协调和权衡探索性国际化和利用性国际化以实现两种国际化战略的均衡发展,使得企业能够规避因过度关注探索性国际化或利用性国际化所导致的创新风险,同时实现探索性国际化或利用性国际化的互补,进而提升创新绩效。然而,Hsu 等(2013)认为 Luo 等(2009)、Prange 等(2011)所提出的这种双元思想虽在理论上具有一定的可行性,但同时也对企业的资源基础、组织结构、制度环境等提出了新的要求,并且尚未获得大样本的实证支持。因此,对于转型经济背景下的后发企业而言,由于资源的有限性,尽管在国际市场实施探索和利用战略都能推动企业创新,但企业"是否应该以及是否能够同时实施两种国际化战略,以及在什么条件下实施更为有利"仍是一个悬而未决的问题。

本研究整合组织双元与国际化理论,构建国际化双元这一构念,并借鉴 Cao

等(2009)对于组织双元的维度划分,把国际化双元分为联合双元与平衡双元两个维度,探索国际化双元的平衡和联合对创新绩效的影响,并检验内部竞争强度和外部竞争强度的调节效应。本研究具有极强的理论和现实意义。整合组织双元理论与国际化理论,突出了探索性国际化和利用性国际化的矛盾与互补之处,进一步深化了国际化理论,同时拓展了组织双元理论的应用范畴。研究结论能够指导企业如何协调探索性和利用性两种国际化战略,以及如何最大限度地利用两种国际化战略提升创新绩效,因而具有极大的实践启示。

二、国际化双元提出的理论背景与概念模型

(一)国际化双元提出的理论背景

利用性国际化、探索性国际化、国际化双元的提出与相关研究情况,第二章已系统梳理,此处不再详述。

国际化理论经历了早期的基于"利用"视角、到后期的基于"探索"视角、再到现今的基于"双元"视角理论的发展过程。

早期的基于"利用"视角的国际化理论源于对发达国家跨国企业的研究,假定跨国企业拥有所有权优势,而国际化的目的就在于在海外市场利用企业的所有权优势,其中较为典型的就是垄断优势理论(Hymer,1960)、内部化理论(Buckley et al.,1976)、国际生产折衷理论(Dunning,1981)。然而,这种以能力利用为导向的国际化发展战略受到了理论界的质疑,认为在国际市场上利用企业已有竞争优势能够在短期内提升绩效,然而从长远来讲却会让企业陷入"核心刚性"或"能力陷阱",逐渐散失对外部环境的响应能力,并且这种理论视角无法回应发展中国家企业的国际化行为。

随着关于新兴经济国家国际化企业(EM MNEs)研究兴趣的快速增长,理论界开始逐步关注 EM MNEs 的国际化行为,认为其国际化主要是以在国际上"探索"新的知识和技术为主,其中较为典型的就是 LLL 框架(Mathews,2002,2006)、跳板理论(Luo et al.,2007)、战略动机理论(Child et al.,2005;Rui et al.,2008),潜在假设是企业实施国际化战略的根本出发点就是通过在全球范围

内搜索资源以增强企业竞争力。然而,这种探索导向的国际化战略被认为在提高企业竞争力方面存在瑕疵,过多的关注探索活动却会让企业陷入"失败陷阱",进入无尽的探索、失败、再探索、再失败的恶性循环,使得企业难以收回投资。因此,"探索"导向的国际化理论仍无法解答企业"如何"成功实施国际化战略。

近期国际商务领域的一批学者试图将组织双元理论引入国际化战略的分析框架,认为企业有必要并且有可能进行悖论性思考,积极推动探索性和利用性两种国际化战略的均衡发展。Luo(2002)认为企业在国际市场上实施探索和利用战略之间保持一定的平衡,能够帮助企业有效抵御国际市场上的风险,进而增强企业绩效。Luo 等(2009)更是直接提出了企业在国际化过程中必须在"导向、能力、竞争、演化"是个方面实施双元战略。此后,Prange 等(2011)明确提出了国际化双元的概念,而 Hsu 等(2013)也是首次开展了关于国际化双元的实证研究,证实了国际化双元能够提升企业竞争力。然而,目前组织双元理论在国际化领域的应用仍停留在逻辑推导层面,并未得到大量的实证支持,同时对于实施国际化双元战略的情景条件缺乏系统思考。本研究正是基于目前国际化与组织双元整合的理论迫切性,尝试研究国际化双元战略的创新效应,以及影响该过程的边界条件。

(二)国际化双元与创新绩效的关系模型

已有研究区分了探索性国际化、利用性国际化两种国际化发展战略,却未探讨两种国际化发展战略之间"是否需要""是否能够"实现均衡发展及其对创新绩效的影响。国际化双元是指企业通过协调和权衡探索性国际化和利用性国际化以实现两种战略均衡发展的能力。借鉴 Cao 等(2009)对于组织双元的维度划分,本研究将国际化双元进一步解构为两个维度:平衡维度和整合维度。国际化双元的平衡维度是指企业充分运用协调机制,在国际市场的探索和利用之间保持相对一致的平衡(relative balance);国际化双元的联合是指在探索性国际化和利用性国际化战略的执行程度上的组合大小(combined magnitude),强调两种国际化战略的整合效应。国际化双元影响创新绩效的概念模型如图 6.1 所示。研究问题主要包括:国际化双元的平衡、国际化双元的联合对创新绩效的影响;内部竞争强度、外部竞争强度对国际化双元与创新绩效关系的调节效应。

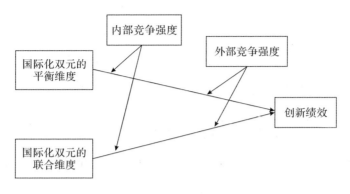

图 6.1 国际化双元影响创新绩效的概念模型

三、国际化双元影响创新绩效的假设提出

（一）国际化双元的平衡维度与创新绩效

国际化双元的平衡使得企业不过度关注探索性国际化或利用性国际化，进而降低企业创新风险，提升创新绩效。一方面，通过在国际市场上探索，企业能够获取创新所需的各种先进技术和高端人小，了解行业发展的最新资讯（Thite et al.，2016；Makino et al.，2002），这些对于企业创新发展都是极为重要的。然而，当企业过于强调在国际市场上实施探索活动而忽视了利用活动时，企业将会获取大量差异化的创新信息，进而超越了企业的信息承载能力，同时企业也难以收回大量的搜索成本，巨大的搜索风险将会导致创新的最终失败（Cao et al.，2009）。另一方面，虽然实施国际化利用战略能够最大限度地通过规模经济获取经济利益，然而过于强调在国际市场上实施利用活动、忽视探索活动将会使得企业面临"过时淘汰"的风险（Levinthal et al.，1993）。虽然企业在实施利用性国际化战略时也能产生学习效应，但这种学习基本是沿着已有的技术轨迹，难以为企业创新带来新的创新元素和思维。因此，单方面强调利用性国际化会让企业在短期内收获成功（现金收益），但在动态变革的市场和技术环境下难以持续，久而久之使得企业陷入"核心刚性"或"能力陷阱"，阻碍企业的进一

步学习和知识更新。基于上述分析逻辑,本研究认为探索性国际化和利用性国际化之间的相对一致(即平衡)能够减少企业创新过程中的能力陷阱或降低知识搜索和加工成本,进而提升企业创新绩效。鉴于此,本研究提出如下假设:

H$_{6.1}$:企业国际化双元的平衡维度对创新绩效具有正向影响。

(二)国际化双元的联合维度与创新绩效

国际化双元的联合维度意味着企业能够实现探索和利用战略的互补,进而提升创新绩效。一方面,探索性国际化能够避免利用性国际化导致的能力陷阱。尽管过多的利用性国际化活动会导致企业发展上的惰性,使得企业陷入"核心刚性"或"能力陷阱",但是探索性国际化活动为企业带来了更多的全新知识,推动了企业对现有知识和新知识的整合,因而避免了利用性国际化活动所导致的短视。Cao 等(2009)发现成功的探索会改善企业现有利用活动的经济性,因为当企业将更多的外部资源和知识内部化后,就会在更大的知识范围和资源范围内开展利用活动。另一方面,利用性国际化降低了探索性国际化的不确定性。依据消化吸收能力的理论逻辑,企业识别、消化、利用新知识的效率取决于企业现有的知识基础。因此,利用性国际化能够在很大程度上帮助企业在国际市场上搜索新的知识和信息,以及在随后的创新活动中整合这些知识。较高程度的利用活动会提高企业探索新知识的效率(Cao et al.,2009)。通过重复利用企业现有资源和知识,管理者对资源和知识在企业内部的分布和功能会更加了解,这种更深层次的理解使得企业更能够整合现有知识、资源和能力来实施探索性国际化战略。此外,高强度的利用性国际化活动还能够为企业提供整合新知识所需的营销能力、顾客关系能力、销售渠道构建能力等互补资源。基于上述逻辑,本研究认为探索性与利用性国际化战略之间能够形成互补效应,进而提升企业创新绩效。鉴于此,本研究提出如下假设:

H$_{6.2}$:企业国际化双元的联合维度对创新绩效具有正向影响。

(三)内部竞争强度与外部竞争强度的调节

H$_{6.1}$与 H$_{6.2}$分别提出探索性国际化与利用性国际化的平衡通过风险降低机制提升创新绩效,而两者的联合通过互补效应机制提升创新绩效。然而,本研究认为企业实施国际化双元战略的创新效应的体现必定取决于探索与利用两个部门的融合程度。这一逻辑意味着国际化双元对创新绩效的影响效应取决于企业内部各部门员工之间知识交流与整合的效率。当内部员工之间分享知识的意愿和动力较强时，企业实施国际化双元战略的风险将会最大限度降低，同时也会产生最强的互补效应，此时企业实施国际化双元战略的创新效应最大。反之，当内部员工之间分享知识的意愿和动力较弱时，企业实施国际化双元战略的创新效应也会随之减小。鉴于此，接下来将分析内部竞争强度和外部竞争强度对于国际化双元与创新绩效关系的调节效应。

1. 内部竞争强度

内部竞争强度表示企业内部员工将其他部门员工视为公司资源竞争者的程度，包括有形资源（如金融和人力资源）和无形资源（如来自企业核心决策者的关注）(Luo et al.，2006)。由于企业内部不同部门之间往往存在目标和战略导向差异，同时各个部门绩效都会面临考核要求，此时企业内部各部门员工在资源获取上是一种竞争关系。尽管一定程度的资源竞争有助于调动员工工作动力，却极有可能会阻碍一些复杂战略的实施(Clercq et al.，2014)，如国际化双元战略。当内部竞争强度较高时，意味着国际化企业内部各部门之间是一种高度竞争关系，由于担心其他竞争性部门员工会从知识分享中获益，因此各部门员工会极其抵制彼此之间的知识分享活动。此外，各部门员工也会极大地限制整合、利用其他部门知识的力度，因为整合、利用其他部门知识的过程极有可能会凸显其他部门知识的战略价值，这种"为他人作嫁衣裳"的活动在高强度的内部竞争环境下几乎是不可能存在的(Gupta et al.，2000)。因此，当内部竞争强度较高时，企业内部各部门之间的知识分享活动受到抑制，此时国际化双元战略对创新绩效的正向影响遭到削弱。鉴于此，本研究提出如下假设：

$H_{6.3a}$：内部竞争强度负向调节国际化双元的平衡维度与创新绩效之间的关系。

$H_{6.3b}$：内部竞争强度负向调节国际化双元的联合维度与创新绩效之间的关系。

2. 外部竞争强度

外部竞争强度表示企业内部员工与外部其他企业接触时所遭遇的竞争压力

(Grewal et al.,2001)。激烈的外部竞争对企业的成功发展施加了威胁,这些威胁激励、迫使企业员工在内部分享知识,以及积极应用其他部门的知识(Lahiri et al.,2008)。因此,高强度的外部竞争环境迫使企业管理者充分整合、利用内部各部门的知识,此时探索和利用部门的知识能够得到充分整合,国际化双元的创新效应将会放大。相比之下,当外部竞争强度较低时,企业管理者并没有感受到足够的外部威胁,此时整合探索性国际化和利用性国际化两个部门知识的紧迫感下降,国际化双元战略的创新效应减弱。此外,低竞争强度的外部环境意味着企业从外部环境获取知识和创新资源的难度降低(Kim et al.,2010),此时企业各部门整合其他部门知识与创新资源的动力下降,最终也会导致国际化双元战略对创新绩效的正向影响遭到削弱。鉴于此,本研究提出如下假设:

$H_{6.4a}$:外部竞争强度正向调节国际化双元的平衡维度与创新绩效之间的关系。

$H_{6.4b}$:外部竞争强度正向调节国际化双元的联合维度与创新绩效之间的关系。

四、研究方法

(一)数据收集

数据收集情况参见第三章相关论述,此处不再赘述。

(二)变量测度

为了提高测量量表的信度和效度,本研究充分借鉴文献研究中的成熟量表。所有量表均采用李克特7点量表进行测量。

1.国际化双元

遵循 Makino 等(2002)、Hsu 等(2013)对探索性国际化与利用性国际化内涵的深刻阐释,本研究分别采用五个题项来测量探索性国际化、利用性国际化。国际化双元的平衡表示探索性国际化和利用性国际化的相对平衡,国际化双元的联合表示探索性国际化和利用性国际化的整合。遵循 Cao 等(2009)、张婧等(2010)对于组织双元的平衡和联合的计算方式,先求出探索性国际化和利用性国际化差的绝对值,再用 5 减去二者的绝对离差来测量国际化双元的平衡,该值越高则国际化双元的平衡水平越高;用探索性国际化和利用性国际化的乘积来测量国际化双元的联合。

2. 创新绩效

遵循 Wu 等(2016)、Chen 等(2011)的研究,选用六个题项来测度创新绩效,主要测度与同行业竞争对手相比企业创新的质量和速度。

3. 调节变量

依据 Luo 等(2006)、Clercq 等(2014)对于内部竞争强度的理解和测度,选用四个题项来测度内部竞争强度。依据 Jaworski 等(1993)、Clercq 等(2014)的研究,选用五个题项来测度企业所面临的外部竞争强度,主要测度企业所在产业的竞争情况。

4. 控制变量

将以下四个变量作为控制变量:企业年龄、企业规模、产业类型、研发投入强度。以企业人数的自然对数来测度企业规模;以企业成立之初至调查之日的经营年限来测度企业年龄;选用研发投入占总销售收入的比重来衡量研发投入强度;产业类型设置为哑变量(设置 5 个哑变量分别代表电子信息、专用设备制造、交通运输设备制造、一般机械制造和金属制品产业)。

(三)信度分析

1. 创新绩效

首先对被解释变量——创新绩效进行信度分析,分析结果详见第三章。数据分析显示,各指标均满足前文所述的信度指标要求,通过了信度检验,说明创新绩效变量测度的一致性良好。

2. 国际化战略

其次对解释变量——国际化战略(探索性国际化、利用性国际化)进行信度分析,分析结果详见第三章。数据分析显示,探索性国际化、利用性国际化各指标均满足前文所述的信度指标要求,通过了信度检验,说明二者变量测度的一致性良好。

3. 竞争强度

再次对调节变量——竞争强度(内部竞争强度、外部竞争强度)进行信度分析,分析结果如表 6.1 所示。内部竞争强度变量的 CITC 值均大于 0.75,Cronbach's α 为 0.910,大于 0.9,同时分别删除"部门之间经常为有限的日常经费竞争""部门之间经常为争取部门员工名额竞争""部门主管很在意其在总经理心中的地位""部门内部存在很严重的本位主义思想"后各个题项后的 α 值为 0.884、0.875、0.881、0.894,均小于 0.910。数据分析显示各指标均满足前文所述的信度指标要求,通过了信度检验,说明内部竞争强度变量测度的一致性良好。

外部竞争强度变量的 CITC 值均大于 0.75,Cronbach's α 为 0.934,大于 0.9,同时分别删除"企业所属行业的竞争非常残酷""竞争者在新产品开发上投入了大量精力""企业所属行业经常以促销作为竞争手段""企业的竞争者中有很多比本企业的实力更强""价格竞争是企业所属行业的特征之一"后各个题项后的 α 值为 0.915、0.922、0.911、0.926、0.917,均小于 0.934。数据分析显示各指标均满足前文所述的信度指标要求,通过了信度检验,说明外部竞争强度变量测度的一致性良好。

表 6.1 竞争强度量表的信度检验

变量	题项	CITC	删除该题项后的 α 值	Cronbach's α
内部竞争强度	1.部门之间经常为有限的日常经费竞争	0.795	0.884	0.910
	2.部门之间经常为争取部门员工名额竞争	0.820	0.875	
	3.部门主管很在意其在总经理心中的地位	0.803	0.881	
	4.部门内部存在很严重的本位主义思想	0.765	0.894	
外部竞争强度	1.企业所属行业的竞争非常残酷	0.840	0.915	0.934
	2.行业内部竞争者经常引入新产品	0.802	0.922	
	3.行业内部存在大量的促销大战	0.863	0.911	
	4.企业所在行业内部竞争者具有很强的实力	0.785	0.926	
	5.价格竞争是企业所属行业的特征之一	0.829	0.917	

(四)效度分析

1. 探索性因子分析

本研究对研究中涉及的主要变量的测度题项分别作因子分析。经检验,所有测度题项的 KMO 样本测度和巴特利特球形检验结果为:KMO 值为 0.884,大于 0.8,且巴特利特球形检验的统计值也达到了显著水平,非常适合做因子分析。鉴于此,本研究对所构建的 25 个问卷测度题项进行探索性因子分析,分析结果如表 6.2 所示。

表 6.2　国际化战略、竞争强度、创新绩效探索性因子分析

变量	题项	因子				
		1	2	3	4	5
探索性国际化	1. 从海外市场获取高层次的研发和管理人才	0.904	0.014	−0.029	−0.007	0.181
	2. 获取企业创新所需的技术和营销资源	0.881	0.122	−0.004	−0.058	0.240
	3. 接近国外的创新环境,获取成果溢出	0.900	0.028	−0.055	−0.027	0.198
	4. 利用国外良好的 R&D 硬件基础设施	0.911	0.090	−0.028	−0.020	0.165
	5. 与当地行业领先企业建立战略合作关系	0.934	0.121	−0.035	−0.030	0.251
利用性国际化	1. 在国外市场上利用企业的技术优势	0.100	0.853	−0.008	0.016	0.174
	2. 占领国外市场以拓展企业的发展空间	0.096	0.862	0.042	−0.020	0.100
	3. 生产出满足国外顾客消费需求的产品	0.075	0.875	0.056	0.030	0.112
	4. 在国外设立生产基地以降低运输成本	−0.019	0.871	−0.105	0.012	0.100
	5. 利用国外市场廉价的劳动力和物质资源	0.085	0.834	0.069	0.090	0.181

续表

变量	题项	因子				
		1	2	3	4	5
内部竞争强度	1.部门之间经常为有限的日常经费竞争	−0.036	0.000	0.871	−0.186	0.014
	2.部门之间经常为争取部门员工名额竞争	−0.057	0.007	0.883	−0.125	0.129
	3.部门主管很在意其在总经理心中的地位	−0.027	−0.063	0.869	−0.177	0.095
	4.部门内部存在很严重的本位主义思想	−0.012	0.104	0.856	−0.129	0.067
外部竞争强度	1.企业所属行业的竞争非常残酷	0.036	0.071	−0.153	0.887	−0.020
	2.行业内部竞争者经常引入新产品	−0.114	0.008	−0.147	0.859	−0.019
	3.行业内部存在大量的促销大战	0.048	0.041	−0.144	0.904	−0.032
	4.企业所在行业内部竞争者具有很强的实力	−0.090	0.028	−0.112	0.849	−0.079
	5.价格竞争是企业所属行业的特征之一	−0.009	−0.021	−0.098	0.892	0.003
创新绩效	1.新产品的数量	0.226	0.122	0.037	0.017	0.929
	2.新产品开发的速度	0.168	0.103	0.078	−0.053	0.937
	3.新产品的新颖程度	0.224	0.166	0.079	−0.061	0.916
	4.新产品销售额占销售总额比重	0.199	0.154	0.079	−0.071	0.926
	5.新产品开发成功率	0.194	0.146	0.076	−0.012	0.929
	6.申请专利数量	0.158	0.138	0.056	−0.008	0.952

通过探索性因子分析可以发现,一共抽取了 5 个因子,这 5 个因子解释了 83.939％的变差。通过因子分析,可以观察到这 5 个因子的含义非常明确。

因子 1 包含的变量为"从海外市场获取高层次的研发和管理人才""获取企业创新所需的技术和营销资源""接近国外的创新环境,获取成果溢出""利用国外良好的 R&D 硬件基础设施""与当地行业领先企业建立战略合作关系"5 个题项,很明显这 5 个题项衡量的是企业在海外的探索性行为,可以称为"探索性国际化"因子。

因子 2 包含的变量为"在国外市场上利用企业的技术优势""占领国外市场以拓展企业的发展空间""生产出满足国外顾客消费需求的产品""在国外设立生产基地以降低运输成本""利用国外市场廉价的劳动力和物质资源"5 个题项,很明显这 5 个题项衡量的是企业在海外的利用性行为,可以称为"利用性国际化"因子。

因子 3 包含的变量为"部门之间经常为有限的日常经费竞争""部门之间经常为争取部门员工名额竞争""部门主管很在意其在总经理心中的地位""部门内部存在很严重的本位主义思想"4 个题项,很明显这 4 个题项衡量的是企业的内部竞争强度,可以称为"内部竞争强度"因子。

因子 4 包含的变量为"企业所属行业的竞争非常残酷""行业内部竞争者经常引入新产品""行业内部存在大量的促销大战""企业所在行业内部竞争者具有很强的实力""价格竞争是企业所属行业的特征之一"5 个题项,很明显这 5 个题项衡量的是企业的外部竞争强度,可以称为"外部竞争强度"因子。

因子 5 包含的变量为"新产品的数量""新产品开发的速度""新产品的新颖程度""新产品销售额占销售总额比重""新产品开发成功率""申请专利数量"6 个题项,很明显这 6 个题项衡量的是企业的创新绩效,可以称为"创新绩效"因子。

2.验证性因子分析

本研究运用验证性因子分析来检验构念的聚合效度和区分效度,总体测量模型见图 6.2。

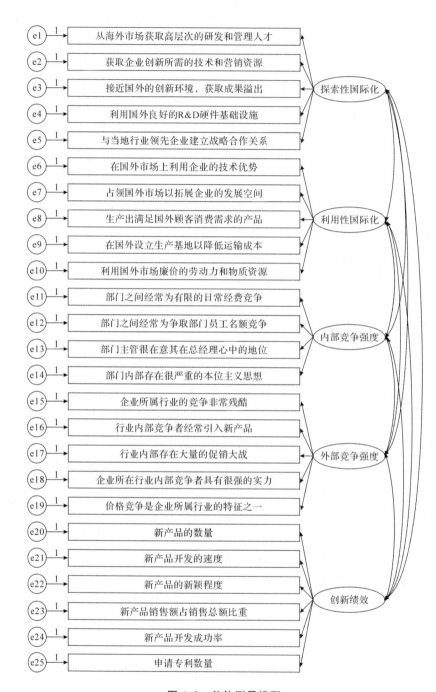

图 6.2　总体测量模型

通过对五因子模型的验证性因子分析发现($\chi^2 = 528.622$；$\chi^2/df = 1.995$，NFI$=0.922$，NNFI$=0.950$，CFI$=0.959$，IFI$=0.960$，RMSEA$=0.062$），模型拟合良好。如表6.3所示，所有标准化因子载荷值均大于0.80，且具有很强的统计显著性（$p < 0.001$），同时本研究每个潜变量的AVE最小值为0.702，大于0.50，从而满足了对AVE的要求，因此各构念具有良好的聚合效度。

对比探索性国际化、利用性国际化、内部竞争强度、外部竞争强度、创新绩效的AVE值的平方根和各构念间的相关系数，发现所有构念的AVE值的平方根均远大于构念间相关系数，证实本地知识搜索、国际知识搜索、创新复杂性、产业竞争压力、创新绩效之间具有良好的区分效度。

表6.3 验证性因子分析及Cronbach's α

变量	测度题项	标准化因子载荷值	AVE	Cronbach's α
探索性国际化	1. 从海外市场获取高层次的研发和管理人才	0.895	0.840	0.963
	2. 获取企业创新所需的技术和营销资源	0.897		
	3. 接近国外的创新环境，获取成果溢出	0.906		
	4. 利用国外良好的R&D硬件基础设施	0.893		
	5. 与当地行业领先企业建立战略合作关系	0.988		
利用性国际化	1. 在国外市场上利用企业的技术优势	0.846	0.702	0.921
	2. 占领国外市场以拓展企业的发展空间	0.837		
	3. 生产出满足国外顾客消费需求的产品	0.853		
	4. 在国外设立生产基地以降低运输成本	0.829		
	5. 利用国外市场廉价的劳动力和物质资源	0.825		
内部竞争强度	1. 部门之间经常为有限的日常经费竞争	0.835	0.717	0.910
	2. 部门之间经常为争取部门员工名额竞争	0.878		
	3. 部门主管很在意其在总经理心中的地位	0.866		
	4. 部门内部存在很严重的本位主义思想	0.806		

续表

变量	测度题项	标准化因子载荷值	AVE	Cronbach's α
外部竞争强度	1. 企业所属行业的竞争非常残酷	0.873	0.740	0.934
	2. 行业内部竞争者经常引入新产品	0.836		
	3. 行业内部存在大量的促销大战	0.902		
	4. 企业所在行业内部竞争者具有很强的实力	0.820		
	5. 价格竞争是企业所属行业的特征之一	0.867		
创新绩效	1. 新产品的数量	0.955	0.917	0.985
	2. 新产品开发的速度	0.953		
	3. 新产品的新颖程度	0.952		
	4. 新产品销售额占销售总额比重	0.959		
	5. 新产品开发成功率	0.954		
	6. 申请专利数量	0.972		

注:所有标准化因子载荷值均在 $p < 0.001$ 水平上显著。

五、实证检验:相关分析与回归分析

(一)相关性分析

表 6.4 为本研究各变量的均值、标准差和相关系数矩阵。从表 6.6 中可见,平衡维度($\beta = 0.477$,$p < 0.01$)、联合维度($\beta = 0.516$,$p < 0.01$)与创新绩效均显著正相关。

表 6.4 描述性统计分析与相关系数矩阵

变量	均值	标准差	1	2	3	4
1.企业年龄	15.800	8.246	1			
2.企业规模	7.536	1.388	0.095	1		
3.研发投入强度	0.050	0.024	−0.094	0.006		
4.内部竞争强度	4.597	1.009	0.091	0.152*	−0.152*	1
5.外部竞争强度	4.608	1.191	−0.057	−0.117	0.035	−0.318**
6.平衡维度	3.705	1.067	0.001	0.143*	0.242**	0.181**
7.联合维度	18.435	8.726	0.04	0.234**	0.333**	−0.019
8.创新绩效	3.965	1.671	0.065	0.203**	0.344**	0.151*

变量	均值	标准差	5	6	7	8
1.企业年龄	15.800	8.246				
2.企业规模	7.536	1.388				
3.研发投入强度	0.050	0.024				
4.内部竞争强度	4.597	1.009				
5.外部竞争强度	4.608	1.191				
6.平衡维度	3.705	1.067	−0.148*	1		
7.联合维度	18.435	8.726	−0.008	0.547**	1	
8.创新绩效	3.965	1.671	−0.077	0.477**	0.516**	1

注:* 表示 $p<0.05$,** 表示 $p<0.01$。

(二)回归分析

1.主效应检验

本研究首先检验探索性国际化、利用性国际化对创新绩效的影响(见表 6.5)。模型 1 是加入控制变量的回归模型,模型 2 在模型 1 基础上加入调节变量。模型 3 是在模型 2 基础上加入国际化双元平衡维度的回归模型。模型 4 是在模型 2 基础上加入国际化双元联合维度的回归模型。模型 5 是在模型 2

基础上同时加入国际化双元平衡维度、联合维度的回归模型。由模型 3 可得，国际化双元平衡维度对创新绩效具有显著的正向影响（$\beta = 0.361$，$p < 0.001$），假设 $H_{6.1}$ 得到支持；由模型 4 可得，国际化双元联合维度对创新绩效具有显著的正向影响（$\beta = 0.410$，$p < 0.001$），假设 $H_{6.2}$ 得到支持。由模型 5 可得，国际化双元平衡维度（$\beta = 0.217$，$p < 0.01$）、国际化双元联合维度（$\beta = 0.297$，$p < 0.001$）对创新绩效具有显著正向影响，假设 $H_{6.1}$、$H_{6.2}$ 再次得到支持。

表 6.5　层次回归分析结果

变量	模型 1	模型 2	模型 3	模型 4	模型 5
企业年龄	0.071	0.057	0.062	0.038	0.047
企业规模	0.225**	0.203**	0.151*	0.091	0.091
电子信息业	−0.022	−0.041	−0.001	−0.032	−0.010
专用设备制造业	0.081	0.083	0.064	0.017	0.024
交通运输设备制造业	0.005	0.003	0.021	−0.040	−0.017
一般机械制造业	0.097	0.121	0.097	0.069	0.069
金属制品业	0.075	0.079	0.081	0.024	0.041
研发投入强度	0.355***	0.385***	0.286***	0.251***	0.229***
内部竞争强度		0.198**	0.123	0.192**	0.149*
外部竞争强度		−0.011	0.016	−0.008	0.008
国际化双元平衡维度			0.361***		0.217**
国际化双元联合维度				0.410***	0.297***
R^2	0.182	0.220	0.331	0.353	0.383
F	6.082***	6.095***	9.663***	10.655***	11.055***
Max VIF	2.108	2.299	2.314	2.300	2.316

注：* 表示 $p < 0.05$，** 表示 $p < 0.01$，*** 表示 $p < 0.001$。表中系数为标准化回归系数。

2. 内部竞争强度的调节效应检验

接下来检验内部竞争强度的调节效应（见表 6.6）。模型 1 是加入控制变量的回归模型，模型 2 在模型 1 基础上加入调节变量。模型 3 是在模型 2 基础上加入国际化双元平衡维度、国际化双元联合维度的回归模型。模型 4 是在模型

3 基础上加入内部竞争强度与国际化双元平衡维度、联合维度交互项后的回归模型。模型 4 显示内部竞争强度负向调节国际化双元的平衡维度与创新绩效之间的关系($\beta=-0.173, p<0.01$)，假设 $H_{6.3a}$ 得到支持；内部竞争强度负向调节国际化双元的联合维度与创新绩效之间的关系($\beta=-0.299, p<0.001$)，假设 $H_{6.3b}$ 得到支持。

表 6.6　层次回归分析结果

变量	模型 1	模型 2	模型 3	模型 4
企业年龄	0.071	0.057	0.047	0.026
企业规模	0.225**	0.203**	0.091	0.146**
电子信息业	−0.022	−0.041	−0.010	−0.002
专用设备制造业	0.081	0.083	0.024	0.007
交通运输设备制造业	0.005	0.003	−0.017	0.018
一般机械制造业	0.097	0.121	0.069	0.119*
金属制品业	0.075	0.079	0.041	0.021
研发投入强度	0.355***	0.385***	0.229***	0.170**
内部竞争强度		0.198**	0.149*	0.105♀
外部竞争强度		−0.011	0.008	0.038
国际化双元平衡维度			0.217**	0.179**
国际化双元联合维度			0.297***	0.179**
双元平衡维度 * 内部竞争强度				−0.173**
双元联合维度 * 内部竞争强度				−0.299***
R^2	0.182	0.220	0.383	0.502
F	6.082***	6.095***	11.055***	17.244***
Max VIF	2.108	2.299	2.316	2.322

注：♀表示 $p<0.1$，* 表示 $p<0.05$，** 表示 $p<0.01$，*** 表示 $p<0.001$。表中系数为标准化回归系数。

3. 外部竞争强度的调节效应检验

接下来检验外部竞争强度的调节效应(见表 6.7)。模型 1 是加入控制变量的回归模型,模型 2 在模型 1 基础上加入调节变量。模型 3 是在模型 2 基础上加入国际化双元平衡维度、国际化双元联合维度的回归模型。模型 4 是在模型 3 基础上加入外部竞争强度与国际化双元平衡维度、联合维度交互项后的回归模型。模型 4 显示外部竞争强度正向调节国际化双元的平衡维度与创新绩效之间的关系 ($\beta = 0.189, p < 0.01$),$H_{6.4a}$ 得到支持;外部竞争强度正向调节国际化双元的联合维度与创新绩效之间的关系($\beta = 0.267, p < 0.001$),$H_{6.4b}$ 得到支持。

表 6.7　层次回归分析结果

变量	模型 1	模型 2	模型 3	模型 4
企业年龄	0.071	0.057	0.047	−0.008
企业规模	0.225**	0.203**	0.091	0.085
电子信息业	−0.022	−0.041	−0.010	0.009
专用设备制造业	0.081	0.083	0.024	0.077
交通运输设备制造业	0.005	0.003	−0.017	0.024
一般机械制造业	0.097	0.121	0.069	0.134*
金属制品业	0.075	0.079	0.041	0.052
研发投入强度	0.355***	0.385***	0.229***	0.188***
内部竞争强度		0.198**	0.149*	0.109$^{¥}$
外部竞争强度		−0.011	0.008	−0.034
国际化双元平衡维度			0.217**	0.149*
国际化双元联合维度			0.297***	0.194**
双元平衡维度 * 外部竞争强度				0.189**
双元联合维度 * 外部竞争强度				0.267***
R^2	0.182	0.220	0.383	0.506
F	6.082***	6.095***	11.055***	15.540***
Max VIF	2.108	2.299	2.316	2.330

注:$^{¥}$ 表示 $p < 0.1$,* 表示 $p < 0.05$,** 表示 $p < 0.01$,*** 表示 $p < 0.001$。表中系数为标准化回归系数。

4. 全效应检验

模型 1 是加入控制变量的回归模型,模型 2 在模型 1 基础上加入调节变量。模型 3 在模型 2 基础上加入自变量。模型 4 在主效应模型的基础上加入内部竞争强度与国际化双元的平衡和联合维度的交互项。模型 5 在主效应模型的基础上加入外部竞争强度与国际化双元的平衡和联合维度的交互项。模型 6 是加入所有控制变量、调节变量、自变量和自变量与调节变量交互项后的全模型(见表 6.8)。

表 6.8　层次回归分析结果

变量	模型 1	模型 2	模型 3
企业年龄	0.071	0.057	0.047
企业规模	0.225**	0.203**	0.091
电子信息业	−0.022	−0.041	−0.01
专用设备制造业	0.081	0.083	0.024
交通运输设备制造业	0.005	0.003	−0.017
一般机械制造业	0.097	0.121	0.069
金属制品业	0.075	0.079	0.041
研发投入强度	0.355***	0.385***	0.229***
内部竞争强度		0.198**	0.140*
外部竞争强度		−0.011	0.008
国际化双元平衡维度			0.217**
国际化双元联合维度			0.297***
双元平衡维度 * 内部竞争强度			
双元联合维度 * 内部竞争强度			
双元平衡维度 * 外部竞争强度			
双元联合维度 * 外部竞争强度			
R^2	0.182	0.220	0.383
F	6.082***	6.095***	11.055***
Max VIF	2.108	2.299	2.316

续表

变量	模型 4	模型 5	模型 6
企业年龄	0.026	−0.008	−0.005
企业规模	0.146**	0.085	0.129*
电子信息业	−0.002	0.009	0.01
专用设备制造业	0.007	0.077	0.048
交通运输设备制造业	0.018	0.024	0.041
一般机械制造业	0.119*	0.134*	0.153**
金属制品业	0.021	0.052	0.035
研发投入强度	0.170**	0.188***	0.153**
内部竞争强度	0.105♀	0.109♀	0.09
外部竞争强度	0.038	−0.034	0.006
国际化双元平衡维度	0.179**	0.149*	0.146*
国际化双元联合维度	0.179**	0.194**	0.133*
双元平衡维度*内部竞争强度	−0.173*		−0.130*
双元联合维度*内部竞争强度	−0.299***		−0.232***
双元平衡维度*外部竞争强度		0.189**	0.115♀
双元联合维度*外部竞争强度		0.267***	0.195**
R^2	0.502	0.506	0.582
F	17.244***	15.540***	18.251***
Max VIF	2.322	2.330	2.334

注:♀表示 $p<0.1$,* 表示 $p<0.05$,** 表示 $p<0.01$,*** 表示为 $p<0.001$。表中系数为标准化回归系数。

由模型 6 可得,国际化双元的平衡维度对创新绩效具有显著正向影响($\beta=0.146,p<0.05$),$H_{6.1}$ 得到支持;国际化双元的联合维度对创新绩效具有显著正向影响($\beta=0.133,p<0.05$),$H_{6.2}$ 得到支持。模型 6 显示内部竞争强度负向调节国际化双元的平衡维度与创新绩效之间的关系($\beta=-0.130,p<0.05$),$H_{6.3a}$ 得到支持;内部竞争强度负向调节国际化双元的联合维度与创新绩效之间的关系($\beta=-0.232,p<0.001$),假设 $H_{6.3b}$ 得到支持。模型 6 显示外部竞争强

度正向调节国际化双元的平衡维度与创新绩效之间的关系（$\beta=0.115$，$p<0.1$），假设 $H_{6.4a}$ 得到支持；外部竞争强度正向调节国际化双元的联合维度与创新绩效之间的关系（$\beta=0.195$，$p<0.01$），假设 $H_{6.4b}$ 得到支持。

六、结论与讨论

（一）研究结论

实施利用性国际化战略能够帮助企业快速回收创新投入，获取稳定的现金流，因而备受本土国际化企业的青睐，而在国际市场上实施探索战略能为企业带来新颖的、互补的创新知识和资源，因而对于提升创新能力至关重要。然而，目前国际商务领域关于"企业是否应该以及是否能够同时实施探索性和利用性两种国际化战略，以及在什么条件下实施更为有利"这一问题缺乏系统思考。本研究整合国际化与组织双元理论，实证检验了国际化双元的平衡和联合维度与创新绩效的关系，以及内部竞争强度和外部竞争强度的调节效应。研究发现：

其一，探索性国际化与利用性国际化的平衡能够显著提升企业创新绩效。这意味着企业在国际市场上过度实施探索和利用活动都会带来风险，而保持探索性国际化与利用性国际化的相对平衡能够有效降低国际化风险，提升企业创新绩效。

其二，探索性国际化与利用性国际化的联合能够显著提升企业创新绩效。这意味着探索性国际化和利用性国际化两种战略的同时实施能够实现互补效应，企业维持高水平的探索性和利用性国际化战略能够形成一种良性循环，推动企业创新绩效提升。

其三，内部竞争强度负向调节国际化双元与创新绩效的关系，而外部竞争强度正向调节这一关系。当内部竞争强度较大时，企业探索性国际化和利用性国际化两部门的知识交流与整合意愿较低，进而降低了国际化双元的创新效应。当外部竞争强度较大时，高强度的外部竞争环境使得企业管理者充分整合、利用各部门知识的意愿增强，进而放大了国际化双元的创新效应。

（二）理论与实践意义

传统的国际商务理论强调企业在国际市场上利用自身优势以获取规模经济收益，而近期的研究指出企业在国际市场上还可以探索创新所需的技术和互补资源。Luo 等（2009）、Prange 等（2011）将组织双元的思想引入国际化领域，认为企业在国际化进程中应充分实施双元战略。然而，目前理论上对于国际化双元的研究还停留在逻辑推导阶段，对于"国际化双元是否能够以及在什么条件下提升创新绩效"缺乏系统思考（Hsu et al. , 2013）。本研究实证检验了国际化双元的平衡维度、联合维度对创新绩效的影响，发现国际化双元平衡维度、联合维度均对创新绩效具有正向影响，因而极大地支持了 Luo 等（2009）、Prange 等（2011）的观点。此外，本研究检验了内部竞争强度与外部竞争强度的调节效应，发现国际化双元对创新绩效的影响取决于企业内部与外部的竞争强度。研究结论揭示了国际化双元影响创新绩效的边界条件，因而进一步深化了国际化双元理论框架。

本研究为企业管理者实施国际化战略提供了指导方向。企业管理者在国际市场上应打出组合拳，同时实施探索和利用战略。对于资源丰富的企业而言，应保持高水平的探索性国际化和利用性国际化，以实现两种战略的互补效应；而对于资源有限的企业而言，应努力保持探索性国际化和利用性国际化的平衡，以最大限度地降低创新风险。另外，企业管理者要清楚认识到国际化双元的创新效应还取决于探索和利用两个部门的知识分享和整合程度。企业管理者一方面应提高内部员工对于外部竞争压力的感知，增强员工的生存压迫感，同时还要通过制度设计降低内部员工之间的竞争性，鼓励员工之间开展合作和交流，进而提升企业内部的知识分享意愿和效率，最大限度地放大实施国际化双元战略的创新效果。

（三）研究局限性及未来研究展望

本研究还存在一定的局限性。首先，从理论构架上看，本研究仅初步整合组织双元与国际化理论，构建了国际化双元的理论框架，并实证检验了国际化双元对创新绩效的影响。未来研究可以考虑进一步深化国际化双元理论，包括：打开国际化双元影响创新绩效的中间黑箱，以及进一步拓展国际化双元影响创新绩效的边界条件（如企业资源限制、战略导向等），或者深入剖析影响企业实施国际化双元战略的前端因素（如战略领导类型、结构差异化、高绩效工作系统等）。其次，在研究方法上，本研究采用横截面数据，探索的是国际化双元与创新绩效的静态关系。然而，企业国际化战略创新效应的彻底显现可能会经历一个漫长的过程，因此可以考虑采用纵向研究的方法来剖析企业实施国际化双元的短期创新效应与长期创新效应，从而获取证实国际化双元与创新绩效关系的更有利证据。

第七章

国际化双元战略作用于知识整合的机制研究

关于知识整合前因的研究突出了知识存量和知识交流对于知识整合机制建立的影响,却未揭示出国际化双元对于知识整合机制的影响机理。将知识整合机制划分为正式知识整合机制和非正式知识整合机制,探索了国际化双元对两种整合机制的影响,以及国际知识广度、深度和缄默性的调节效应。研究发现,国际化双元对正式知识整合机制和非正式知识整合机制均有显著正向影响;国际化双元与正式知识整合机制之间的关系受到国际知识广度、国际知识深度的正向调节,国际化双元与非正式知识整合机制之间的关系受到国际知识深度、国际知识缄默性的正向调节。研究结论对于企业实施国际化双元战略推动建立知识整合机制具有理论意义和实践启示。

一、引言

在产品生命周期日益缩短、竞争趋向白热化的背景下,提升创新能力成为企业"以不变应万变"的竞争法宝。开放式创新理念的兴起使得企业日益意识到从外部获取知识对于提升创新能力的战略意义。然而,这种基于资源观的创新思想受到了知识整合学派的挑战,后者认为知识本身并不能直接转换为竞争优势,而必须经过知识整合过程(Grant,1996a;De Luca et al.,2007)。实证研究也支持了知识整合机制对于企业创新能力和竞争力的重要影响(De Luca et al.,2007;Tsai et al.,2014;Tsai et al.,2015)。因此,理论上有必要分析出如何建立知识整合机制。

通过对国内外研究现状进行分析(参见第二章),我们发现,目前对于知识整合前因的研究区分了影响知识整合的两大关键要素(知识存量和知识交流),然而对于"企业如何从战略层面建立知识整合机制"缺乏解释。一方面,知识整合以知识为基础,因此知识整合机制的建立需要拥有足量的知识。另一方面,知识整合的前提是知识拥有者愿意进行知识共享,因此企业内部要形成一种鼓励合作和分享的文化氛围。而目前对于知识整合前因的研究主要集中于学习导向、网络嵌入、领导风格、跨职能合作等方面,从国际化战略视角出发的研究鲜有涉及。因此,本研究尝试从国际化战略角度探索企业内部知识整合机制的构建机理。

具体来说,本研究关注国际化双元战略对正式知识整合机制和非正式知识整合机制的影响,以及国际知识广度、深度、缄默性的调节作用。首先,对于国际化战略的刻画之所以选择关注国际化双元战略而不是用国际化程度、国际多样化等指标(Hitt et al.,1997;Hsu et al.,2015),主要是考虑到程度和多样化等指标并没有诠释出国际化战略的理论内核,而国际化双元能够同时反映国际化的探索与利用活动(Prange et al.,2011),因此更科学地反映了国际化战略的差异化内涵。其次,已有研究对于知识整合主要集中于正式机制,而对于非正式机制缺乏关注(Tsai et al.,2014),本研究弥补了这一理论缺口。最后,战略匹配理论认为企业战略实施效果取决于战略与环境的匹配程度(Hsu et al.,2015),本研究认为国际化双元战略对于知识整合机制的影响还取决于从国际市场获取知识的属性(广度、深度、缄默性)。本研究对于知识整合机制前因的研究具有理论贡献,对于企业如何通过实施国际化双元战略建立知识整合机制具有实践启示。

二、国际化双元影响知识整合的理论与假设

(一)知识整合机制

自从 Henderson 等(1990)提出知识整合的概念,学者们对于知识整合给予了足够的关注。知识整合表示企业分析、融合与重构所获取知识的过程(Zahra et al.,2000;De Luca et al.,2007)。对于知识整合机制的类型,Grant(1996b)

最早提出了四种类型的整合机制：（1）规则与指令，依靠计划、预测、规则、政策、标准化的信息和通信系统来管理知识整合；（2）排序，将企业的生产活动分割成不连续的阶段，这样能够有效整合专业知识且同时能够将沟通与协调成本最小化；（3）组织惯例，使得专家们的知识能够得到有效整合，而不需要通过广泛的沟通或者昂贵的交叉学习方式去调整；（4）团队问题解决与决策制定，需要组织人员频繁地沟通以解决重要的复杂问题。De Boeq 等（1999）将知识整合机制划分为系统化机制、合作化机制与社会化机制。系统化机制主要是指正式系统，如代码、计划、指令、政策、程序和手册等；合作化机制是推动组织成员之间关系建立的机制，如培训、工作轮换、联络设备、分享等；社会化机制是指推动组织成员之间建立共同观念、信念与价值观的机制。李柏洲和汪建康（2007）将跨国企业集团的知识整合机制划分为互动式和系统式知识整合机制。系统式知识整合机制是指采用指令、规则、程序、计划等形式化方式进行知识整合；互动式知识整合机制是指通过人际密切的沟通互动的方式来进行集体问题的解决。因此，知识整合机制实际上包含了包括规则、指令和惯例的正式知识整合机制，以及社会化的非正式知识整合机制。正式知识整合机制表示通过事先建立的过程、管理界面来协调和解决差异化的活动，如正式的报告和备忘录、信息分享例会、跨职能团队之间正式的面谈、咨询外部专家、对成功或失败的产品开发项目进行正式的分析。非正式知识整合机制是一种社会化组织策略，表示企业通过非结构化的组织设计来实现内部成员之间的非正式交互，如通过内部聚会、社交活动、研讨会等措施来鼓励、增进内部的沟通交流等。

（二）国际化双元

传统的国际商务理论对于企业国际化的测量往往选用国际化程度、国际多样化等指标，在具体的实证研究中对于国际化的动机也没有严格的区分，然而Luo 等（2009）发现企业在国际市场上存在大量的双元思维：双元导向、双元能力、双元竞争、双元演化。Prange 等（2011）更是直接提出了国际化双元的思想，认为企业在国际市场上能够探索新的资源和学习机会，同时还能够利用现有竞争优势。因此，国际化双元战略是指企业协调探索性国际化和利用性国际化以实现两种战略的均衡发展。事实上，将组织双元理论引入国际商务领域是一个巨大的理论进步，同时也具有很强的现实基础，这种同时考虑短期生存和长期发展的国际化双元战略能够极大地推动企业持续稳定发展。对新兴经济国家企业国际化的研究也证实了企业一方面能够利用国际市场实现规模经济,同时更能将国际市场作为发展的跳板,实现对发达国家跨国企业的赶超(吴航等,2017)。因此,本研究以国际化双元来衡量企业国际化战略特征,具有更强的理论解释力和现实依据。

(三)国际化双元与知识整合机制

1.国际化双元与正式知识整合机制

正式知识整合机制主要是指一些事先建立的过程、惯例、管理界面等(Zahra et al.,2000)。本研究认为实施国际化双元战略有利于正式知识整合机制的建立。组织双元领域的研究已经证实探索和利用具有完全不同的目的和特性,探索性国际化往往获取的是新颖的知识和信息,而利用性国际化往往获取的是熟悉的效率型知识(吴航等,2017),因此实施国际化双元战略必定会伴随着一系列的整合活动。特别是目前大部分企业已将国际化作为推动企业持续发展的重要途径,因此必定会在国际化战略实施后建立正式的知识整合机制来动员员工在内部充分交流(跨职能团队、项目分析、专家咨询、常规例会等),分享所搜集到的知识(Zahra et al.,2002)。正如 Zahra 等(2000)、De Luca 等(2007)所说,国际市场虽能为企业带来海量知识和信息,但必须经过整合才能转化成企业的竞争优势。Kogut 等(1992)也认为知识和信息必须在内部识别、解释和配置后才能提升企业竞争力。基于此,本研究认为:

$H_{7.1}$:国际化双元对正式知识整合机制具有正向影响。

2.国际化双元与非正式知识整合机制

非正式知识整合机制是指社会化的整合,强调员工之间通过非结构化的组织设计实现社会互动。本研究认为实施国际化双元战略有利于非正式知识整合机制的建立。由于国际市场对于我国企业而言存在较大的陌生性,我国企业从国际市场获取的信息往往非常零散,存在于多个技术和市场领域(De Luca et al.,2007),尤其是探索和利用部门的分离,会导致知识破译更加困难。这就意味着单个员工或管理者往往难以发掘这些知识和信息的价值,因此仅仅通过正式知识整合机制往往难以充分解释和利用从国际市场获得的知识,此时非正式知识整合机制的建立就显得尤为重要。Zahra 等(2000)认为从国际市场获取的知识往往极难处理,即使是领域内的专家也很难完全破译。Buam 等(2000)认为组织双元战略的创新效应在于对探索与利用两个部门知识的整合程度。然而,对国际知识的整合必定是一个漫长的过程,需要大量的社会化交互来增进成员之间的沟通和提高知识交流效率(Tsai et al.,2014)。因此,国际化企业必定会推动建立非正式知识整合机制来充分利用从国际市场获取的知识。基于此,本研究认为:

H$_{7.2}$:国际化双元对非正式知识整合机制具有正向影响。

(四)调节效应

H$_{7.1}$与 H$_{7.2}$的提出实际上是基于以下逻辑:企业实施国际化双元战略为企业了带来大量的知识,企业在挖掘这些知识价值的过程中建立了知识整合机制。然而,本研究认为在国际化双元战略驱使下知识整合机制的建立必定还取决于从国际市场获取的知识的特性。Zahra 等(2000)认为从国际市场上获取的知识特性对于企业内部技术学习等惯例必将产生重要影响。De Luca 等(2007)甚至直接指出企业获取的知识只有被理解、吸收之后才会提升企业绩效。因此,企业从国际市场获取的知识的广度、深度、缄默性必将会影响企业旨在挖掘知识价值的知识整合行为。

1. 国际知识广度

国际知识广度表示企业从国际市场获得的知识所涉及领域的广度(Prabhu et al.,2005)。当国际知识广度较大时,表示企业从国际市场上获得了大量不熟悉的知识或本企业运营领域之外的知识,这也意味着企业需要花费大量的时间和精力来整合这些知识以识别潜在的机会并创造价值(Kogut et al.,1992)。事实上,企业从国际市场上获取的多样化知识并不都是有价值的,企业在应用国际知识时往往需要经过筛选和整合(Zahra et al.,2000)。特别是在产品生命周期缩短和竞争进一步加剧的情形下,知识更新迭代速度加快,国际化企业在获得广泛的、多样化的知识后的整合压力进一步增大。Germain 等(1997)甚至实证发现知识广度是知识整合机制的前因,因为企业只有经过知识整合才能处理四处散布的多样化知识。因此,本研究认为:

$H_{7.3a}$:国际知识广度正向调节国际化双元与正式知识整合机制的关系。

$H_{7.3b}$:国际知识广度正向调节国际化双元与非正式知识整合机制的关系。

2.国际知识深度

国际知识深度表示企业从国际市场上获取知识的复杂性(Zahra et al.，2000)。企业从国际市场获取的知识复杂性越高，表示企业对国际市场特征和技术变化趋势有着更为深入的了解。本研究认为当国际知识越复杂时，企业实施国际化双元战略越能推动知识整合机制的建立。原因表现为两点：首先，越高深的国际知识意味着知识元素内部的复杂性和相关性越强(McEvily et al.，2002)，将会限制企业利用这些知识的能力，不通过精密的整合过程企业很难从这些知识上找到新的潜在机会。同时，企业在内部转移这些复杂知识的过程中也极易出错，并且容易在利用这些知识的过程中出现误解或误用的情形，这也增加了整合机制建立的必要性。其次，较高的国际知识复杂性意味着企业在国际知识搜索过程中指派了差异化的职能专家。这必将导致"思想世界"的复杂化，增加知识转移的不确定性和模糊性。因此，复杂的国际知识也将会增加知识分享和转移的难度，而企业要想提升对国际知识的消化吸收效果就需要在内部建立知识整合机制。鉴于此，本研究认为：

$H_{7.4a}$:国际知识深度正向调节国际化双元与正式知识整合机制的关系。

$H_{7.4b}$:国际知识深度正向调节国际化双元与非正式知识整合机制的关系。

3.国际知识缄默性

国际知识缄默性表示企业从国际市场上获取的知识难以编码和交流的程度(Zahra et al.，2000；De Luca et al.，2007)。缄默的国际知识表示企业很难明确传达这些知识，不能明确解释应用这些知识将产生的结果。即使专家也很难完全解译和传达缄默知识，因此国际知识的这种缄默性降低了知识的内部转移效率。知识管理领域的研究证实了缄默知识只能通过面对面的长期交互作用、专家咨询、反复的项目总结才能实现内部高效转移(De Luca et al.，2007)。Madhavan等(1998)甚至直接指出缄默知识必须经过知识整合过程才能充分汇入现有知识库，知识缄默性与知识整合机制的建立正相关。因此，当国际知识缄默性较高时，国际化企业在实施双元战略后必定会建立知识整合机制以促进对国际知识的理解和利用。鉴于此，本研究认为：

$H_{7.5a}$：国际知识缄默性正向调节国际化双元与正式知识整合机制的关系。

$H_{7.5b}$：国际知识缄默性正向调节国际化双元与非正式知识整合机制的关系。

三、研究方法

（一）数据收集

数据收集情况参见第三章相关论述，此处不再赘述。

（二）变量测度

1.国际化双元

遵循 Makino 等（2002）、Hsu 等（2013）对探索性国际化与利用性国际化内涵的深刻阐释，本研究分别采用五个题项来测量探索性国际化、利用性国际化。遵循 Cao 等（2009）、张婧等（2010）对于组织双元的平衡和联合的计算方式，先求出探索性国际化和利用性国际化差的绝对值，再用 5 减去二者的绝对离差来测量国际化双元的平衡，该值越高则国际化双元的平衡水平越高。

2.知识整合机制

对于知识整合机制的测度量表，本研究遵循 Zahra 等（2000）、De Luca 等（2007）、Tsai 等（2014）的研究，采用 5 个题项来测度正式知识整合机制，表示企业综合应用报告、备忘录、信息分享会议等正规方式对国际市场上搜索到知识的整合程度；采用 4 个题项来测度非正式知识整合机制，表示企业通过在内部建立非正式的关系、营造鼓励沟通的氛围来促进知识整合。

3.调节变量

依据 Zahra 等（2000）对于知识广度和深度的理解，本研究以三个测量题项来衡量国际知识广度，描述企业从国际市场上获取的知识的分布领域广泛程度等；以三个题项来测量国际知识深度，描述企业从国际市场上获取的知识的复杂性、前沿性等。依据 De Luca 等（2007）对于知识缄默性的理解，以四个题项来测量国际知识缄默性，描述企业从国际市场上获取知识形成文字报告的难易程度等。

4.控制变量

将以下四个变量作为控制变量：企业年龄（企业经营年限）、企业规模（企业人数的自然对数）、研发投入强度（研发投入占总销售收入的比重）、国际化经验（国际化运营年限）。

(三)信度分析

1.知识整合

首先对被解释变量——知识整合（非正式知识整合机制、正式知识整合机制）进行信度分析，分析结果如表 7.1 所示。

表 7.1　知识整合机制量表的信度检验

变量	题项	CITC	删除该题项后的 α 值	Cronbach's α
非正式知识整合机制	1.企业内部鼓励信息的自由交流	0.836	0.887	0.919
	2.鼓励绕过正式的沟通渠道进行交流	0.796	0.900	
	3.强调通过建立非正式的关系来解决问题	0.790	0.902	
	4.企业内部经常举行社交活动来增进沟通	0.837	0.887	
正式知识整合机制	1.经常利用正式的报告和备忘录总结学习的经验	0.886	0.961	0.966
	2.经常性地召开信息分享会议	0.917	0.956	
	3.跨职能团队之间经常面对面的进行交流	0.912	0.957	
	4.经常对成功或失败的产品项目进行正式分析	0.899	0.959	
	5.经常聘请外部专家和咨询人员来指导学习	0.905	0.958	

非正式知识整合机制变量的 CITC 值均大于 0.75，Cronbach's α 值为 0.919，大于 0.9，同时分别删除"企业内部鼓励信息的自由交流""鼓励绕过正式的沟通渠道进行交流""强调通过建立非正式的关系来解决问题""企业内部经常举行社交活动来增进沟通"后各个题项后的 α 值为 0.887、0.900、0.902、0.887，均小于 0.919。数据分析显示各指标均满足前文所述的信度指标要求，通过了信度检验，说明非正式知识整合机制变量测度的一致性良好。

正式知识整合机制变量的 CITC 值均大于 0.85,Cronbach's α 值为 0.966,大于 0.9,同时分别删除"经常利用正式的报告和备忘录总结学习的经验""经常性地召开信息分享会议""跨职能团队之间经常面对面地进行交流""经常对成功或失败的产品项目进行正式分析""经常聘请外部专家和咨询人员来指导学习"后各个题项后的 α 值为 0.961、0.956、0.957、0.959、0.958,均小于 0.966。数据分析显示各指标均满足前文所述的信度指标要求,通过了信度检验,说明正式知识整合机制变量测度的一致性良好。

2. 国际化战略

其次对解释变量——国际化战略(探索性国际化、利用性国际化)进行信度分析,分析结果详见第三章。数据分析显示探索性国际化、利用性国际化各指标均满足前文所述的信度指标要求,通过了信度检验,说明二者变量测度的一致性良好。

3. 国际知识属性

其次对解释变量——国际知识属性(国际知识广度、国际知识深度、国际知识缄默性)进行信度分析,分析结果如表 7.2 所示。

表 7.2　国际知识属性量表的信度检验

变量	题项	CITC	删除该题项后的 α 值	Cronbach's α
国际知识广度	1. 从国际市场上获取的知识分布领域广泛	0.759	0.827	0.876
	2. 从国际市场上获取的知识非常有限	0.791	0.799	
	3. 从国际市场上获取的知识专业性不强	0.737	0.847	
国际知识深度	1. 从国际市场上获取的知识非常高深	0.832	0.831	0.900
	2. 从国际市场上获取的知识非常复杂	0.785	0.871	
	3. 从国际市场上获取的是前沿领域的知识	0.788	0.868	
国际知识缄默性	1. 获取的国际知识很难完全形成文字报告	0.782	0.883	0.907
	2. 获取的国际知识很难以文字形式进行沟通	0.790	0.880	
	3. 如无先前经验很难利用从国际市场上获取的知识	0.767	0.889	
	4. 很难仅通过报告就全面掌握获取的国际知识	0.830	0.866	

国际知识广度变量的 CITC 值均大于 0.7，Cronbach's α 为 0.876，大于 0.9，同时分别删除"从国际市场上获取的知识分布领域广泛""从国际市场上获取的知识非常有限""从国际市场上获取的知识专业性不强"后各个题项后的 α 值为 0.827、0.799、0.847，均小于 0.876。数据分析显示各指标均满足前文所述的信度指标要求，通过了信度检验，说明国际知识广度变量测度的一致性良好。

国际知识深度变量的 CITC 值均大于 0.75，Cronbach's α 为 0.900，等于 0.9，同时分别删除"从国际市场上获取的知识非常高深""从国际市场上获取的知识非常复杂""从国际市场上获取的是前沿领域的知识"后各个题项后的 α 值为 0.831、0.871、0.868，均小于 0.900。数据分析显示各指标均满足前文所述的信度指标要求，通过了信度检验，说明国际知识深度变量测度的一致性良好。

国际知识缄默性变量的 CITC 值均大于 0.75，Cronbach's α 为 0.907，大于 0.9，同时分别删除"获取的国际知识很难完全形成文字报告""获取的国际知识很难以文字形式进行沟通""如无先前经验很难利用从国际市场上获取的知识""很难仅通过报告就全面掌握获取的国际知识"后各个题项后的 α 值为 0.883、0.880、0.889、0.866，均小于 0.907。数据分析显示各指标均满足前文所述的信度指标要求，通过了信度检验，说明国际知识缄默性变量测度的一致性良好。

(四)效度分析

1. 探索性因子分析

本研究对研究中涉及的主要变量的测度题项分别作因子分析。经检验，所有测度题项的 KMO 样本测度和巴特利特球形检验结果为：KMO 值为 0.896，大于 0.8，且巴特利特球形检验的统计值也达到了显著水平，非常适合做因子分析。鉴于此，本研究对所构建的 29 个问卷测度题项进行探索性因子分析，分析结果如表 7.3 所示。

表 7.3　国际化战略、知识整合机制、国际知识属性探索性因子分析

变量	题项	因子						
		1	2	3	4	5	6	7
探索性国际化	1. 从海外市场获取高层次的研发和管理人才	0.892	0.015	0.105	0.209	−0.011	−0.020	0.014
	2. 获取企业创新所需的技术和营销资源	0.871	0.125	0.144	0.238	0.038	0.049	0.019
	3. 接近国外的创新环境,获取成果溢出	0.905	0.037	0.072	0.185	0.064	0.015	0.000
	4. 利用国外良好的 R&D 硬件基础设施	0.905	0.091	0.114	0.155	−0.105	−0.013	0.037
	5. 与当地行业领先企业建立战略合作关系	0.925	0.116	0.187	0.223	0.023	0.018	0.032
利用性国际化	1. 在国外市场上利用企业的技术优势	0.102	0.845	0.226	0.025	−0.027	0.025	0.026
	2. 占领国外市场以拓展企业的发展空间	0.104	0.833	0.227	−0.071	0.045	−0.024	0.081
	3. 生产出满足国外顾客消费需求的产品	0.067	0.872	0.105	0.058	0.053	−0.026	0.081
	4. 在国外设立生产基地以降低运输成本	0.007	0.867	0.086	−0.049	−0.001	0.023	0.114
	5. 利用国外市场廉价的劳动力和物质资源	0.064	0.849	0.115	0.156	0.049	0.021	0.037
正式知识整合机制	1. 经常利用正式的报告和备忘录总结学习的经验	0.176	0.206	0.868	0.130	0.081	0.037	−0.093
	2. 经常性地召开信息分享会议	0.112	0.222	0.898	0.155	0.029	0.056	−0.075
	3. 跨职能团队之间经常面对面地进行交流	0.096	0.117	0.932	0.075	0.063	0.036	−0.033
	4. 经常对成功或失败的产品项目进行正式分析	0.152	0.110	0.908	0.128	−0.014	0.036	−0.059
	5. 经常聘请外部专家和咨询人员来指导学习	0.085	0.172	0.915	0.125	0.034	0.023	−0.012

续表

变量	题项	因子						
		1	2	3	4	5	6	7
非正式知识整合机制	1.企业内部鼓励信息的自由交流	0.276	0.011	0.135	0.851	0.053	0.094	0.048
	2.鼓励绕过正式的沟通渠道进行交流	0.241	−0.032	0.091	0.846	−0.060	0.069	0.031
	3.强调通过建立非正式的关系来解决问题	0.220	0.074	0.177	0.825	−0.028	0.086	0.005
	4.企业内部经常举行社交活动来增进沟通	0.226	0.062	0.161	0.866	0.057	0.071	0.062
国际知识广度	1.从国际市场上获取的知识分布领域广泛	0.047	0.042	0.079	0.042	0.813	0.198	0.286
	2.从国际市场上获取的知识非常有限	0.007	0.049	0.052	−0.050	0.846	0.168	0.282
	3.从国际市场上获取的知识专业性不强	−0.045	0.017	0.043	0.018	0.860	0.087	0.207
国际知识深度	1.从国际市场上获取的知识非常高深	−0.002	−0.018	0.063	0.113	0.110	0.908	0.115
	2.从国际市场上获取的知识非常复杂	−0.004	−0.004	0.055	0.124	0.140	0.871	0.137
	3.从国际市场上获取的是前沿领域的知识	0.040	0.033	0.029	0.041	0.157	0.878	0.161
国际知识缄默性	1.获取的国际知识很难完全形成文字报告	0.026	0.151	−0.091	−0.012	0.208	0.096	0.831
	2.获取的国际知识很难以文字形式进行沟通	0.086	0.037	−0.052	0.037	0.172	0.102	0.859
	3.如无先前经验很难利用从国际市场上获取的知识	0.013	0.072	−0.031	0.054	0.194	0.102	0.835
	4.很难仅通过报告就全面掌握获取的国际知识	−0.040	0.074	−0.071	0.055	0.164	0.142	0.878

通过探索性因子分析可以发现，一共抽取了7个因子，这7个因子解释了86.008%的变差。通过因子分析，可以观察到这7个因子的含义非常明确。

因子1包含的变量为"从海外市场获取高层次的研发和管理人才""获取企业创新所需的技术和营销资源""接近国外的创新环境，获取成果溢出""利用国外良好的

R&D硬件基础设施""与当地行业领先企业建立战略合作关系"5个题项,很明显这5个题项衡量的是企业在海外的探索性行为,可以称为"探索性国际化"因子。

因子2包含的变量为"在国外市场上利用企业的技术优势""占领国外市场以拓展企业的发展空间""生产出满足国外顾客消费需求的产品""在国外设立生产基地以降低运输成本""利用国外市场廉价的劳动力和物质资源"5个题项,很明显这5个题项衡量的是企业在海外的利用性行为,可以称为"利用性国际化"因子。

因子3包含的变量为"经常利用正式的报告和备忘录总结学习的经验""经常性地召开信息分享会议""跨职能团队之间经常面对面地进行交流""经常对成功或失败的产品项目进行正式分析""经常聘请外部专家和咨询人员来指导学习"5个题项,很明显这5个题项衡量的是企业的正式知识整合机制,可以称为"正式知识整合机制"因子。

因子4包含的变量为"企业内部鼓励信息的自由交流""鼓励绕过正式的沟通渠道进行交流""强调通过建立非正式的关系来解决问题""企业内部经常举行社交活动来增进沟通"4个题项,很明显这4个题项衡量的是企业的非正式知识整合机制,可以称为"非正式知识整合机制"因子。

因子5包含的变量为"从国际市场上获取的知识分布领域广泛""从国际市场上获取的知识非常有限""从国际市场上获取的知识专业性不强"3个题项,很明显这3个题项衡量的是企业从国际市场上搜索到的知识广度,可以称为"国际知识广度"因子。

因子6包含的变量为"从国际市场上获取的知识非常高深""从国际市场上获取的知识非常复杂""从国际市场上获取的是前沿领域的知识"3个题项,很明显这3个题项衡量的是企业从国际市场上搜索到的知识深度,可以称为"国际知识深度"因子。

因子7包含的变量为"获取的国际知识很难完全形成文字报告""获取的国际知识很难以文字形式进行沟通""如无先前经验很难利用从国际市场上获取的知识""很难仅通过报告就全面掌握获取的国际知识"4个题项,很明显这4个题项衡量的是企业从国际市场上搜索到的知识缄默性,可以称为"国际知识缄默性"因子。

2. 验证性因子分析

本研究运用验证性因子分析来检验构念的聚合效度和区分效度,总体测量模型见图7.1。

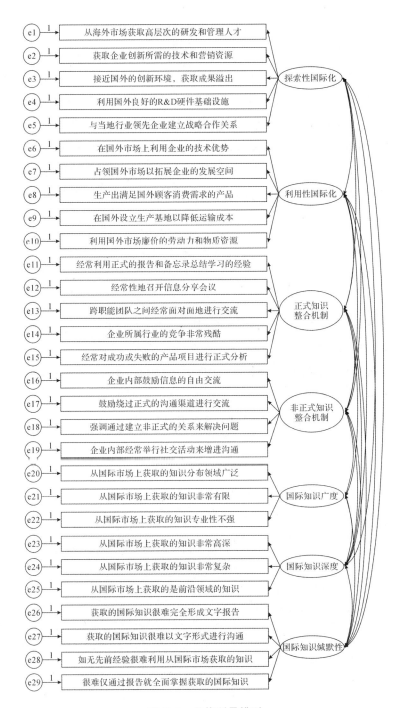

图 7.1 总体测量模型

通过对五因子模型的验证性因子分析发现[$\chi^2(356)=802.572$；$\chi^2/df=2.254$，NNFI$=0.913$，CFI$=0.929$，IFI$=0.930$，RMSEA$=0.069$]，模型拟合良好。如表 7.4 所示，所有标准化因子载荷值均大于 0.75，且具有很强的统计显著性（$p<0.001$），同时本研究每个潜变量的 AVE 最小值为 0.703，大于 0.50，从而满足了对 AVE 的要求，因此各构念具有良好的聚合效度。通过对各个构念的描述性统计分析和相关分析，发现所有构念的 AVE 值的平方根均远大于构念间相关系数，证实探索性国际化、利用性国际化、正式知识整合机制、非正式知识整合机制、国际知识广度、国际知识深度、国际知识缄默性之间具有良好的区分效度。

表 7.4 验证性因子分析及 Cronbach's α

变量	测度题项	标准化因子载荷值	AVE	Cronbach's α
探索性国际化	1. 从海外市场获取高层次的研发和管理人才	0.895	0.840	0.963
	2. 获取企业创新所需的技术和营销资源	0.897		
	3. 接近国外的创新环境，获取成果溢出	0.906		
	4. 利用国外良好的 R&D 硬件基础设施	0.892		
	5. 与当地行业领先企业建立战略合作关系	0.989		
利用性国际化	1. 在国外市场上利用企业的技术优势	0.848	0.703	0.921
	2. 占领国外市场以拓展企业的发展空间	0.843		
	3. 生产出满足国外顾客消费需求的产品	0.851		
	4. 在国外设立生产基地以降低运输成本	0.829		
	5. 利用国外市场廉价的劳动力和物质资源	0.820		
正式知识整合机制	1. 经常利用正式的报告和备忘录总结学习的经验	0.906	0.852	0.966
	2. 经常性地召开信息分享会议	0.939		
	3. 跨职能团队之间经常面对面地进行交流	0.928		
	4. 经常对成功或失败的产品项目进行正式分析	0.915		
	5. 经常聘请外部专家和咨询人员来指导学习	0.927		

续表

变量	测度题项	标准化因子载荷值	AVE	Cronbach's α
非正式知识整合机制	1.企业内部鼓励信息的自由交流	0.891	0.741	0.919
	2.鼓励绕过正式的沟通渠道进行交流	0.839		
	3.强调通过建立非正式的关系来解决问题	0.828		
	4.企业内部经常举行社交活动来增进沟通	0.883		
国际知识广度	1.从国际市场上获取的知识分布领域广泛	0.843	0.704	0.876
	2.从国际市场上获取的知识非常有限	0.881		
	3.从国际市场上获取的知识专业性不强	0.791		
国际知识深度	1.从国际市场上获取的知识非常高深	0.906	0.752	0.900
	2.从国际市场上获取的知识非常复杂	0.846		
	3.从国际市场上获取的是前沿领域的知识	0.849		
国际知识缄默性	1.获取的国际知识很难完全形成文字报告	0.836	0.712	0.907
	2.获取的国际知识很难以文字形式进行沟通	0.838		
	3.如无先前经验很难利用从国际市场获取的知识	0.815		
	4.很难仅通过报告就全面掌握获取的国际知识	0.885		

注:所有标准化因子载荷值均在 $p < 0.001$ 水平上显著。

四、实证检验:相关分析与回归分析

(一)相关性分析

表 7.5 为本研究各变量的均值、标准差和相关系数矩阵。从表 7.5 中可见,国际化双元与正式知识整合机制($\beta = 0.350, p < 0.01$)和非正式知识整合机制($\beta = 0.431, p < 0.01$)显著正相关。

表 7.5 描述性统计分析与相关系数矩阵

变量	均值	标准差	1	2	3	4	5
1. 企业规模	7.536	1.388	1				
2. 企业年龄	15.800	8.246	0.095	1			
3. 研发投入	0.050	0.024	0.006	−0.094	1		
4. 国际化经验	6.970	3.730	0.021	−0.033	0.457**	1	
5. 国际知识广度	4.330	1.059	0.101	−0.022	0.036	0.111	1
6. 国际知识深度	4.369	1.176	0.019	−0.046	−0.033	0.007	0.351**
7. 国际知识缄默性	4.137	1.201	0.025	−0.074	0.035	0.048	0.493**
8. 国际化双元	3.705	1.067	0.143*	0.001	0.242**	0.067	−0.061
9. 非正式知识整合机制	4.022	1.061	0.295**	0.011	0.097	0.015	0.049
10. 正式知识整合机制	4.461	1.378	0.089	−0.013	0.091	0.122	0.099

变量	均值	标准差	6	7	8	9	10
1. 企业规模	7.536	1.388					
2. 企业年龄	15.800	8.246					
3. 研发投入	0.050	0.024					
4. 国际化经验	6.970	3.730					
5. 国际知识广度	4.330	1.059					
6. 国际知识深度	4.369	1.176	1				
7. 国际知识缄默性	4.137	1.201	0.299**	1			
8. 国际化双元	3.705	1.067	−0.016	−0.132*	1		
9. 非正式知识整合机制	4.022	1.061	0.201**	0.086	0.431**	1	
10. 正式知识整合机制	4.461	1.378	0.103	−0.085	0.350**		1

注：* 表示 $p < 0.05$，** 表示 $p < 0.01$。

（二）回归分析

为了检验理论假设，本研究采用逐步加入控制变量和调节变量、自变量、自变量与调节变量交互项的层级回归模型进行数据分析。为了避免加入交互项后带来多重共线性问题，本研究先对连续性自变量进行中心化处理，然后再计算交互项并带入回归方程。回归分析结果如表 7.6 所示。模型 1 是只含控制变量和调节变量的回归模型，模型 2 是控制变量、调节变量和自变量对因变量的主效应模型，模型 3 是在模型 2 基础上加入国际化双元与国际知识广度、国际知识深度、国际知识缄默性交互项后的模型。

表 7.6　企业国际化双元与知识整合机制层次回归模型

变量	正式知识整合机制			非正式知识整合机制		
	模型 1	模型 2	模型 3	模型 1	模型 2	模型 3
企业年龄	−0.018	−0.019	−0.024	0.005	0.004	0.004
企业规模	0.077	0.027	0.021	0.298***	0.238***	0.228***
国际化经验	0.089	0.106	0.080	−0.043	−0.022	−0.029
研发投入强度	0.054	−0.038	−0.019	0.123	0.012	0.029
国际知识广度	0.135	0.143	0.112	−0.081	−0.071	−0.090
国际知识深度	0.113	0.099	0.070	0.212**	0.195**	0.168**
国际知识缄默性	−0.195*	−0.146*	−0.190**	0.053	0.111	0.069
国际化双元		0.340***	0.264***		0.409***	0.339***
国际化双元× 国际知识广度			0.192**			0.056
国际化双元× 国际知识深度			0.161**			0.213***
国际化双元×国际知识缄默性			0.114			0.149*
R^2	0.064	0.168	0.260	0.143	0.292	0.370
F	2.152*	5.494***	6.869***	5.201***	11.252***	11.488***
Max VIF	1.436	1.437	1.450	1.436	1.437	1.450

注：* 表示 $p<0.05$，** 表示 $p<0.01$，*** 表示 $p<0.001$。

当以正式知识整合机制作为因变量时，模型 2 显示国际化双元对正式知识整合机制具有显著的正向影响（$\beta=0.340, p<0.001$），假设 $H_{7.1}$ 得到支持。模型 3 显示，国际知识广度正向调节国际化双元与正式知识整合机制的关系（$\beta=0.192, p<0.01$），假设 $H_{7.3a}$ 得到支持；国际知识深度正向调节国际化双元与正式知识整合机制的关系（$\beta=0.161, p<0.01$），假设 $H_{7.4a}$ 得到支持；国际化双元与国际知识缄默性的交互项对正式知识整合机制具有正向影响，但不显著（$\beta=0.114, p>0.05$），假设 $H_{7.5a}$ 没有得到支持。

当以非正式知识整合机制作为因变量时，模型 2 显示国际化双元对非正式知识整合机制具有显著的正向影响（$\beta=0.409, p<0.001$），假设 $H_{7.2}$ 得到支持。模型 3 显示，国际知识广度与国际化双元的交互项对非正式知识整合机制具有正向影响，但不显著（$\beta=0.056, p>0.1$），假设 $H_{7.3b}$ 没有得到支持；国际知识深度正向调节国际化双元与非正式知识整合机制的关系（$\beta=0.213, p<0.001$），假设 $H_{7.4b}$ 得到支持；国际知识缄默性正向调节国际化双元与非正式知识整合机制的关系（$\beta=0.149, p<0.05$），假设 $H_{7.5b}$ 得到支持。

五、结论与讨论

知识整合理论认为知识本身并不能直接转换为竞争优势，而必须经过知识整合过程（Grant, 1996a; De Luca et al. , 2007）。已有研究明确了知识整合的创新效应，并且突出了知识存量和知识交流对于知识整合机制建立的影响，却对"企业如何从战略层面推动建立知识整合机制"缺乏关注。本研究探索了企业国际化双元对知识整合机制的影响以及国际知识特征（广度、深度、缄默性）的调节效应。

研究发现，国际化双元对正式知识整合机制和非正式知识整合机制均有显著正向影响。尽管已有研究探索了学习导向、网络嵌入、领导风格、跨职能合作对于知识整合机制的影响（谢洪明等, 2007; 李贞等, 2012; 魏江等, 2014; 张可军等, 2011; Ghazali et al. , 2015），但对企业实施国际化双元战略如何影响知识整合机制建立缺乏思考，本研究从战略层面丰富了知识整合机制前因的研究。同时，本研究将知识整合机制划分为正式机制和非正式机制，因此能够更加全面地剖析出国际化双元战略对两种知识整合机制的影响机理。

此外,研究还发现国际化双元与正式知识整合机制之间的关系受到国际知识广度、国际知识深度的正向调节,国际化双元与非正式知识整合机制之间的关系受到国际知识深度、国际知识缄默性的正向调节。这说明企业从国际市场获取的知识特征能够影响国际化战略驱使下知识整合机制的建立过程。研究结论深化了两种知识整合机制建立的情景条件。

本研究对于企业管理者和政府具有实践启示。企业管理者应充分意识到实施国际化发展战略能够推动正式知识整合机制和非正式知识整合机制的建立。企业在日常运营中应积极对外扩张,通过进入海外市场来促使企业建立识别和利用机会的惯例;同时积极进入发达国家市场,发达国家拥有较高的技术和市场动态性,更有利于企业动态能力的建立。对于政府而言,应通过各种优惠性政策鼓励企业从海外市场整合资源,推动企业国际化进程。

本研究还存在一定的局限性。企业如何建立知识整合机制是一个复杂的话题,本研究从国际化双元视角探索了知识整合机制的建立过程,但只是从探索与利用的双元战略视角来刻画国际化的特征,未来研究可以考虑研究企业进入不同国际市场所导致的国际文化差异、国际技术差异等对于知识整合机制的影响;本研究只是考虑到了国际知识广度、深度、缄默性的调节效应,没有将企业内部特征纳入研究范畴,未来研究可以考虑进一步将高管团队特征、企业技术能力等情景条件纳入国际化与知识整合机制的研究。

第八章

国际化双元战略、知识整合与创新绩效关系研究

实施国际化发展战略已成为我国企业实现创新追赶的重要举措。然而,已有理论研究并没有合理诠释国际化影响创新的中介机制,实证研究对于国际化与创新关系的研究也没有得出一致结论。本研究基于知识整合理论视角,选取中国制造企业作为研究对象,阐释了国际化双元对创新绩效的影响机制。研究发现,正式知识整合机制和非正式知识整合机制在国际化双元的平衡和联合维度与创新绩效之间均起到部分中介作用。研究结论对于企业如何通过实施国际化双元战略提升创新绩效具有理论贡献和实践启示。

一、引言

《2015年度中国对外直接投资统计公报》显示,我国企业对外直接投资连续14年(2002—2015年)保持增长势头。中国企业可以同时在国际市场上利用自身的所有权优势并探索新的知识和信息。实施国际化发展战略已演变为企业实现规模经济和创新追赶的重要战略抓手。国内一大批企业均积极实施了国际化发展战略,然而却在战略实施的创新效应上呈现"冰火两重天"的景象。一方面,诸多企业通过实施国际化战略成功开发出了新的产品和工艺,增强了企业创新实力。如吉利通过并购沃尔沃的全部研发资源和海外销售渠道实现了质的飞跃,吉利控股跃居世界500强。另一方面,也存在大批企业在国际化战略实施上遭遇失败。如TCL在早期国际化进程中先后并购了施耐德、汤姆逊和阿尔卡特,然而并购并没有提升企业的创新能力,却导致企业出现巨额亏损。因此,理论上有必要深入挖掘国际化战略影响创新绩效的内在机理。

　　理论上关于国际化影响创新绩效机制的解释主要是基于资源观和组织学习的理论视角(Hitt et al.,1997;Salomon et al.,2005),认为企业通过进入国际市场获取了大量的创新资源和学习机会,导致企业创新绩效提升。然而,大量的实证研究揭示出企业国际化与创新可能存在矛盾性的正向(Hitt et al.,1997;Salomon et al.,2005)、负向(Mahmooda et al.,2009)、U 形(Hsu et al.,2015)、无影响(Liu et al.,2008)等多种关系。

　　究其原因,一方面已有研究将国际化视为一种整体战略,对于企业国际化的测度主要选取国际化程度、国际多样化等指标(Hitt et al.,1997;Salomon et al.,2005;Hsu et al.,2015),并没有基于双元思维反映企业实施国际化战略的探索和利用动机差异。事实上,企业国际化存在资源探索和资源利用两种战略选择(Makino et al.,2002;Prange et al.,2011),而 Prange 等(2011)更是直接指出企业实施国际化战略实际上就是探索和利用两种战略的综合应用。因此,理论上有必要基于组织双元的思维来构造国际化双元的构念以测度企业国际化,以期更科学地反映国际化战略的差异化内涵。

　　另一方面,传统的资源观和组织学习理论对于解释国际化影响创新绩效的机制存在缺陷。资源观和组织学习理论只是阐释了企业国际化能够获取创新所需的知识和信息,而没有揭示出知识和信息转化为创新绩效的内在过程。依据知识整合理论视角,知识本身并不能直接转换为竞争优势,而必须经过知识整合过程(Grant,1991,1996b;De Luca et al.,2007)。尽管获取资源很重要,但对于创新追赶来说,如何在获取的基础上,消化、协调和整合这些资源,对于现阶段的后发企业而言更加重要(Teece et al.,1997;吴航等,2014)。因此,企业要想充分利用从国际市场上获取的知识,就必须建立知识整合机制。鉴于此,本研究认为有必要进一步汲取知识整合理论的思想,剖析国际化影响创新绩效的中介机制。

　　基于此,本研究将从知识整合理论视角出发,揭示企业国际化双元影响创新绩效的中间机制,试图通过强调企业正式和非正式的两种知识整合机制的重要作用来弥补以上缺口。具体地,本研究选取中国制造企业作为研究对象,关注企业实施国际化双元战略(平衡维度和联合维度)如何通过建立知识整合机制(正式知识整合机制和非正式知识整合机制)影响创新绩效。研究结论对于回答"企业如何通过实施国际化双元战略进而提升创新绩效"具有理论贡献和实践指导意义。

二、国际化双元与知识整合的理论背景

(一)国际化双元

国际化双元的相关研究及理论背景,详参第二章相关论述。国际化双元是指企业通过协调和权衡探索性国际化和利用性国际化以实现两种战略均衡发展的能力。借鉴 Cao 等(2009)对于组织双元的维度划分,本研究将国际化双元进一步解构为两个维度:平衡维度和联合维度。国际化双元的平衡维度是指企业充分运用协调机制,在国际市场的探索和利用之间保持相对一致的平衡(relative balance);国际化双元的联合是指在探索性国际化和利用性国际化战略的执行程度上的组合大小(combined magnitude),强调两种国际化战略的整合效应。

(二)知识整合:正式与非正式机制的划分

基于第二章知识整合的概念的文献综述,本研究从企业微观过程视角将知识整合界定为:为提升企业创新绩效,对企业现有知识以及在国际市场搜索到的知识进行分析、融合与重构的动态循环过程。知识整合机制包括正式知识整合机制和非正式知识整合机制。依据第七章有关知识整合机制的相关研究,正式知识整合机制表示通过事先建立的过程、管理界面来协调和解决差异化的活动,如正式的报告和备忘录、信息分享例会、跨职能团队之间正式的面谈、咨询外部专家、对成功或失败的产品开发项目进行正式的分析。非正式知识整合机制是一种社会化组织策略(Lawson et al. ,2009),表示企业通过非结构化的组织设计来实现内部成员之间的非正式交互,如通过内部聚会、社交活动、研讨会等措施来鼓励、增进内部的沟通交流等。

(三)国际化双元、知识整合与创新绩效的关系模型

本研究重点研究国际化双元、知识整合、创新绩效三者之间的关系,以期基

于知识整合理论视角打开国际化双元影响创新绩效的中间黑箱。国际化双元是指企业通过协调和权衡探索性国际化和利用性国际化以实现两种战略均衡发展的能力。借鉴 Cao 等(2009)对于组织双元的维度划分,本研究将国际化双元进一步解构为两个维度:平衡维度和整合维度。本研究认为国际化双元(平衡维度和联合维度)促进了企业内部正式知识整合机制和非正式知识整合机制的建立,进而最终推动企业创新绩效的提升,概念模型见图8.1。

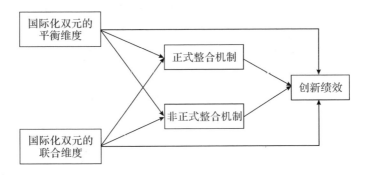

图 8.1 知识整合视角下国际化双元影响创新绩效的概念模型

三、国际化双元影响创新绩效的假设:以知识整合为中介

(一)国际化双元、正式知识整合机制与创新绩效

虽然企业在国际市场上实施探索和利用战略能够获取大量的知识和信息,但这些知识和信息并不会自动转化为创新绩效,而必须在内部经过一个识别、解释和配置的过程(Kogut et al. ,1992;Zahra et al. ,2000;De Luca et al. ,2007)。当企业在组织内部建立专门的探索性国际化和利用性国际化业务单元时,此时企业需要在两个业务单元之间进行充分协调,促进两个业务单元之间的沟通和知识分享,如此企业才能充分实现企业国际化战略的创新意义(O'Reilly et al. ,2008;Jansen et al. ,2009)。当企业以情景双元的方式实施国际化双元战略时,企业让员工自己来分配探索性和利用性活动的时间,此时企

业国际化活动具有零散性(fragmented)的特征,搜索的知识分布于企业各个员工手中(Gibson et al.,2004)。因此,知识整合的战略意义显得尤为突出。特别是员工往往无法意识到这些搜索到的知识对于企业创新的重要性(Zahra et al.,2000)。同时企业在国际市场上获取的知识具有较强的异质性和复杂性,知识的广度和深度特征增加了企业的知识整合和分享难度,因而必须经过知识整合过程才能转化为企业的竞争优势(De Luca et al.,2007)。此时,企业往往会选择建立正式的知识整合机制来充分调动员工的积极性,动员员工在内部充分交流,分享所搜集到的知识(Zahra et al.,2002),如正式的报告和备忘录、信息分享例会、跨职能团队之间正式的面谈、咨询外部专家、对成功或失败的产品开发项目进行正式的分析等。

通过建立结构化的知识整合惯例,如跨职能学习、共同问题解决,企业能够快速识别从国际市场上搜索到知识的重要性和用途,并将其快速整合进企业现有知识库中,推动企业创新(Zahra et al.,2002;De Luca et al.,2007;魏江等,2014)。研究发现,跨职能团队和常规例会的结合是推动组织成员交互的基础(Handfield et al.,1999)。正式知识整合机制的建立不仅仅是为了促进知识交流,而且是为了加强价值观、信念和文化体系的统一。Lawson等(2009)认为通过正式机制将组织员工连接在一起进行知识分享是打破部门边界和知识边界的绝佳方式。事实上,在不断的知识整合过程中,企业对自身的知识基础和分布位置有了更加深入的了解,这对于企业实现多种知识的整合并推动创新是极其有利的(李贞等,2012;Tsai et al.,2014)。基于这种理论逻辑,本研究认为企业实施国际化双元战略通过影响正式知识整合机制的建立,进而提升创新绩效。鉴于此,本研究提出如下假设:

$H_{8.1a}$:国际化双元的平衡维度通过正向影响正式知识整合机制进而提升创新绩效。

$H_{8.1b}$:国际化双元的联合维度通过正向影响正式知识整合机制进而提升创新绩效。

(二)国际化双元、非正式知识整合机制与创新绩效

如前所述,虽然企业在国际市场上同时实施探索性和利用性战略能够获取

大量差异化和异质性的知识,但依据知识整合理论视角,企业知识不能直接转换为竞争优势,而必须经过知识整合过程(Grant,1991,1996a;De Luca et al.,2007)。本研究认为实施国际化双元战略不仅能够推动内部正式知识整合机制的建立,还会促使非正式知识整合机制的建立。中国企业国际化经验较为缺乏且技术基础薄弱,因此在国际化过程中获取的知识和信息对于企业员工而言具有很强的缄默性,即国际化知识相较国内知识具有更高的编辑和沟通难度。知识的隐性特征降低了知识的内部扩散速度,使得企业很难快速识别其用途并将其用于企业创新过程中(Tsai et al.,2014)。De Luca 等(2007)认为隐性知识的扩散必定是一个漫长的过程,需要内部员工之间经过长时间、高频率的交互过程才能充分理解。因此,企业往往会通过推动建立非正式知识整合机制来促进隐性知识的传播和扩散,进而充分利用从国际市场获取的知识。

非正式知识整合机制是一种社会化组织策略,表示企业通过内部聚会、社交活动、研讨会等非结构化的组织设计措施来推动知识交流和扩散。非正式知识整合机制增加了成员之间的信任,使得成员之间能够有机会、有动机和时间去增进了解、建立关系。Chalos 等(1998)认为企业非正式的社交活动对于企业创新项目实施具有推动作用。Lawson 等(2009)研究发现非正式的社会化机制对知识分享具有正向影响。对于国际化企业而言,在内部采取鼓励沟通交流、内部聚餐、社交事件等多种措施能够消除探索和利用部门成员之间的隔阂,增进团结,减少自利行为,进而推动知识分享和交流。因此,非正式知识整合机制实际上营造了一种鼓励知识分享的内部创新氛围和文化,使得企业能够更全面地了解实施国际化双元战略所带来的知识的属性,推动企业将其快速整合进企业现有知识库中,进而提升企业创新绩效(Zahra et al.,2002;魏江等,2014)。基于这种理论逻辑,本研究认为企业实施国际化双元战略通过影响非正式知识整合机制的建立提升创新绩效。鉴于此,本研究提出如下假设:

$H_{8.2a}$:国际化双元的平衡维度通过正向影响非正式知识整合机制进而提升创新绩效。

$H_{8.2b}$:国际化双元的联合维度通过正向影响非正式知识整合机制进而提升创新绩效。

四、研究方法

(一)数据收集

数据收集情况参见第三章相关论述,此处不再赘述。

(二)变量测度

为了提高测量量表的信度和效度,本研究充分借鉴文献研究中的成熟量表。所有量表均采用李克特 7 点量表进行测量。

1.国际化双元

遵循 Makino 等(2002)、Hsu 等(2013)对探索性国际化与利用性国际化内涵的深刻阐释,本研究分别采用 5 个题项来测量探索性国际化、利用性国际化。对于国际化双元的测量方式主要是依据 Cao 等(2009)、张婧等(2010)的研究,先求出探索性国际化和利用性国际化差的绝对值,再用 5 减去二者的绝对离差来测量国际化双元的平衡,该值越高则国际化双元的平衡水平越高。

2.创新绩效

遵循 Wu 等(2016)、Chen 等(2011)的研究,选用 6 个题项来测度创新绩效,主要测度与同行业竞争对手相比企业创新的质量和速度。

3.中介变量

对于知识整合机制的测度量表,本研究遵循 Zahra 等(2000)、De Luca 等(2007)、Tsai 等(2014)的研究,采用 5 个题项来测度正式知识整合机制,表示企业综合应用报告、备忘录、信息分享会议等正规方式对国际市场上搜索到知识的整合程度;采用 4 个题项来测度非正式知识整合机制,表示企业在内部建立非正式的关系、营造鼓励沟通的氛围来促进知识整合。

4.控制变量

将以下四个变量作为控制变量:企业年龄、企业规模、国际化经验、研发投入强度。以企业人数的自然对数来测度企业规模;以企业成立之初至调查之日的经营年限来测度企业年龄;以企业开始国际化运营至今的时间来测量国际化经验;选用研发投入占总销售收入的比重来衡量研发投入强度。

(三)信度分析

1.创新绩效

首先对被解释变量——创新绩效进行信度分析,分析结果详见第三章。数据分析显示,各指标均满足前文所述的信度指标要求,通过了信度检验,说明创新绩效变量测度的一致性良好。

2.国际化战略

其次对解释变量——国际化战略(探索性国际化、利用性国际化)进行信度分析,分析结果详见第三章。数据分析显示,探索性国际化、利用性国际化各指标均满足前文所述的信度指标要求,通过了信度检验,说明二者变量测度的一致性良好。

3.知识整合

首先对被解释变量——知识整合(非正式知识整合机制、正式知识整合机制)进行信度分析,分析结果详见第七章。数据分析显示各指标均满足前文所述的信度指标要求,通过了信度检验,说明正式知识整合机制变量测度的一致性良好。

(四)效度分析

1.探索性因子分析

本研究对研究中涉及的主要变量的测度题项分别作因子分析。经检验,所有测度题项的 KMO 样本测度和巴特利特球形检验结果为:KMO 值为 0.882,大于 0.8,且巴特利特球形检验的统计值也达到了显著水平,非常适合做因子分析。鉴于此,本研究对所构建的 25 个问卷测度题项进行探索性因子分析,分析结果如表 8.1 所示。

通过探索性因子分析可以发现,一共抽取了 5 个因子,这 5 个因子解释了 86.045% 的变差。通过因子分析,可以观察到这 5 个因子的含义非常明确。

因子 1 包含的变量为"从海外市场获取高层次的研发和管理人才""获取企业创新所需的技术和营销资源""接近国外的创新环境,获取成果溢出""利用国外良好的 R&D 硬件基础设施""与当地行业领先企业建立战略合作关系"5 个题项,很明显这 5 个题项衡量的是企业在海外的探索性行为,可以称为"探索性国际化"因子。

因子 2 包含的变量为"在国外市场上利用企业的技术优势""占领国外市场以拓展企业的发展空间""生产出满足国外顾客消费需求的产品""在国外设立生产基地以降低运输成本""利用国外市场廉价的劳动力和物质资源"5 个题项,很明显这 5 个题项衡量的是企业在海外的利用性行为,可以称为"利用性国际化"因子。

因子 3 包含的变量为"经常利用正式的报告和备忘录总结学习的经验""经常性地召开信息分享会议""跨职能团队之间经常面对面地进行交流""经常对成功或失败的产品项目进行正式分析""经常聘请外部专家和咨询人员来指导学习"5 个题项,很明显这 5 个题项衡量的是企业的正式知识整合机制,可以称为"正式知识整合机制"因子。

因子 4 包含的变量为"企业内部鼓励信息的自由交流""鼓励绕过正式的沟通渠道进行交流""强调通过建立非正式的关系来解决问题""企业内部经常举行社交活动来增进沟通"4 个题项,很明显这 4 个题项衡量的是企业的非正式知识整合机制,可以称为"非正式知识整合机制"因子。

因子 5 包含的变量为"新产品的数量""新产品开发的速度""新产品的新颖程度""新产品销售额占销售总额比重""新产品开发成功率""申请专利数量"6 个题项,很明显这 6 个题项衡量的是企业的创新绩效,可以称为"创新绩效"因子。

表 8.1　国际化战略、知识整合机制、创新绩效探索性因子分析

变量	题项	因子				
		1	2	3	4	5
探索性国际化	1. 从海外市场获取高层次的研发和管理人才	0.880	0.007	0.093	0.202	0.159
	2. 获取企业创新所需的技术和营销资源	0.851	0.115	0.131	0.232	0.209
	3. 接近国外的创新环境,获取成果溢出	0.888	0.027	0.062	0.177	0.183
	4. 利用国外良好的 R&D 硬件基础设施	0.898	0.086	0.099	0.153	0.147
	5. 与当地行业领先企业建立战略合作关系	0.906	0.107	0.170	0.215	0.216

续表

变量	题项	因子				
		1	2	3	4	5
利用性国际化	1.在国外市场上利用企业的技术优势	0.088	0.834	0.213	0.017	0.149
	2.占领国外市场以拓展企业的发展空间	0.102	0.837	0.218	−0.072	0.090
	3.生产出满足国外顾客消费需求的产品	0.061	0.873	0.095	0.053	0.105
	4.在国外设立生产基地以降低运输成本	0.000	0.870	0.070	−0.048	0.095
	5.利用国外市场廉价的劳动力和物质资源	0.048	0.840	0.103	0.145	0.158
正式知识整合机制	1.经常利用正式的报告和备忘录总结学习经验	0.156	0.189	0.862	0.116	0.203
	2.经常性地召开信息分享会议	0.091	0.204	0.885	0.139	0.219
	3.跨职能团队之间经常面对面地进行交流	0.083	0.112	0.923	0.070	0.158
	4.经常对成功或失败的产品项目进行正式分析	0.138	0.099	0.898	0.118	0.172
	5.经常聘请外部专家和咨询人员来指导学习	0.076	0.170	0.907	0.123	0.136
非正式知识整合机制	1.企业内部鼓励信息的自由交流	0.249	0.000	0.116	0.840	0.221
	2.鼓励绕过正式的沟通渠道进行交流	0.217	−0.049	0.066	0.829	0.217
	3.强调通过建立非正式的关系来解决问题	0.207	0.065	0.170	0.826	0.140
	4.企业内部经常举行社交活动来增进沟通	0.213	0.061	0.150	0.866	0.147
创新绩效	1.新产品的数量	0.207	0.118	0.151	0.159	0.908
	2.新产品开发的速度	0.153	0.097	0.142	0.134	0.925
	3.新产品的新颖程度	0.194	0.154	0.196	0.193	0.888
	4.新产品销售额占销售总额比重	0.180	0.142	0.182	0.145	0.907
	5.新产品开发成功率	0.174	0.136	0.177	0.143	0.910
	6.申请专利数量	0.137	0.131	0.174	0.151	0.929

2. 验证性因子分析

本研究运用验证性因子分析来检验构念的聚合效度和区分效度,总体测量模型见图 8.2。

通过对五因子模型的验证性因子分析发现[$\chi^2(265)=808.062$;$\chi^2/df=3.049$,NNFI$=0.910$,CFI$=0.927$,IFI$=0.927$,RMSEA$=0.089$],模型拟合良好。如表 8.2 所示,所有标准化因子载荷值均大于 0.800,且具有很强的统计显著性($p<0.001$),同时本研究每个潜变量 AVE 最小值为 0.702,大于 0.500,从而满足了对 AVE 的要求,因此各构念具有良好的聚合效度。通过对各个构念的描述性统计分析和相关分析,发现所有构念的 AVE 值的平方根均远大于构念间相关系数,证实探索性国际化、利用性国际化、正式知识整合机制、非正式知识整合机制、创新绩效之间具有良好的区分效度。

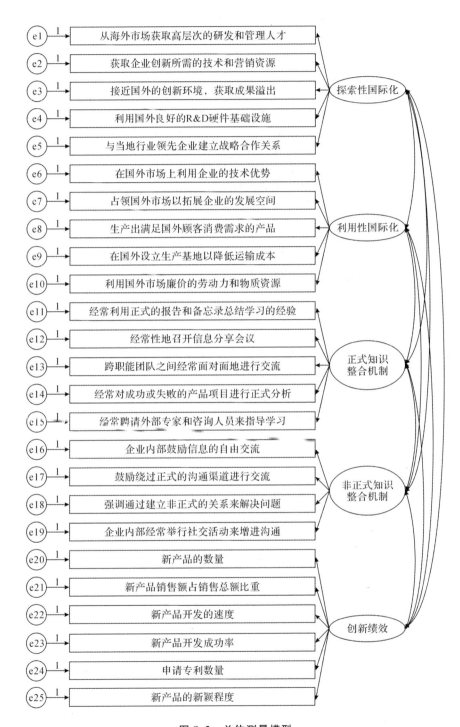

图 8.2 总体测量模型

表 8.2　验证性因子分析及 Cronbach's α

变量	测度题项	标准化因子载荷值	AVE	Cronbach's α
探索性国际化	1. 从海外市场获取高层次的研发和管理人才	0.894	0.840	0.963
	2. 获取企业创新所需的技术和营销资源	0.897		
	3. 接近国外的创新环境，获取成果溢出	0.906		
	4. 利用国外良好的 R&D 硬件基础设施	0.892		
	5. 与当地行业领先企业建立战略合作关系	0.989		
利用性国际化	1. 在国外市场上利用企业的技术优势	0.850	0.702	0.921
	2. 占领国外市场以拓展企业的发展空间	0.841		
	3. 生产出满足国外顾客消费需求的产品	0.850		
	4. 在国外设立生产基地以降低运输成本	0.828		
	5. 利用国外市场廉价的劳动力和物质资源	0.821		
正式知识整合机制	1. 经常利用正式的报告和备忘录总结学习的经验	0.906	0.852	0.966
	2. 经常性地召开信息分享会议	0.939		
	3. 跨职能团队之间经常面对面地进行交流	0.928		
	4. 经常对成功或失败的产品项目进行正式分析	0.915		
	5. 经常聘请外部专家和咨询人员来指导学习	0.927		
非正式知识整合机制	1. 企业内部鼓励信息的自由交流	0.892	0.741	0.919
	2. 鼓励绕过正式的沟通渠道进行交流	0.841		
	3. 强调通过建立非正式的关系来解决问题	0.827		
	4. 企业内部经常举行社交活动来增进沟通	0.882		
创新绩效	1. 新产品的数量	0.955	0.917	0.985
	2. 新产品开发的速度	0.953		
	3. 新产品的新颖程度	0.952		
	4. 新产品销售额占销售总额比重	0.959		
	5. 新产品开发成功率	0.954		
	6. 申请专利数量	0.972		

注：所有标准化因子载荷值均在 $p < 0.001$ 水平上显著。

五、实证检验：相关分析与结构方程建模

（一）相关性分析

表8.3为本研究各变量的均值、标准差和相关系数矩阵。从表8.3中可见，双元平衡维度（$\beta=0.477, p<0.01$）、双元联合维度（$\beta=0.516, p<0.01$）与创新绩效均显著正相关；正式知识整合机制（$\beta=0.410, p<0.01$）和非正式知识整合机制（$\beta=0.412, p<0.01$）与创新绩效均显著正相关。

表8.3　描述性统计分析与相关系数矩阵

变量	均值	标准差	1	2	3	4	5
1.企业年龄	15.800	8.250	1.000				
2.企业规模	7.540	1.390	0.095	1.000			
3.研发投入	0.050	0.020	−0.094	0.006	1.000		
4.国际化经验	6.970	3.730	−0.033	0.021	0.457**	1.000	
5.双元平衡维度	3.710	1.070	0.001	0.143*	0.242**	0.067	1.000
6.双元联合维度	18.440	8.730	0.040	0.234**	0.333**	0.234**	0.547**
7.正式知识整合机制	4.460	1.380	−0.013	0.089	0.091	0.122	0.350**
8.非正式知识整合机制	4.020	1.060	0.011	0.295**	0.097	0.015	0.431**
9.创新绩效	3.970	1.670	0.065	0.203**	0.344**	0.212**	0.477**

变量	均值	标准差	6	7	8	9
4.国际化经验	6.970	3.730				
5.双元平衡维度	3.710	1.070				
6.双元联合维度	18.440	8.730	1.000			

续表

变量	均值	标准差	6	7	8	9
7. 正式知识整合机制	4.460	1.380	0.419**	1.000		
8. 非正式知识整合机制	4.020	1.060	0.432**	0.317**	1.000	
9. 创新绩效	3.970	1.670	0.516**	0.410**	0.412**	1.000

注：* 表示 $p<0.05$，** 表示 $p<0.01$。

(二)结构方程模型

本研究采用结构方程模型(SEM)来检测正式知识整合机制和非正式知识整合机制在国际化双元平衡维度和联合维度与创新绩效之间的中介效应。SEM 方法使得研究者能够控制测度误差，估计整个模型的拟合程度，同时检测多个中介变量。本研究将完全中介模型作为基准模型，拟合结果显示基准模型拟合良好[$\chi^2(184)=423.785$, $p<0.001$, NNFI$=0.940$, CFI$=0.952$, IFI$=0.952$, RMSEA$=0.071$]。

遵循 Anderson 等(1988)提出的检验方法，本研究通过序贯 χ^2 检验(sequential chi-square tests)和整体拟合指数来对基准模型与一系列嵌套模型(nested model)进行比较。

模型 1 为在基准模型基础上将 $H_{8.1a}$(国际化双元平衡维度→正式知识整合机制→创新绩效)路径系数限制为 0 的模型。由表 8.4 中的拟合结果可知，相比基准模型而言，模型 1 整体拟合情况变差($\Delta\chi^2=29.310$, $\Delta df=2$, $p<0.001$, IFI、NNFI、CFI 值均变小，RMSEA 值变大)。这意味着 $H_{8.1a}$ 所指代的路径是有意义的，基准模型比模型 1 更优。

模型 2 为在基准模型基础上将 $H_{8.1b}$(国际化双元联合维度→正式知识整合机制→创新绩效)路径系数限制为 0 的模型。由表 8.4 中的拟合结果可知，相比基准模型而言，模型 1 整体拟合情况变差($\Delta\chi^2=43.190$, $\Delta df=2$, $p<0.001$, IFI、NNFI、CFI 值均变小，RMSEA 值变大)。这意味着 $H_{8.1b}$ 所指代的路径是有意义的，基准模型比模型 2 更优。

　　模型 3 为在基准模型基础上将 $H_{8.2a}$（国际化双元平衡维度→非正式知识整合机制→创新绩效）路径系数限制为 0 的模型。表 8.4 中的拟合结果显示，相比基准模型而言，模型 3 整体拟合情况变差（$\Delta \chi^2 = 35.531, \Delta df = 2, p < 0.001$，IFI、NNFI、CFI 值均变小，RMSEA 值变大）。这意味着 $H_{8.2a}$ 所指代的路径是有意义的，基准模型比模型 3 更优。

　　模型 4 为在基准模型基础上将 $H_{8.2b}$（国际化双元联合维度→非正式知识整合机制→创新绩效）路径系数限制为 0 的模型。表 8.4 中的拟合结果显示，相比基准模型而言，模型 4 整体拟合情况变差（$\Delta \chi^2 = 36.831, \Delta df = 2, p < 0.001$，IFI、NNFI、CFI 值均变小，RMSEA 值变大）。这意味着 $H_{8.2b}$ 所指代的路径是有意义的，基准模型比模型 4 更优。

　　遵循 Kelloway(1998) 的建议，本研究对基准模型与部分中介模型（模型 5）进行比较。部分中介模型是在基准模型基础上加上国际化双元影响创新绩效直接效应后的模型（国际化双元平衡维度→创新绩效、国际化双元联合维度→创新绩效）。表 8.4 中的结果表明模型 5 比模型 4 拟合更优（$\Delta \chi^2 = 18.902, \Delta df = 2, p < 0.001$，IFI、NNFI、CFI 值均变大，RMSEA 值变小），即增加的国际化双元的平衡维度和联合维度影响创新绩效的直接效应路径显著改善了模型的拟合优度，部分中介模型（模型 5）拟合更优。

　　紧接着，本研究将模型 5 与一系列替代模型进行比较。

　　第一种替代解释是国际化双元平衡和联合维度与正式知识整合机制和非正式知识整合机制并没有因果关系，正式知识整合机制和非正式知识整合机制直接影响创新绩效。本研究将这种模型定义为直接效应模型（模型 6），即国际化双元平衡和联合维度、正式知识整合机制和非正式知识整合机制均直接影响创新绩效。拟合结果表明模型 6 相比模型 5 拟合较差（$\Delta \chi^2 = 111.003, \Delta df = 4, p < 0.001$，IFI、NNFI、CFI 值均变小，RMSEA 值变大）。

　　第二种替代解释是正式知识整合机制和非正式知识整合机制对创新绩效的影响非常有限。本研究将这种模型定义为非中介模型（模型 7），即在模型 5 基础上将正式知识整合机制和非正式知识整合机制影响创新绩效的路径系数设定为 0。拟合结果表明模型 7 相比模型 5 也是拟合较差（$\Delta \chi^2 = 20.052, \Delta df = 2, p < 0.001$，IFI、NNFI、CFI 值均变小，RMSEA 值变大）。

表 8.4 模型比较结果

模型	χ^2	df	$\Delta\chi^2$	Δdf	IFI	NNFI	CFI	RMSEA
基准模型	423.785	184			0.952	0.940	0.952	0.071
模型 1	453.095	186	$\Delta\chi^2$(基准模型,模型 1)=29.310***	2	0.947	0.933	0.946	0.074
模型 2	466.975	186	$\Delta\chi^2$(基准模型,模型 2)=43.190***	2	0.944	0.930	0.944	0.076
模型 3	459.316	186	$\Delta\chi^2$(基准模型,模型 3)=35.531***	2	0.946	0.932	0.945	0.075
模型 4	460.616	186	$\Delta\chi^2$(基准模型,模型 4)=36.831***	2	0.945	0.932	0.945	0.075
模型 5	404.883	182	$\Delta\chi^2$(基准模型,模型 5)=18.902***	2	0.956	0.943	0.955	0.069
模型 6	515.886	186	$\Delta\chi^2$(模型 5,模型 6)=111.003***	4	0.934	0.918	0.934	0.083
模型 7	424.935	184	$\Delta\chi^2$(模型 5,模型 7)=20.052***	2	0.952	0.939	0.952	0.071

注:NNFI=Bentler non-normed fit index;CFI 为相对拟合指合省数;IFI 为增值适配度省数;RMSEA 为近似误差均方根。表中不同模型的 $\Delta\chi^2$ 变化值在 $p<0.001$ 水平上显著(***表示 $p<0.001$)。基准模型:完全中介模型。

模型 1:$H_{8.1a}$(国际化双元平衡维度→正式整合机制→创新绩效)的路径系数设为 0;

模型 2:$H_{8.1b}$(国际化双元联合维度→正式整合机制→创新绩效)的路径系数设为 0;

模型 3:$H_{8.2a}$(国际化双元平衡维度→非正式整合机制→创新绩效)的路径系数设为 0;

模型 4:$H_{8.2b}$(国际化双元联合维度→非正式整合机制→创新绩效)的路径系数设为 0;

模型 5:部分中介模型(在基准模型的基础上链接自变量与因变量间的直接效应)

模型 6:直接效应模型(在模型 5 中将国际化双元平衡维度→正式知识整合机制、国际化双元联合维度→正式知识整合机制,国际化双元平衡维度→非正式知识整合机制、国际化双元联合维度→非正式知识整合机制设定为 0);

模型 7:非中介模型(在模型 5 中将正式知识整合机制→创新绩效、非正式知识整合机制→创新绩效的路径系数设定为 0)。

　　图 8.3 列出了部分中介模型(最优模型)的路径系数。从图 8.3 中可以发现，国际化双元平衡维度($\beta=0.171$, $p<0.05$)、国际化双元联合维度($\beta=0.328$, $p<0.001$)与正式知识整合机制正相关，正式知识整合机制与创新绩效正相关($\beta=0.212$, $p<0.001$)，说明正式知识整合机制在国际化双元平衡维度和创新绩效，以及国际化双元联合维度和创新绩效之间起到中介作用，假设 $H_{8.1a}$，$H_{8.1b}$ 得到支持。此外，国际化双元平衡维度($\beta=0.283$, $p<0.001$)、国际化双元联合维度($\beta=0.298$, $p<0.001$)与非正式知识整合机制正相关，非正式知识整合机制与创新绩效正相关($\beta=0.175$, $p<0.01$)，说明非正式知识整合机制在国际化双元平衡维度和创新绩效，以及国际化双元联合维度和创新绩效之间起到中介作用，假设 $H_{8.2a}$，$H_{8.2b}$ 得到支持。同时，基于最优模型(模型 5)的拟合情况，发现正式知识整合机制和非正式知识整合机制均为国际化双元平衡维度和联合维度与创新绩效的部分中介变量。

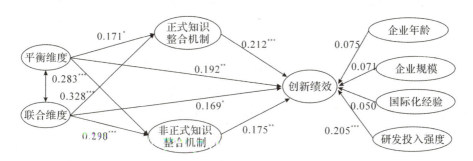

图 8.3　结构方程拟合模型

注:图中系数为标准化系数。* 表示 $p<0.05$，** 表示 $p<0.01$，*** 表示 $p<0.001$。

六、结论与讨论

(一)研究结论

　　国际化一直是国际商务和战略管理领域的研究热点。尽管实业界认识到实施国际化发展战略对于提升企业创新绩效具有战略意义，然而现有理论并不能很好地回答国际化影响创新绩效的内在机制,对于国际化与创新绩效关系的实证研究也得出了矛盾性的结论实证检验。本研究整合组织双元与国际化理论,提出了国际化双元的概念,以中国制造企业为研究对象,基于知识整合理论探索了国际化双元影响创新绩效的中介机制。

研究发现,国际化双元(平衡维度和联合维度)对创新绩效具有显著正向影响,正式知识整合机制和非正式知识整合机制在国际化双元(平衡维度和联合维度)与创新绩效之间起到部分中介作用。这表明企业在国际市场上同时实施探索和利用战略确实能够提升企业创新绩效。研究结论在一定程度上回答了已有研究对于国际化与创新之间正向(Hitt et al.,1997;Salomon et al.,2005)、负向(Mahmooda et al.,2009)、U 形(Hsu et al.,2015)、无影响(Liu et al.,2008)的不一致关系,从实证研究角度说明目前以国际化程度、国际多样化等指标来刻画企业国际化战略的实施存在一定缺陷。事实上,企业在国际化动机上同时具有探索和利用两种导向。企业实施国际化战略一方面是为了利用自身所有权优势,另一方面是为了获取海外战略资产和学习机会,最终提升创新绩效。因此,本研究整合组织双元和国际化理论,以国际化双元的构念来反映国际化战略的内涵更具有理论上的合理性。

此外,本研究进一步深化了 Hitt 等(1997)、Salomon 等(2005)等人的研究,揭示了企业实施国际化战略进而提升创新绩效的中介机制。已有研究对于国际化与创新绩效关系的阐释主要是依托资源观和组织学习的理论逻辑,认为企业通过进入国际市场获取了大量创新知识和学习机会进而提升创新绩效。然而,知识整合理论认为知识本身并不能带来竞争优势,企业获取的知识需要经过内在的知识整合过程才能够转换成竞争优势(Grant,1991,1996a;De Luca et al.,2007)。特别是在动态竞争环境下,知识本身由于核心刚性和惰性并不能为企业带来持续竞争优势,企业需要对内外部资源进行整合。本研究进一步证实了这种观点,发现企业实施国际化双元战略不仅获得了创新资源,更为重要的是建立了知识整合机制(正式知识整合机制和非正式知识整合机制),进而提升创新绩效。研究结论支持了知识整合理论的观点,进一步深化了关于国际化影响创新绩效机理的研究。

(二)实践意义

本研究对于企业管理者和政府具有实践启示。企业管理者应意识到实施国际化双元战略对于提升企业创新绩效具有重要价值,在积极投身国际市场的过程中应打出探索和利用相结合的组合拳;更为重要的事,管理者还应意识到从国际市场获取的知识和信息并不是推动企业创新发展的最终因素,而是要在国际化进程中建立知识整合机制,通过知识整合机制的建立持续提升创新绩效。对于政府而言,应通过各种优惠性政策鼓励企业国际化,建立国际化企业管理制度。

(三)研究局限性与未来研究展望

本研究还存在一定的局限性。首先,以国际化双元来刻画国际化战略还只是基于探索和利用的考量,实际上企业在国际化战略实施上还存在竞合等多方面的表现,未来研究可以考虑从这些方面切入分析国际化对创新绩效的影响机制。其次,本研究只是揭示了国际化双元影响创新的中介机制,未来研究可以挖掘国际化双元影响创新绩效的情境条件,以进一步丰富国际化双元理论。最后,本研究所利用的是横截面数据,未来研究可以考虑利用面板数据来进一步验证国际化双元与创新绩效的因果关系。

第九章

国际化双元战略的前因：战略领导、
结构分化、高绩效工作系统的整合模型

实施国际化双元战略已成为企业对接国际创新源、降低创新风险的重要举措。国际化双元领域的研究仅指出了其战略意义，并实证检验了其对于财务绩效的影响，而未揭示出如何实现国际化双元。组织双元领域的研究证实了可以从结构分化、高绩效情景、战略领导三个方面实现双元，然而并未揭示出三者对于组织双元的综合影响机理。本研究构建了一个整合的研究框架，分析了战略领导、结构分化、高绩效工作系统对国际化双元的影响机理。研究发现，变革型领导通过正向影响结构分化和高绩效工作系统进而推动国际化双元战略实施，交易型领导通过负向影响结构分化和高绩效工作系统进而阻碍国际化双元战略实施。

一、引言

实施国际化发展战略已成为我国企业对接国际市场，实现创新追赶的重要战略抓手。企业进入国际市场面临两种战略选择：探索新资源以及利用现有的所有权优势（吴航等，2017）。March（1991）认为探索是与搜索、风险承担、实验和创新相关的活动，利用是与精炼、效率、选择和实施相关的活动，二者在目标任务、组织情景、结构和制度设计上存在差异，因此企业在探索性与利用性活动之间只能是二者选其一。然而 Luo 等（2009）、Prange 等（2011）整合组织双元与国际化理论，提出企业应实施国际化双元战略。Hsu 等（2013）甚至实证证实了企业实施国际化双元战略能够提升财务绩效。然而，目前对于国际化双元领域的研究并未回答企业如何克服双元战略带来的矛盾与限制，即缺乏对于国际化双元前因的研究。

组织双元领域的研究为企业寻找实施国际化双元战略的抓手提供了理论指导，认为可以从结构分化、高绩效情景、战略领导三个方面实现双元（Raisch et al.，2008）。结构分化指的是"将组织系统分割成若干个子系统，每个子系统根据外部环境的需求形成特定的属性"（Tushman et al.，1996）。结构分化的解决方案强调企业在内部建立结构上分离的探索与利用业务单元，业务子单元之间拥有各自的人员配备、结构、流程、文化，企业随后再以一定的协调机制进行整合（Tushman et al.，1996；Jansen et al.，2009）。然而，Gibson 等（2004）认为探索和利用活动可以发生于同一业务单元内部，企业可以在内部创造一个"鼓励个体员工在矛盾性的探索和利用需求上就如何分配时间做出自主决策"的高绩效情景来实现组织双元。Patel 等（2013）进一步指出企业通过打造高绩效工作系统能够推动高绩效情景的建立。高绩效工作系统是一系列人力资源管理最佳实践组成的集合，能够提升企业员工的知识、技能、承诺和灵活性，有效地帮助企业实现探索和利用的平衡（Jiang et al.，2012；Mihail et al.，2016）。

值得指出的是，结构和情景两派的学者都认为战略领导在实现组织双元方面能够发挥重要作用（Raisch et al.，2008）。结构分化容易形成业务单元之间各自为战的局面，因而增强了不同业务单元之间的整合难度，而领导能够推动这个整合过程（Lubatkin et al.，2006）。建立一个高绩效的行为情景也需要领导在资源获取透明性、行动自主权、决策制定公平和公正性等方面进行指导（Gibson et al.，2004）。例如，Lubatkin 等（2006）认为通过建立一个行为整合的高管团队，高管人员能够开放并自由地交流差异化的知识，解决冲突，达成共识，并最终实现组织双元。Nemanich 等（2009）发现变革型领导通过在内部建立起学习型文化，进而推动探索与利用的整合。

虽然组织双元领域的研究能够为探究国际化双元的前因找到证据，但仍存在理论缺口。一方面，已有研究只是从结构、情景、领导三种解决途径中的单一视角进行剖析，缺乏整合性的研究。Raisch 等（2008）认为对于组织双元前因的研究需要整合三种视角，探索三种影响因素对于组织双元的影响机理；Chang 等（2012）甚至认为三种影响因素对于组织双元的影响存在理论重叠。另一方面，目前对组织双元前因的讨论多集中于结构和情景因素方面，对领导特征的关注较少，且主要集中于变革型领导（Nemanich et al.，2009）。为了填补以上研究缺口,本研究将建立一个整合的研究框架,并且考虑变革型领导、交易型领导两种领导类型,重点分析战略领导、结构分化、高绩效工作系统对国际化双元的综合影响机理。

二、国际化双元与战略领导的理论背景和概念模型

(一)国际化双元:探索性国际化与利用性国际化

已有研究证实了企业在国际市场上存在两种战略选择:探索新的资源与发展机遇,以及利用现有的所有权优势(吴航等,2017)。传统的国际商务理论强调了企业国际化主要是利用自身的所有权优势以实现规模经济,收回创新投资(Hymer,1976;Buckley et al.,1976;Dunning,1981)。近期的国际商务理论(特别是对于新兴经济国家企业国际化的研究)发现企业国际化更为重要的是为了探索和获取创新资源,以实现对发达国家企业的创新追赶(Luo et al.,2007)。一般认为,探索是与搜索、风险承担、实验和创新相关的活动,利用是与精炼、效率、选择和实施相关的活动(March,1991)。March(1991)认为由于探索与利用活动之间往往在目标、组织情景、结构和制度上存在差异,并且争夺有限的资源,因此企业在探索与利用活动之间只能是二者选其一。然而 Luo 和 Rui (2009)将组织双元理论引入国际化领域,认为企业有必要并且有可能进行悖论性思考,积极推动探索性和利用性两种国际化发展战略的均衡发展。Prange 等 (2011)在此基础上明确提出了国际化双元战略的思想,认为实施探索性国际化战略能够推动企业长期发展,实施利用性国际化战略有利于企业短期生存,因此企业应在这两种国际化战略之间保持平衡和协调,以此来推动企业持续稳定发展。Hsu 等(2013)以企业海外研发和营销分支机构数量来表征企业国际化探索能力,以企业海外制造分支机构数量来表征企业国际化利用能力,以我国台湾企业为样本,实证检验了企业国际化双元对企业财务绩效的影响。

(二)战略领导:变革型领导与交易型领导

变革型领导与交易型领导的概念最早由 Burns(1978)提出,随后由 Bass

(1985)进行了系统的阐述。变革型领导的概念是基于马斯洛需求层次理论提出来的。变革型领导行为重视提升员工的内在动机，将员工的工作愿景和价值观从单纯的利益交换、利己主义转变成自我实现和集体主义。变革型领导强调通过人格魅力来影响下属，重视员工的个性化发展和高层次需求的开发，最终在组织内部建立互信和合作的氛围，摒弃以自我为中心的狭隘意识，让员工认识到集体利益大于个人利益，从而激发员工愿意为工作付出额外的努力。

Bass(1985)将变革型领导划分为四个维度：理想化影响、智力激发、鼓舞性激励、个性化关怀。

理想化影响表示领导被欣赏、尊重和信任的程度，代表一些使得员工愿意追随领导者的魅力领导行为。理想化影响使得领导者成为员工的道德和业务典范，并通过个人魅力和激动人心的言语激发追随者的高层次需求、激情和工作潜能。理想化影响使得员工愿意追随领导者来开展冒险行为，牺牲个人利益以实现集体目标。

鼓舞性激励是指领导者为追随者创造和展现富有吸引力的愿景，增强追随者的自豪感，并且向追随者提供帮助和信息以克服工作中的困难，进而激发、引导追随者为了实现远大目标而努力工作。

智力激发是指领导者鼓励员工对现状和假设提出挑战、采用新的视角分析问题以及用新方法解决问题，激发员工创新、挑战自我，改变信念。

个性化关怀是指领导者化身为员工的教练或指导者，通过支持、鼓励和辅导关注员工的成长和个性化需求，为其创造公平的学习机会和支持性组织氛围，激发出员工的深层次潜能(Bass et al.，2003；Bass et al.，2006)。

交易型领导是与变革型领导相对应的一个概念。交易型领导行为是以奖赏的方式来领导下属工作，当下属完成特定的工作后，便给予承诺的奖赏，整个过程好像一项交易(Bass，1999；Avolio et al.，1999；Bass et al.，2006；吴敏等，2007)。这与激发下属完成自我实现的目标是不一样的，是一种短期的交换结果，强调成员与领导者之间的关系是互惠的，是基于经济、政治及心理的价值互换。

交易型领导是一个多维概念，包括权变奖励、例外管理。

权变奖励是指领导者清楚地告知员工要想获得奖励需要在规定时间内完成哪些目标，或开展哪些活动能够得到奖励(Avolio et al.，1999；Bass et al.，

2006)。领导者与员工将彼此视为满足自身需求的途径：领导者希望员工实现
组织目标，而员工则希望在实现目标后能获得精神上或物质上的奖励。

例外管理是对下属的错误与不合乎标准的行为加以纠正、反馈或处罚的管
理行为(Avolio et al.，1999;Bass et al.，2006)。例外管理分成主动例外管理与
被动例外管理。前者是指领导者对组织成员的日常工作进行密切监控，发现是
否存在误差或错误，并且在认为需要时采取纠正行为，确保成员实现目标。后
者则是指领导者平时对组织成员的日常工作并不进行监控和干预，而是在误差
或错误发生时才会采用干预措施(陈文晶等，2007)。

(三)战略领导、结构分化、高绩效工作系统与国际化双元的关系模型

前面几章主要关注国际化双元对企业创新绩效"是否有影响、在什么条件
下影响以及如何影响"，本章在此基础上更进一步，主要关注企业如何成功实施
国际化双元战略。本章整合组织双元前因的研究成果，认为高管领导、组织结
构和组织情景的设计都能够解决实施国际化双元的矛盾，同时企业领导又能够
对组织结构和情景产生影响。具体来说，以"国际化双元的平衡和联合维度"为
因变量，以"企业年龄、企业规模、产业类型"为控制变量，以"高管领导特征(变
革型领导、交易型领导)、组织结构特征(结构分化)、组织情景特征(高绩效工作
系统)"为自变量，构建高管领导、组织结构、组织情景影响国际化双元的研究框
架，概念模型见图9.1。

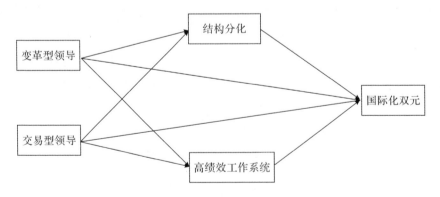

图9.1 战略领导、结构分化、高绩效工作系统影响国际化双元的概念模型

三、战略领导影响国际化双元的假设：以结构分化、高绩效工作系统为中介

（一）战略领导与国际化双元

1. 变革型领导与国际化双元

变革型领导作为企业内部的变革推动者，往往具有极强的洞察力和变革意识，能够调动员工的工作积极性，顺利推动国际化双元战略的实施（Jansen et al.，2008；Nemanich et al.，2009；Pieterse et al.，2010）。Bass（1985）认为变革型领导致力于改善现状，关注对组织的变革和转型。理想化影响使得变革型领导能够通过行为示范在组织内部树立典范，使员工愿意跟随和效仿变革型领导的国际化双元行为。通过鼓舞性激励，变革型领导能够影响员工的国际化愿景，使得员工对实施国际化双元战略保持乐观、充满信心。通过智力激发，变革型领导鼓励员工积极思考，突破常规性思维模式，以创新性的方式在国际市场上开展探索和利用活动，解决实施双元战略遇到的矛盾（Jansen et al.，2009）。通过个性化关怀，变革型领导积极与员工进行开放、深层次的沟通，了解员工的个性化需求，针对员工在探索和利用过程中遇到的问题给出建设性的意见。

值得指出的是，在国际市场上实施双元战略会导致企业面临较大的资源限制和内部协调矛盾，而变革型领导通过在内部营造信任、包容、创新、开放共享的文化氛围能够帮助企业克服这些困难（Jansen et al.，2008；Nemanich et al.，2009）。在变革型领导行为下，领导与员工、员工与员工之间建立的是一种高度信任关系（Deichmann et al.，2015）。变革型领导使得企业内部确立了一种"组织利益高于个人利益"的文化氛围，员工的行事以组织利益最大化为原则（Nemanich et al.，2009），这种文化氛围对于企业内部的资源分享和知识交流是极为有利的（Rawung et al.，2015），因而使得国际化双元战略能够顺利实施。李圭泉等（2014）、王雪莉等（2013）、Birasnav（2014）研究发现变革型领导对于内部知识分享具有正向影响。鉴于此，本研究提出如下假设：

$H_{9.1}$：变革型领导对国际化双元具有正向影响。

2. 交易型领导与国际化双元

交易型领导明确规定了员工的行为方向,对于符合领导意图的行为予以表彰,同时对出现的错误予以纠正(Pieterse et al.,2010;陈文晶等,2007;黄秋风等,2016)。相比利用性任务,探索性任务往往难以具体量化,这意味着领导无法与员工事前具体明确和界定探索性国际化的工作成果及奖惩机制。因此,员工不会在具有较大不确定性的探索性国际化活动上花费精力。此外,在交易型领导行为下,员工倾向于完成稳定的、相对有把握的利用性活动,而不会开展充满风险、本职工作之外的探索性活动(Pieterse et al.,2010)。在交易型领导行为下,管理者还会积极监控员工的绩效完成情况,当员工出现失误时,积极采取补救或纠正措施(陈文晶等,2007;黄秋风等,2016)。这种领导模式对于企业在国际市场上实施高风险性的探索活动是极为不利的。探索性活动的结果往往是不可预测的,充满了极大的灵活性、适应性和机会主义(Jansen et al.,2009)。交易型领导的这种绩效考核的短期性和具体性,以及对错误与失败的零容忍特征决定了企业在国际市场上更倾向于实施以短期目标为导向的利用战略,而不会实施以长期目标为导向的探索战略(Jansen et al.,2009)。此外,交易型领导倾向于维持现状,寻求发展的稳定性,而员工在这种领导下也会丧失自主性和创新动机,因此这种领导风格将导致国际化企业在国际市场上更多地利用已有优势来获益,而不是从事一些高投入、高风险的探索活动。

值得指出的是,在交易型领导行为下,领导与员工之间确定的是一种明确的奖惩关系,而员工与领导之间的交互是基于经济利益的考量(吴敏等,2007)。因此,交易型领导使得企业内部确立了一种"自我利益至上"的文化氛围,自我利益高于组织利益,员工的行事以自我利益最大化为原则,这种文化氛围对于企业内部的资源分享和知识交流是极为不利的,因而使得国际化双元战略难以实施。Bryant(2003)认为交易型领导能够推动内部知识利用,而对知识分享具有阻碍作用。Rank 等(2009)在实证研究中发现交易型领导对组织内部的创新型知识分享活动具有负向影响。鉴于此,本研究提出如下假设:

$H_{9.2}$:交易型领导对国际化双元具有负向影响。

(二)结构分化与国际化双元

通过对企业内部的探索和利用业务单元进行分离,企业能够同时实施探索性国际化和利用性国际化活动。结构分化使得国际化企业可以根据国际市场的环境特征设置企业各个部门的具体活动(Tushman et al.,1996)。这种结构上的分离实际上在企业内部创造了一种真实的边界,使得探索性国际化和利用性国际化活动能够各行其道,彼此不受干扰。Jelinek 等(1993)认为结构上的分离使得探索性业务单元的独特过程、结构、文化不会受到利用性业务单元文化的侵蚀;同时已建立的业务单元能够同时满足目前客户需求和实施利用性活动,而不会受到探索性国际化活动的影响。结构分化使得不一致和矛盾性的探索和利用活动能够同时存在于国际化企业内的不同地理位置,企业需要做的只是在企业内部设定一些整合惯例来协调不同部门之间的活动。Burgers 等(2009)、Jansen 等(2009)均发现双元组织设计能够帮助企业实现双元战略。鉴于此,本研究提出如下假设:

$H_{9.3}$:结构分化对国际化双元具有正向影响。

(三)高绩效工作系统与国际化双元

自从 Gibson 等(2004)对实现组织双元的情景进行了开创性的研究,学者们普遍认为实施双元战略需要在内部建立一个双元情景,利用性活动发生于以纪律和拓展为特征的情景,探索性活动发生于以支持和信任为特征的情景。本研究认为高绩效工作系统能够在组织内部推动建立一个纪律、拓展、支持和信任的整合性情景,进而推动国际化双元战略的实施。人力资源管理的一个重要职能就是实现员工与岗位的匹配,因此企业会通过正式的工作分析来确定工作需求,通过招聘找到合适的人才,同时建立合适的绩效考核体系。这些高绩效人力资源实践有助于在企业内部建立纪律和拓展的情景(Hayton,2003),进而推动利用性国际化战略的实施。Patel 等(2013)认为当企业员工了解企业对自己的要求,并明白了相应的奖励和惩罚机制时,纪律在组织系统里自然而然就产生了。通过职业发展规划,帮助员工建立更具野心的目标,拓展情景随之形成。当利用经济奖励等激励措施鼓励员工不断超越目标时,员工更愿意拓展。

此外,组织通过内部晋升机会和工作保障相关的实践活动能够提升内部信任氛围,通过信息分享和项目参与计划能够提升企业内部支持氛围,便于探索性国际化战略的实施。晋升机会和工作保障实践使得员工更加愿意并且敢于开展具有风险性的探索性活动,增强了员工的探索动力,解除了员工对开展探索活动所带来的风险的担忧。信息分享和项目参与计划使得员工提升了自身的主人翁意识,将自己视为组织的一分子,乐于为公司发展开展探索性的活动。因此,高绩效工作系统能够在企业内部建立一个集纪律、拓展、支持和信任于一体的组织情景,同时推动探索性与利用性国际化战略的实施。鉴于此,本研究提出如下假设:

H$_{9.4}$:高绩效工作系统对国际化双元具有正向影响。

(四)结构分化在战略领导与国际化双元中的中介效应

通过结构分化实现国际化双元战略意味着通过企业对内部的探索性国际化和利用性国际化业务单元进行结构分离,进而使得企业能够同时实施探索性国际化和利用性国际化活动。结构上的分离使得探索性和利用性业务单元在过程、结构、文化等方面相互独立。这种结构上的分离实际上在企业内部创造了一种真实的边界,使得探索性国际化和利用性国际化活动能够各行其道,彼此不受干扰(Tushman et al.,1996)。本研究认为战略领导通过影响结构分化进而影响国际化双元战略的实施。尽管结构分化使得企业能够同时在国际市场上实施探索性和利用性活动(Tushman et al.,1996),但探索与利用业务单元的结构分离使得企业需要克服内部资源限制和协调矛盾(Jansen et al.,2008;Jansen et al.,2009)。变革型领导提供了一种意识形态的解释,将个体认知转变成集体认知,由利己主义转向集体主义(Jansen et al.,2009),将员工的自我认知与企业目标紧密绑定,促使内部员工更加愿意进行资源共享和知识交流(Nemanich et al.,2009)。Bass(1998)认为变革型领导鼓励组织员工分享他们直觉的洞察力、质疑现有假设、充满好奇心、提出创造性的观察。变革型领导充分激励员工突破常规性思维模式,以不同的视角观察问题,思考新的资源共享和知识交流方式。此外,变革型领导行为使得领导成为员工的角色楷模,向内部员工不断灌输共享理念。因此,变革型领导会在内部建立一种鼓励资源共享和知识分享的氛围,以推动结构分化的形式实现国际化双元。

与变革型领导相比,交易型领导使得组织成员与领导之间的交互以完成目标后明确的奖励条件为前提(Bass,1999)。交易型领导者对员工和团队的绩效

进行监测,以预见可能的错误并在需要的时候采取纠正措施(Avolio et al.,
1999)。因此,交易型领导使得企业内部确立了一种"自我利益至上"的文化氛
围,这种交换关系创造了一种不利于探索性国际化与利用性国际化部门进行资
源共享和知识交流的情景(Rawung et al.,2015)。因此,交易型领导不利于在
内部建立一种鼓励资源共享和知识分享的氛围,进而阻碍企业以结构分化的形
式实现国际化双元。鉴于此,本研究提出如下假设:

$H_{9.5a}$:变革型领导通过正向影响结构分化进而推动国际化双元战略实施。

$H_{9.5b}$:交易型领导通过负向影响结构分化进而阻碍国际化双元战略实施。

(五)高绩效工作系统在战略领导与国际化双元中的中介效应

Gibson 等(2004)认为实施双元战略需要在内部建立一个"纪律、拓展、支持
和信任"的高绩效情景,纪律和拓展推动利用性战略的实施,支持和信任推动探
索性战略的实施。人力资源领域的研究证实了这种高绩效情景来自高绩效工
作系统(Chang,2015)。Patel 等(2013)实证发现高绩效工作系统能够建立一个
推动双元战略实现的整合情景。本研究认为战略领导通过影响高绩效工作系
统进而影响国际化双元战略的实施。高绩效工作系统是一个系统的概念,强调
通过多种人力资源实践的组合来实现组织目标(Jiang et al.,2012)。企业领导
行为直接影响高绩效工作系统的建立(Patel et al.,2013)。变革型领导作为企
业内部的变革推动者,往往具有极强的洞察力和变革意识,鼓励员工将所有精
力投入到工作中去,并且希望员工能够在不稳定环境下高效完成任务(Mihail
et al.,2016)。因此,变革型领导认为人力资源管理体系不仅能够保证企业拥
有技术熟练的员工,而且能够充分调动员工的工作积极性,为员工提供充足的
工作机会。换言之,变革型领导希望在内部建立一个集能力提升型人力资源实
践(员工招聘、选择和培训)、动力提升型人力资源实践(绩效评估、薪酬奖励、职
位晋升、工作安全)、机会提升型人力资源实践(灵活的工作设计、员工参与)于
一体的高绩效工作系统,进而推动国际化双元战略的实施。

相比之下,交易型领导强调维持现状,充当着维持者的角色,注重对现有战
略的实施,关注提升现有活动的效率,沿着现有的创新轨迹做一些小的改进
(Pieterse et al.,2010)。Avolio 等(1999)认为交易型领导在任务执行上更加强

调效率和一致性,惯于依据过去的经验和实施惯例来行事。因此,交易型领导偏重建立利用导向的人力资源管理实践,而不是建立一个系统化的高绩效工作系统(Patel et al.,2013)。例如出于成本考量,交易型领导往往只会注重对人员的招聘和选择,而不会在人员培训上花费大量的精力;注重建立一个清晰的基于绩效的考核体系,而忽略对员工职位晋升、职业发展的考虑;注重一定程度的信息分享,而忽视员工参与项目管理和灵活的工作设计。因此,交易型领导不利于在内部建立一个高绩效工作系统,进而阻碍国际化双元战略的实施。鉴于此,本研究提出如下假设:

$H_{9.6a}$:变革型领导通过正向影响高绩效工作系统进而推动国际化双元战略实施。

$H_{9.6b}$:交易型领导通过负向影响高绩效工作系统进而阻碍国际化双元战略实施。

四、样本与数据

(一)数据收集

数据收集情况参见第三章相关论述,此处不再赘述。

(二)变量测度

1.战略领导

依据 Bass 等(1990)、Avolio 等(1999)开发的、被广泛使用的多因素领导行为问卷,采用 16 个题项来测量变革型领导,采用 7 个题项来测量交易型领导。变革型领导具体包含 4 个维度:理想化影响、鼓舞性激励、智力激发、个性化关怀。理想化影响主要采用 4 个测量题项来衡量公司领导被推崇、信任的程度,如公司领导"往往吃苦在前,享受在后"等;鼓舞性激励主要采用 4 个测量题项来衡量领导让员工对公司未来发展的期待程度,如公司领导"让员工理解公司的长远发展目标"等;智力激发主要采用 4 个测量题项来衡量领导对员工创造性和创新性的激发程度,如公司领导"鼓励员工寻求新的问题解决方式"等;个性化关怀主要采用 4 个测量题项来衡量领导对员工个人发展和工作中具体细节的关怀程度,如公司领导"耐心解答员工工作中遇到的问题"等。

依据先前学者的处理经验(Waldman et al.,2001;Jansen et al.,2009),交易型领导具体包含两个维度:权变奖励、主动例外管理。权变奖励主要采用 3 个测量题项来衡量领导按照员工绩效发放奖励的行为,如公司领导"告诉员工完成任务时会获得的收益"等;主动例外管理主要采用 4 个测量题项来衡量领导对员工工作绩效的监测和纠正行为,如公司领导"对员工的工作活动进行持续监测"等。

2. 高绩效工作系统

本研究依据 Sun 等(2007)、Patel 等(2013)的研究成果,选用 23 个题项来测量高绩效工作系统,共包括 7 个维度:员工招募、员工培训、绩效管理、晋升机会、工作保障、工作设计、决策参与。

3. 结构分化

依据 Jansen 等(2009)的研究,选用 6 个题项来测量结构分化,主要测量组织将探索和利用活动划分到不同的组织单元的程度。结构分化量表反映了企业内部各部门在目标、时间导向、职能、产品/市场领域的差异。

4. 国际化双元

遵循 Makino 等(2002)、Hsu 等(2013)对探索性国际化与利用性国际化内涵的深刻阐释,本研究分别采用 5 个题项来测量探索性国际化、利用性国际化。遵循 Cao 等(2009)、张婧等(2010)对于组织双元的平衡和联合的计算方式,先求出探索性国际化和利用性国际化差的绝对值,再用 5 减去二者的绝对离差来测量国际化双元的平衡,该值越高则国际化双元的平衡水平越高。

5. 控制变量

将以下 4 个变量作为控制变量:企业年龄、企业规模、产业类型、研发投入强度。以企业人数的自然对数来测度企业规模;以企业成立之初至调查之日的经营年限来测度企业年龄;选用研发投入占总销售收入的比重来衡量研发投入强度;产业类型设置为哑变量(设置 5 个哑变量分别代表电子信息、专用设备制造、交通运输设备制造、一般机械制造和金属制品产业)。

（四）信度分析

1. 国际化战略

对解释变量——国际化战略（探索性国际化、利用性国际化）进行信度分析，分析结果详见第三章。数据分析显示，探索性国际化、利用性国际化各指标均满足前文所述的信度指标要求，通过了信度检验，说明二者变量测度的一致性良好。

2. 战略领导

对解释变量——变革型领导（理想化影响、鼓舞性激励、智力激发、个性化关怀）进行信度分析，分析结果如表 9.1 所示。

表 9.1　变革型领导与交易型领导量表的信度检验

变量	题项	CITC	删除该题项后的 α 值	Cronbach's α
理想化影响	1. 将集体利益置于个人利益之上	0.708	0.833	0.866
	2. 具有很强的事业心和变革意识	0.721	0.828	
	3. 做事往往吃苦在前，享受在后	0.687	0.842	
	4. 对工作兢兢业业，不计较个人得失	0.754	0.815	
鼓舞性激励	1. 让员工对公司愿景理解非常透彻	0.740	0.821	0.867
	2. 让员工理解公司的长远发展目标	0.718	0.830	
	3. 让员工非常想参与公司的未来发展	0.689	0.842	
	4. 让员工对公司的发展非常有信心	0.726	0.828	
智力激发	1. 鼓励员工对现有的假定进行重新考量	0.808	0.882	0.911
	2. 鼓励员工寻求新的问题解决方式	0.791	0.889	
	3. 鼓励员工提出新的观点和视角	0.746	0.902	
	4. 鼓励员工以创新思维思考问题	0.856	0.863	
个性化关怀	1. 积极询问员工工作完成情况	0.839	0.895	0.924
	2. 耐心解答员工工作中遇到的问题	0.829	0.899	
	3. 为员工发展创造良好的条件	0.828	0.899	
	4. 为员工的个人发展建言献策	0.796	0.909	

变量	题项	CITC	删除该题项后的 α 值	Cronbach's α
权变奖励	1. 告诉员工完成任务时会获得的收益	0.935	0.948	0.967
	2. 在企业内部强化目标导向的奖励机制	0.923	0.957	
	3. 员工获得的奖励是依据其工作绩效	0.933	0.950	
主动例外管理	1. 对员工的工作活动进行持续监测	0.836	0.887	0.919
	2. 重点关注员工工作可能出现的失误	0.849	0.882	
	3. 当发现错误时主动纠正成员的错误	0.773	0.908	
	4. 对员工的工作表现及时反馈	0.796	0.901	

理想化影响变量的 CITC 值均大于 0.65，Cronbach's α 为 0.866，大于 0.85，同时分别删除"将集体利益置于个人利益之上""具有很强的事业心和变革意识""做事往往吃苦在前，享受在后""对工作兢兢业业，不计较个人得失"后各个题项后的 α 值为 0.833、0.828、0.842、0.815，均小于 0.866。数据分析显示各指标均满足前文所述的信度指标要求，通过了信度检验，说明理想化影响变量测度的一致性良好。

鼓舞性激励变量的 CITC 值均大于 0.65，Cronbach's α 为 0.867，大于 0.85，同时分别删除"让员工对公司愿景理解非常透彻""让员工理解公司的长远发展目标""让员工非常想参与公司的未来发展""让员工对公司的发展非常有信心"后各个题项后的 α 值为 0.821、0.830、0.842、0.828，均小于 0.867。数据分析显示各指标均满足前文所述的信度指标要求，通过了信度检验，说明鼓舞性激励变量测度的一致性良好。

智力激发变量的 CITC 值均大于 0.70，Cronbach's α 为 0.911，大于 0.9，同时分别删除"鼓励员工对现有的假定进行重新考量""鼓励员工寻求新的问题解决方式""鼓励员工提出新的观点和视角""鼓励员工以创新思维思考问题"后各个题项后的 α 值为 0.882、0.889、0.902、0.863，均小于 0.911。数据分析显示各指标均满足前文所述的信度指标要求，通过了信度检验，说明智力激发变量测度的一致性良好。

个性化关怀变量的 CITC 值均大于 0.75，Cronbach's α 为 0.924，大于 0.9，同时分别删除"积极询问员工工作完成情况""耐心解答员工工作中遇到的问题""为员工发展创造良好的条件""为员工的个人发展建言献策"后各个题项后的 α 值为 0.895、0.899、0.899、0.909,均小于 0.924。数据分析显示各指标均满足前文所述的信度指标要求,通过了信度检验,说明个性化关怀变量测度的一致性良好。

对解释变量——交易型领导(权变奖励、主动例外管理)进行信度分析,分析结果如表 9.1 所示。

权变奖励变量的 CITC 值均大于 0.9,Cronbach's α 为 0.967,大于 0.9,同时分别删除"告诉员工完成任务时会获得的收益""在企业内部强化目标导向的奖励机制""员工获得的奖励是依据其工作绩效"后各个题项后的 α 值为 0.948、0.957、0.950,均小于 0.967。数据分析显示各指标均满足前文所述的信度指标要求,通过了信度检验,说明权变奖励变量测度的一致性良好。

主动例外管理变量的 CITC 值均大于 0.75,Cronbach's α 为 0.919,大于 0.9,同时分别删除"对员工的工作活动进行持续监测""重点关注员工工作可能出现的失误""当发现错误时主动纠正成员的错误""对员工的工作表现及时反馈"后各个题项后的 α 值为 0.887、0.882、0.908、0.901,均小于 0.919。数据分析显示各指标均满足前文所述的信度指标要求,通过了信度检验,说明主动例外管理变量测度的一致性良好。

3. 结构分化

对解释变量——结构分化进行信度分析,分析结果如表 9.2 所示。

表 9.2　结构分化量表的信度检验

变量	题项	CITC	删除该题项后的 α 值	Cronbach's α
结构分化	1. 探索和利用活动分别归属于不同的部门	0.843	0.939	0.948
	2. 企业内部部门设置是依据差异化的职能	0.844	0.938	
	3. 内部各部门聚焦于特定的职能或市场领域	0.796	0.944	
	4. 利用不同的组织部门来满足不同的顾客需求	0.870	0.935	
	5. 组织内部生产线和员工部门明显是分开的	0.866	0.936	
	6. 企业内部部门在目标导向上存在长期/短期差异	0.840	0.938	

结构分化变量的 CITC 值均大于 0.75,Cronbach's α 为 0.948,大于 0.9,同时分别删除"探索和利用活动分别归属于不同的部门""企业内部部门设置是依据差异化的职能""内部各部门聚焦于特定的职能或市场领域""利用不同的组织部门来满足不同的顾客需求""组织内部生产线和员工部门明显是分开的""企业内部部门在目标导向上存在长期/短期差异"后各个题项后的 α 值为 0.939、0.938、0.944、0.935、0.936、0.938,均小于 0.948。数据分析显示各指标均满足前文所述的信度指标要求,通过了信度检验,说明结构分化变量测度的一致性良好。

4. 高绩效工作系统

对解释变量——高绩效工作系统(员工招募、员工培训、绩效管理、晋升机会、工作保障、工作设计、决策参与)进行信度分析,分析结果如表 9.3 所示。

表 9.3　高绩效工作系统量表的信度检验

变量	题项	CITC	删除该题项后的 α 值	Cronbach's α
员工招募	1. 企业在招聘所需人才方面花费了很大精力	0.712	0.873	0.889
	2. 企业在招聘员工时强调员工的长期潜力	0.798	0.840	
	3. 企业高层非常关注人员招聘工作	0.765	0.854	
	4. 企业招聘过程是绝对公平公正的	0.750	0.859	
员工培训	1. 企业经常向员工提供培训	0.879	0.979	0.973
	2. 企业员工每隔几年就会经历一些培训项目	0.885	0.977	
	3. 企业为新员工制定了专门的入岗前培训	0.980	0.951	
	4. 企业为提升员工能力提供了正规的培训项目	0.987	0.949	
绩效管理	1. 企业根据客观的量化结果来评价员工的绩效	0.879	0.956	0.962
	2. 绩效评估强调长期成绩和团队成绩	0.907	0.951	
	3. 企业绩效考核的规章对于内部员工是开放的	0.914	0.950	
	4. 员工收益是根据企业利润来发的	0.864	0.958	
	5. 员工薪酬与团队绩效紧密挂钩	0.901	0.952	

续表

变量	题项	CITC	删除该题项后的 α 值	Cronbach's α
晋升机会	1. 员工在企业内部拥有很好的晋升空间	0.831	0.881	0.915
	2. 企业内部员工可以晋升到多个不同岗位	0.784	0.897	
	3. 员工在企业内部的发展并不是基于资历	0.839	0.879	
	4. 企业内员工拥有清晰的职业发展路径	0.771	0.902	
工作保障	1. 员工在企业内部的工作非常有保障	0.788	0.869	0.900
	2. 想要开除一名员工是一件非常困难的事	0.828	0.834	
	3. 开除员工是企业面临经济危机的最后选择	0.790	0.867	
工作设计	1. 企业对每项工作的要求都描述得很清楚	0.833	0.867	0.912
	2. 每个岗位的工作描述对员工需要完成的工作都有非常详细的阐述	0.829	0.870	
	3. 每项工作都有一个最新的职位描述	0.811	0.885	
决策参与	1. 员工经常被要求参与决策制定	0.850	0.893	0.924
	2. 企业允许员工做出决策	0.807	0.906	
	3. 经常提供机会让员工就目前事项提出改进建议	0.794	0.910	
	4. 企业与员工之间沟通畅达	0.848	0.893	

员工招募变量的 CITC 值均大于 0.7，Cronbach's α 为 0.889，大于 0.85，同时分别删除"企业在招聘所需人才方面花费了很大精力""企业在招聘员工时强调员工的长期潜力""企业高层非常关注人员招聘工作""企业招聘过程是绝对公平公正的"后各个题项后的 α 值为 0.873、0.840、0.854、0.859，均小于 0.889。数据分析显示各指标均满足前文所述的信度指标要求，通过了信度检验，说明员工招募变量测度的一致性良好。

员工培训变量的 CITC 值均大于 0.85，Cronbach's α 为 0.973，大于 0.9，同时分别删除"企业经常向员工提供培训""企业员工每隔几年就会经历一些培训项目""企业为新员工制定了专门的入岗前培训""企业为提升员工能力提供了正规的培训项目"后各个题项后的 α 值为 0.979、0.977、0.951、0.949，均小于

0.973。数据分析显示各指标均满足前文所述的信度指标要求，通过了信度检验，说明员工培训变量测度的一致性良好。

绩效管理变量的 CITC 值均大于 0.85，Cronbach's α 为 0.962，大于 0.9，同时分别删除"企业根据客观的量化结果来评价员工的绩效""绩效评估强调长期成绩和团队成绩""企业绩效考核的规章对于内部员工是开放的""员工收益是根据企业利润来发的""员工薪酬与团队绩效紧密挂钩"后各个题项后的 α 值为 0.956、0.951、0.950、0.958、0.952，均小于 0.962。数据分析显示各指标均满足前文所述的信度指标要求，通过了信度检验，说明绩效管理变量测度的一致性良好。

晋升机会变量的 CITC 值均大于 0.75，Cronbach's α 为 0.915，大于 0.9，同时分别删除"员工在企业内部拥有很好的晋升空间""企业内部员工可以晋升到多个不同岗位""员工在企业内部的发展并不是基于资历""企业内员工拥有清晰的职业发展路径"后各个题项后的 α 值为 0.881、0.897、0.879、0.902，均小于 0.915。数据分析显示各指标均满足前文所述的信度指标要求，通过了信度检验，说明晋升机会变量测度的一致性良好。

工作保障变量的 CITC 值均大于 0.75，Cronbach's α 为 0.900，同时分别删除"员工在企业内部的工作非常有保障""想要开除一名员工是一件非常困难的事""开除员工是企业面临经济危机的最后选择"后各个题项后的 α 值为 0.869、0.834、0.867，均小于 0.900。数据分析显示各指标均满足前文所述的信度指标要求，通过了信度检验，说明工作保障变量测度的一致性良好。

工作设计变量的 CITC 值均大于 0.8，Cronbach's α 为 0.912，大于 0.9，同时分别删除"企业对每项工作的要求都描述得很清楚""每个岗位的工作描述对员工需要完成的工作都有非常详细的阐述""每项工作都有一个最新的职位描述"后各个题项后的 α 值为 0.867、0.870、0.885，均小于 0.912。数据分析显示各指标均满足前文所述的信度指标要求，通过了信度检验，说明工作设计变量测度的一致性良好。

决策参与变量的 CITC 值均大于 0.75，Cronbach's α 为 0.924，大于 0.9，同时分别删除"员工经常被要求参与决策制定""企业允许员工做出决策""经常提供机会让员工就目前事项提出改进建议""企业与员工之间沟通畅达"后各个题项后的 α 值为 0.893、0.906、0.910、0.893，均小于 0.924。数据分析显示各指标均满足前文所述的信度指标要求,通过了信度检验,说明决策参与变量测度的一致性良好。

(五)效度分析

1.探索性因子分析

(1)国际化战略

对探索性国际化与利用性国际化的探索性因子分析结果显示,KMO 值为 0.868,巴特利特球形检验值为 2306.514($p<0.001$),说明非常适合进行因子分析。采用主成分分析法共提取 2 个公共因子,即探索性国际化与利用性国际化,共解释了总变异量的 81.909%,说明探索性国际化与利用性国际化量表具有良好的建构效度(见表 9.4)。

表 9.4 国际化战略探索性因子分析

变量	题项	因子载荷	
		1	2
探索性国际化	1.从海外市场获取高层次的研发和管理人才	0.921	0.025
	2.获取企业创新所需的技术和营销资源	0.913	0.139
	3.接近国外的创新环境,获取成果溢出	0.923	0.039
	4.利用国外良好的 R&D 硬件基础设施	0.924	0.097
	5.与当地行业领先企业建立战略合作关系	0.966	0.140
利用性国际化	1.在国外市场上利用企业的技术优势	0.124	0.868
	2.占领国外市场以拓展企业的发展空间	0.102	0.866
	3.生产出满足国外顾客消费需求的产品	0.080	0.880
	4.在国外设立生产基地以降低运输成本	−0.005	0.875
	5.利用国外市场廉价的劳动力和物质资源	0.106	0.855

因子 1 包含"从海外市场获取高层次的研发和管理人才""获取企业创新所需的技术和营销资源""接近国外的创新环境,获取成果溢出""利用国外良好的 R&D 硬件基础设施""与当地行业领先企业建立战略合作关系"5 个题项,很明显这 5 个题项衡量的是企业在海外的探索性行为,可以称为"探索性国际化"

因子。

因子 2 包含"在国外市场上利用企业的技术优势""占领国外市场以拓展企业的发展空间""生产出满足国外顾客消费需求的产品""在国外设立生产基地以降低运输成本""利用国外市场廉价的劳动力和物质资源"5 个题项,很明显这 5 个题项衡量的是企业在海外的利用性行为,可以称为"利用性国际化"因子。

(2)战略领导

为了评估战略领导测度量表的信度和效度,首先对测量题项开展探索性因子分析(见表 9.5)。

表 9.5 战略领导探索性因子分析

变量	题项	因子载荷					
		1	2	3	4	5	6
理想化影响	1. 将集体利益置于个人利益之上	0.823	0.157	0.028	0.017	−0.050	0.044
	2. 具有很强的事业心和变革意识	0.807	0.234	−0.010	0.086	−0.059	−0.082
	3. 做事往往吃苦在前,享受在后	0.814	0.101	0.072	0.013	−0.161	−0.002
	4. 对工作兢兢业业,不计较个人得失	0.858	0.157	0.009	0.020	0.014	−0.066
鼓舞性激励	1. 让员工对公司愿景理解非常透彻	0.170	0.833	0.133	0.026	0.005	−0.109
	2. 让员工理解公司的长远发展目标	0.159	0.820	0.126	0.012	−0.056	0.012
	3. 让员工非常想参与公司的未来发展	0.140	0.805	0.098	0.091	0.010	−0.077
	4. 让员工对公司的发展非常有信心	0.186	0.814	0.094	0.061	−0.148	0.045

续表

变量	题项	因子载荷					
		1	2	3	4	5	6
智力激发	1. 鼓励员工对现有的假定进行重新考量	0.026	0.104	0.881	0.045	−0.072	−0.057
	2. 鼓励员工寻求新的问题解决方式	−0.055	0.092	0.876	0.063	−0.069	−0.037
	3. 鼓励员工提出新的观点和视角	0.093	0.064	0.849	0.069	−0.024	−0.038
	4. 鼓励员工以创新思维思考问题	0.040	0.193	0.910	−0.035	−0.005	0.008
个性化关怀	1. 积极询问员工工作完成情况	0.022	0.060	0.017	0.908	−0.044	−0.040
	2. 耐心解答员工工作中遇到的问题	0.023	0.028	0.095	0.900	−0.055	0.012
	3. 为员工发展创造良好的条件	0.069	0.052	0.036	0.897	−0.083	−0.056
	4. 为员工的个人发展建言献策	0.019	0.045	0.001	0.885	−0.017	0.011
权变奖励	1. 告诉员工完成任务时会获得的收益	−0.030	−0.019	−0.091	−0.050	0.894	0.159
	2. 在企业内部强化目标导向的奖励机制	−0.100	−0.063	−0.012	−0.078	0.892	0.169
	3. 员工获得的奖励是依据其工作绩效	−0.040	0.013	−0.062	−0.003	0.839	0.234
主动例外管理	1. 对员工的工作活动进行持续监测	−0.101	−0.121	−0.014	−0.080	0.863	0.136
	2. 重点关注员工工作可能出现的失误	−0.037	−0.045	−0.046	−0.010	0.260	0.931
	3. 当发现错误时主动纠正成员的错误	−0.033	−0.027	−0.049	−0.026	0.220	0.937
	4. 对员工的工作表现及时反馈	−0.027	−0.059	−0.033	−0.036	0.216	0.943

　　对战略领导的探索性因子分析结果显示,KMO 值为 0.831,巴特利特球形检验值为 3906.450($p<0.001$),说明非常适合进行因子分析。采用主成分分析

法共提取 6 个公共因子,即理想化影响、鼓舞性激励、智力激发、个性化关怀、权变奖励、主动例外管理,共解释了总变异量的 79.620%,说明战略领导(变革型领导、交易型领导)量表具有良好的建构效度。

因子 1 包含"将集体利益置于个人利益之上""具有很强的事业心和变革意识""做事往往吃苦在前,享受在后""对工作兢兢业业,不计较个人得失"4 个题项,很明显这 4 个题项衡量的是企业理想化影响行为,可以称为"理想化影响"因子。

因子 2 包含"让员工对公司愿景理解非常透彻""让员工理解公司的长远发展目标""让员工非常想参与公司的未来发展""让员工对公司的发展非常有信心"4 个题项,很明显这 4 个题项衡量的是企业鼓舞性激励行为,可以称为"鼓舞性激励"因子。

因子 3 包含"鼓励员工对现有的假定进行重新考量""鼓励员工寻求新的问题解决方式""鼓励员工提出新的观点和视角""鼓励员工以创新思维思考问题"4 个题项,很明显这 4 个题项衡量的是企业智力激发行为,可以称为"智力激发"因子。

因子 4 包含"积极询问员工工作完成情况""耐心解答员工工作中遇到的问题""为员工发展创造良好的条件""为员工的个人发展建言献策"4 个题项,很明显这 4 个题项衡量的是企业个性化关怀行为,可以称为"个性化关怀"因子。

因子 5 包含"告诉员工完成任务时会获得的收益""在企业内部强化目标导向的奖励机制""员工获得的奖励是依据其工作绩效"3 个题项,很明显这 3 个题项衡量的是企业权变奖励行为,可以称为"权变奖励"因子。

因子 6 包含"对员工的工作活动进行持续监测""重点关注员工工作可能出现的失误""当发现错误时主动纠正成员的错误""对员工的工作表现及时反馈"4 个题项,很明显这 4 个题项衡量的是企业主动例外管理行为,可以称为"主动例外管理"因子。

(3)结构分化

对结构分化的探索性因子分析结果(见表 9.6)显示,KMO 值为 0.922,巴特利特球形检验值为 1273.784($p<0.001$),说明非常适合进行因子分析。采用主成分分析法共提取 1 个公共因子,即结构分化,共解释了总变异量的 79.760%,说明结构分化量表具有良好的建构效度。

表 9.6 结构分化探索性因子分析

变量	题项	因子载荷
结构分化	1. 探索和利用活动分别归属于不同的部门	0.893
	2. 企业内部部门设置是依据差异化的职能	0.894
	3. 内部各部门聚焦于特定的职能或市场领域	0.859
	4. 利用不同的组织部门来满足不同的顾客需求	0.912
	5. 组织内部生产线和员工部门明显是分开的	0.910
	6. 企业内部部门在目标导向上存在长期/短期差异	0.889

因子 1 包含"探索和利用活动分别归属于不同的部门""企业内部部门设置是依据差异化的职能""内部各部门聚焦于特定的职能或市场领域""利用不同的组织部门来满足不同的顾客需求""组织内部生产线和员工部门明显是分开的""企业内部部门在目标导向上存在长期/短期差异"6 个题项,很明显这 6 个题项衡量的是企业结构分化行为,可以称为"结构分化"因子。

(4)高绩效工作系统

对高绩效工作系统的探索性因子分析结果(见表 9.7)显示,KMO 值为 0.845,巴特利特球形检验值为 6207.449($p<0.001$),说明非常适合进行因子分析。

表 9.7 高绩效工作系统探索性因子分析

变量	题项	因子载荷						
		1	2	3	4	5	6	7
工作保障	1. 员工在企业内部的工作非常有保障	0.877	0.220	0.009	0.108	0.054	0.054	0.008
	2. 想要开除一名员工是非常困难的事	0.915	0.108	0.030	−0.085	0.085	0.065	0.033
	3. 开除员工是面临经济危机的最后选择	0.887	0.120	0.111	−0.003	0.040	0.081	0.034

续表

变量	题项	因子载荷						
		1	2	3	4	5	6	7
工作设计	1. 对每项工作的要求都描述得很清楚	0.139	0.900	−0.015	−0.028	0.189	0.030	0.005
	2. 每个岗位的工作描述对员工需要完成的工作都有非常详细的阐述	0.170	0.892	−0.008	0.078	0.155	0.036	0.032
	3. 每项工作都有一个最新的职位描述	0.156	0.863	−0.030	0.074	0.220	0.099	0.039
决策参与	1. 员工经常被要求参与决策制定	0.018	−0.015	0.851	0.279	0.003	0.178	0.118
	2. 企业允许员工做出决策	0.145	−0.057	0.839	0.216	−0.006	0.151	0.125
	3. 经常提供机会让员工就目前事项提出改进建议	−0.011	0.027	0.809	0.267	−0.096	0.137	0.175
	4. 企业与员工之间沟通畅达	0.035	−0.019	0.850	0.268	−0.090	0.133	0.142
绩效管理	1. 根据客观的量化结果来评价员工绩效	0.023	0.028	0.229	0.872	−0.027	0.170	0.120
	2. 绩效评估强调长期成绩和团队成绩	−0.004	0.064	0.226	0.891	0.030	0.156	0.115
	3. 绩效考核的规章对于内部员工是开放的	−0.027	0.058	0.167	0.933	0.025	0.072	0.015
	4. 员工收益是根据企业利润来发的	0.038	−0.045	0.217	0.881	−0.029	0.119	0.028
	5. 员工薪酬与团队绩效紧密挂钩	−0.002	0.050	0.185	0.910	0.041	0.120	0.039
晋升机会	1. 员工在企业内部拥有良好的晋升空间	0.047	0.129	0.009	−0.003	0.893	0.071	0.088
	2. 内部员工可以晋升到多个不同岗位	0.005	0.227	−0.089	0.034	0.844	0.042	0.059
	3. 员工在内部的发展并不是基于资历	0.038	0.180	−0.026	0.034	0.881	0.137	0.073
	4. 企业内员工拥有清晰的职业发展路径	0.097	0.045	−0.054	−0.033	0.875	0.047	0.029

续表

变量	题项	因子载荷						
		1	2	3	4	5	6	7
员工招募	1.在招聘所需人才方面花费了很大精力	0.018	0.093	0.177	0.159	0.027	0.795	0.087
	2.在招聘员工时强调员工的长期潜力	0.098	−0.022	0.100	0.095	0.150	0.872	0.071
	3. 企业高层非常关注人员招聘工作	0.120	0.069	0.163	0.122	0.033	0.842	0.053
	4. 企业招聘过程是绝对公平公正的	−0.013	0.035	0.095	0.180	0.100	0.814	0.211
员工培训	1. 企业经常向员工提供培训	−0.001	−0.023	0.139	0.103	0.080	0.094	0.908
	2.员工每隔几年就会经历一些培训项目	0.026	0.076	0.082	0.052	0.063	0.138	0.918
	3.为新员工制定了专门的入岗前培训	0.039	0.014	0.150	0.062	0.058	0.083	0.970
	4.为提升员工能力提供了正规的培训项目	0.026	0.018	0.139	0.056	0.062	0.100	0.974

采用主成分分析法共提取 7 个公共因子,即工作保障、工作设计、决策参与、绩效管理、晋升机会、员工招募、员工培训,共解释了总变异量的 84.285%,说明量表具有良好的建构效度。

因子 1 包含"员工在企业内部的工作非常有保障""想要开除一名员工是一件非常困难的事""开除员工是企业面临经济危机的最后选择"3 个题项,很明显这 3 个题项衡量的是企业工作保障行为,可以称为"工作保障"因子。

因子 2 包含"对每项工作的要求都描述得很清楚""每个岗位的工作描述对员工需要完成的工作都有非常详细的阐述""每项工作都有一个最新的职位描述"3 个题项,很明显这 3 个题项衡量的是企业工作设计行为,可以称为"工作设计"因子。

因子 3 包含"员工经常被要求参与决策制定""企业允许员工做出决策""经

常提供机会让员工就目前事项提出改进建议""企业与员工之间沟通畅达"4个题项,很明显这4个题项衡量的是企业决策参与行为,可以称为"决策参与"因子。

因子4包含"根据客观的量化结果来评价员工的绩效""绩效评估强调长期成绩和团队成绩""绩效考核的规章对于内部员工是开放的""员工收益是根据企业利润来发的""员工薪酬与团队绩效紧密挂钩"5个题项,很明显这5个题项衡量的是企业绩效管理行为,可以称为"绩效管理"因子。

因子5包含"员工在企业内部拥有很好的晋升空间""内部员工可以晋升到多个不同岗位""员工在内部的发展并不是基于资历""企业内员工拥有清晰的职业发展路径"4个题项,很明显这4个题项衡量的是企业晋升机会行为,可以称为"晋升机会"因子。

因子6包含"在招聘所需人才方面花费了很大精力""在招聘员工时强调员工的长期潜力""企业高层非常关注人员招聘工作""企业招聘过程是绝对公平公正的"4个题项,很明显这4个题项衡量的是企业员工招募行为,可以称为"员工招募"因子。

因子7包含"企业经常向员工提供培训""员工每隔几年就会经历一些培训项目""为新员工制定了专门的入岗前培训""为提升员工能力提供了正规的培训项目"4个题项,很明显这4个题项衡量的是企业员工培训行为,可以称为"员工培训"因子。

2.验证性因子分析

(1)国际化战略与结构分化

对国际化战略与结构分化开展三因子模型的验证性因子分析,测量模型见图9.2。

分析结果发现模型拟合良好($\chi^2 = 243.662$;$\chi^2/df = 2.412$,NFI$=0.936$,NNFI$=0.954$,CFI$=0.961$,IFI$=0.962$,RMSEA$=0.079$)。所有标准化因子载荷值均大于0.8,且具有很强的统计显著性($p<0.001$),同时本研究每个潜变量AVE最小值为0.702(见表9.8),大于0.5,从而满足了对AVE的要求,因此各构念具有良好的聚合效度。

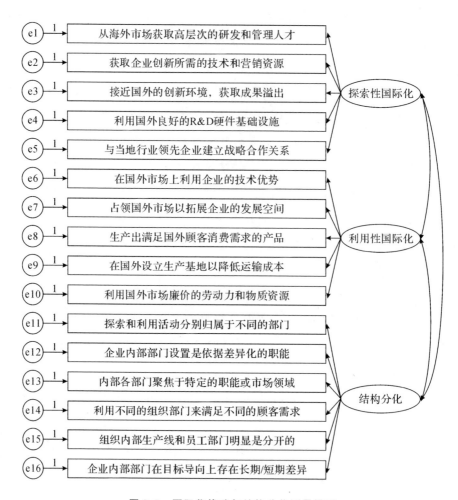

图 9.2 国际化战略与结构分化测量模型

对比探索性国际化、利用性国际化、结构分化的 AVE 值的平方根和各构念间的相关系数，发现所有构念的 AVE 值的平方根均远大于构念间相关系数，证实探索性国际化、利用性国际化、结构分化之间具有良好的区分效度。

表 9.8　验证性因子分析及 Cronbach's α

构念	测度题项	标准化因子载荷值	AVE
探索性国际化	1.从海外市场获取高层次的研发和管理人才	0.896	0.840
	2.获取企业创新所需的技术和营销资源	0.897	
	3.接近国外的创新环境,获取成果溢出	0.906	
	4.利用国外良好的 R&D 硬件基础设施	0.894	
	5.与当地行业领先企业建立战略合作关系	0.987	
利用性国际化	1.在国外市场上利用企业的技术优势	0.846	0.702
	2.占领国外市场以拓展企业的发展空间	0.840	
	3.生产出满足国外顾客消费需求的产品	0.852	
	4.在国外设立生产基地以降低运输成本	0.828	
	5.利用国外市场廉价的劳动力和物质资源	0.824	
结构分化	1.探索和利用活动分别归属于不同的部门	0.871	0.758
	2.企业内部部门设置是依据差异化的职能	0.876	
	3.内部各部门聚焦于特定的职能或市场领域	0.824	
	4.利用不同的组织部门来满足不同的顾客需求	0.893	
	5.组织内部生产线和员工部门明显是分开的	0.891	
	6.企业内部部门在目标导向上存在长期/短期差异	0.866	

注:所有标准化因子载荷值均在 $p < 0.001$ 水平上显著。

(2)战略领导

对战略领导的 6 个维度开展六因子模型的验证性因子分析,测量模型见图 9.3。

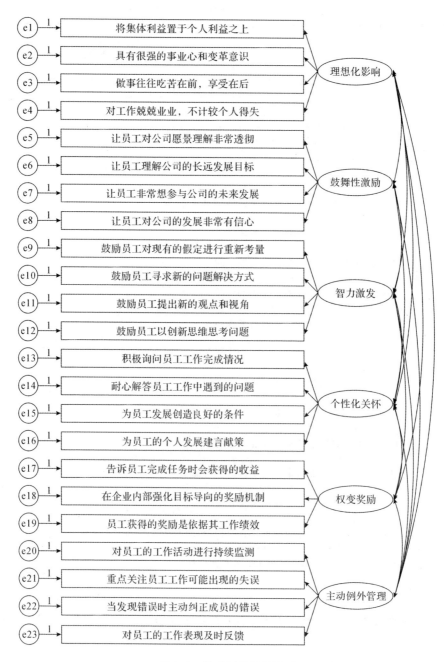

图 9.3　战略领导测量模型

分析结果发现模型拟合良好($\chi^2=275.901$;$\chi^2/df=1.283$,NFI$=0.932$,NNFI$=0.981$,CFI$=0.984$,IFI$=0.984$,RMSEA$=0.035$)。所有标准化因子载荷值均大于0.75,且具有很强的统计显著性($p<0.001$),同时本研究每个潜变量的AVE最小值为0.621(见表9.9),大于0.5,从而满足了对AVE的要求,因此各构念具有良好的聚合效度。

对比理想化影响、鼓舞性激励、智力激发、个性化关怀、权变奖励、主动例外管理的AVE值的平方根和各构念间的相关系数,发现所有构念的AVE值的平方根均远大于构念间相关系数,证实理想化影响、鼓舞性激励、智力激发、个性化关怀、权变奖励、主动例外管理之间具有良好的区分效度。

表 9.9　变革型领导与交易型领导

变量	测度题项	标准化因子载荷值	AVE
理想化影响	1. 将集体利益置于个人利益之上	0.770	0.621
	2. 具有很强的事业心和变革意识	0.804	
	3. 做事往往吃苦在前,享受在后	0.750	
	4. 对工作兢兢业业,不计较个人得失	0.826	
鼓舞性激励	1. 让员工对公司愿景理解非常透彻	0.815	0.621
	2. 让员工理解公司的长远发展目标	0.792	
	3. 让员工非常想参与公司的未来发展	0.751	
	4. 让员工对公司的发展非常有信心	0.794	
智力激发	1. 鼓励员工对现有的假定进行重新考量	0.854	0.724
	2. 鼓励员工寻求新的问题解决方式	0.839	
	3. 鼓励员工提出新的观点和视角	0.784	
	4. 鼓励员工以创新思维思考问题	0.922	
个性化关怀	1. 积极询问员工工作完成情况	0.889	0.752
	2. 耐心解答员工工作中遇到的问题	0.868	
	3. 为员工发展创造良好的条件	0.879	
	4. 为员工的个人发展建言献策	0.831	

续表

变量	测度题项	标准化因子载荷值	AVE
权变奖励	1. 告诉员工完成任务时会获得的收益	0.961	0.909
	2. 在企业内部强化目标导向的奖励机制	0.943	
	3. 员工获得的奖励是依据其工作绩效	0.956	
主动例外管理	1. 对员工的工作活动进行持续监测	0.865	0.741
	2. 重点关注员工工作可能出现的失误	0.906	
	3. 当发现错误时主动纠正成员的错误	0.810	
	4. 对员工的工作表现及时反馈	0.859	

(3)高绩效工作系统

对高绩效工作系统的 7 个维度开展七因子模型的验证性因子分析,测量模型见图 9.4。

分析结果发现模型拟合良好($\chi^2 = 579.6$;$\chi^2/df = 1.913$,NFI $= 0.911$,NNFI $= 0.948$,CFI $= 0.955$,IFI $= 0.955$,RMSEA $= 0.064$)。所有标准化因子载荷值均大于 0.75,且具有很强的统计显著性($p < 0.001$),同时本研究每个潜变量的 AVE 最小值为 0.669(见表 9.10),大于 0.50,从而满足了对 AVE 的要求,因此各构念具有良好的聚合效度。

对比员工招募、员工培训、绩效管理、晋升机会、工作保障、工作设计、决策参与的 AVE 值的平方根和各构念间的相关系数,发现所有构念的 AVE 值的平方根均远大于构念间相关系数,证实员工招募、员工培训、绩效管理、晋升机会、工作保障、工作设计、决策参与之间具有良好的区分效度。

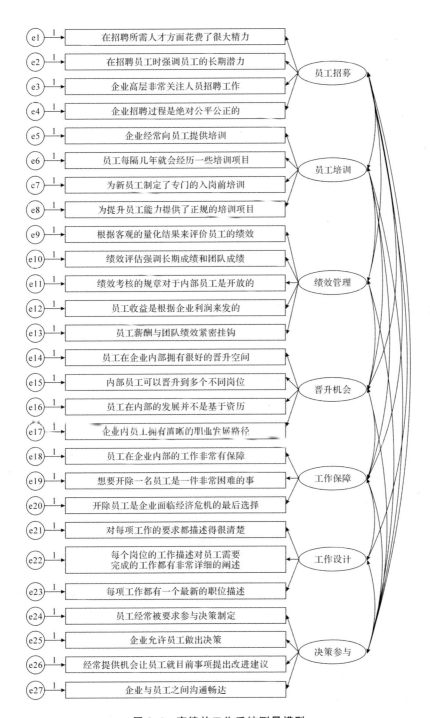

图 9.4 高绩效工作系统测量模型

表 9.10　高绩效工作系统

构念	测度题项	标准化因子载荷值	AVE
员工招募	1. 企业在招聘所需人才方面花费了很大精力	0.752	0.669
	2. 企业在招聘员工时强调员工的长期潜力	0.875	
	3. 企业高层非常关注人员招聘工作	0.835	
	4. 企业招聘过程是绝对公平公正的	0.804	
员工培训	1. 企业经常向员工提供培训	0.914	0.914
	2. 企业员工每隔几年就会经历一些培训项目	0.923	
	3. 企业为新员工制定了专门的入岗前培训	0.984	
	4. 企业为提升员工能力提供了正规的培训项目	1.000	
绩效管理	1. 企业根据客观的量化结果来评价员工的绩效	0.895	0.837
	2. 绩效评估强调长期成绩和团队成绩	0.934	
	3. 企业绩效考核的规章对于内部员工是开放的	0.934	
	4. 员工收益是根据企业利润来发的	0.879	
	5. 员工薪酬与团队绩效紧密挂钩	0.930	
晋升机会	1. 员工在企业内部拥有很好的晋升空间	0.875	0.731
	2. 企业内部员工可以晋升到多个不同岗位	0.837	
	3. 员工在企业内部的发展并不是基于资历	0.894	
	4. 企业内员工拥有清晰的职业发展路径	0.812	
工作保障	1. 员工在企业内部的工作非常有保障	0.850	0.751
	2. 想要开除一名员工是一件非常困难的事	0.900	
	3. 开除员工是企业面临经济危机的最后选择	0.849	
工作设计	1. 企业对每项工作的要求都描述得很清楚	0.891	0.777
	2. 每个岗位的工作描述都有非常详细的阐述	0.887	
	3. 每项工作都有一个最新的职位描述	0.867	

续表

构念	测度题项	标准化因子载荷值	AVE
决策参与	1. 员工经常被要求参与决策制定	0.897	0.755
	2. 企业允许员工做出决策	0.849	
	3. 经常提供机会让员工就目前事项提出改进建议	0.834	
	4. 企业与员工之间沟通畅达	0.894	

五、实证检验：相关分析与回归分析

（一）相关性分析

表 9.12 为本研究各变量的均值、标准差和相关系数矩阵。从表 9.11 中可见，变革型领导（$\beta=0.317, p<0.01$）、结构分化（$\beta=0.408, p<0.01$）、高绩效工作系统（$\beta=0.367, p<0.001$）与国际化双元均显著正相关，交易型领导（$\beta=-0.298, p<0.01$）与国际化双元显著负相关。

表 9.11　描述性统计分析与相关系数矩阵

变量	均值	标准差	1	2	3	4
1. 企业年龄	15.800	8.246	1			
2. 企业规模	7.536	1.388	0.095	1		
3. 国际化经验	6.970	3.73	-0.033	0.021	1	
4. 变革型领导	4.207	0.631	0.046	0.239**	0.025	1
5. 交易型领导	4.158	1.152	-0.122	0	-0.133*	-0.204**
6. 结构分化	4.155	1.196	-0.041	0.095	0.159*	0.542**
7. 高绩效工作系统	4.396	0.654	-0.001	0.091	0.172**	0.272**
8. 国际化双元	3.705	1.067	0.001	0.143*	0.067	0.317**

续表

变量	均值	标准差	5	6	7	8
1.企业年龄	15.800	8.246				
2.企业规模	7.536	1.388				
3.国际化经验	6.970	3.73				
4.变革型领导	4.207	0.631				
5.交易型领导	4.158	1.152				
6.结构分化	4.155	1.196	−0.302**			
7.高绩效工作系统	4.396	0.654	−0.331**	0.407**	1	
8.国际化双元	3.705	1.067	−0.298**	0.408**	0.367**	1

注：* 表示 $p<0.05$，** 表示 $p<0.01$。

（二）回归分析

本研究主要是检验战略领导对国际化双元的影响，以及结构分化、高绩效工作系统对于战略领导与国际化双元关系的中介作用，因此利用了 Baron 等（1986）的三阶段中介效应检验方法（具体分析结果见表9.12）。

表 9.12　层次回归分析结果

步骤及变量	结构分化		高绩效工作系统	
	模型1	模型2	模型1	模型2
企业年龄	−0.045	−0.082	−0.004	−0.004
企业规模	0.096	−0.021	0.088	0.044
国际化经验	0.156*	0.118*	0.170*	0.128*
变革型领导		0.508***		0.204**
交易型领导		−0.193**		−0.278***
结构分化				
高绩效工作系统				
R^2	0.036	0.354	0.037	0.174

续表

步骤及变量	结构分化		高绩效工作系统	
	模型 1	模型 2	模型 1	模型 2
校正 R^2	0.023	0.339	0.024	0.155
F	2.760*	24.199***	2.879*	9.283***
Max VIF	1.010	1.082	1.010	1.082

步骤及变量	国际化双元			
	模型 1	模型 2	模型 3	模型 4
企业年龄	−0.010	−0.048	−0.025	−0.037
企业规模	0.143*	0.089	0.094	0.078
国际化经验	0.064	0.024	−0.009	−0.007
变革型领导		0.247***	0.102	0.196**
交易型领导		−0.250***	−0.195**	−0.182**
结构分化			0.285***	
高绩效工作系统				0.248***
R^2	0.025	0.167	0.22	0.218
校正 R^2	0.012	0.148	0.198	0.196
F	1.890	8.069***	10.325***	10.210***
Max VIF	1.010	1.082	1.547	1.210

注:* 表示 $p < 0.05$,** 表示 $p < 0.01$,*** 表示 $p < 0.001$。表中系数为标准化回归系数。

首先,分别检验战略领导对结构分化和高绩效工作系统的影响。以结构分化为自变量,逐次加入控制变量(企业年龄、企业规模、国际化经验)和自变量(变革型领导、交易型领导)进行回归分析,发现变革型领导($\beta = 0.508$,$p < 0.001$)对结构分化具有显著正向影响,交易型领导($\beta = -0.193$,$p < 0.01$)对结构分化具有显著负向影响。以高绩效工作系统为自变量,逐次加入控制变量(企业年龄、企业规模、国际化经验)和自变量(变革型领导、交易型领导)进行回归分析,发现变革型领导($\beta = 0.204$,$p < 0.01$)对高绩效工作系统具有显著正向影响,交易型领导($\beta = -0.278$,$p < 0.001$)对高绩效工作系统具有显著负向影响。

其次,检验战略领导(变革型领导、交易型领导)对国际化双元的影响。以国际化双元作为因变量,逐次加入控制变量(企业年龄、企业规模、国际化经验)和自变量(变革型领导、交易型领导)进行层次回归分析,结果显示变革型领导($\beta=0.247, p<0.001$)对国际化双元具有显著正向影响,假设 $H_{9.1}$ 得到支持;交易型领导($\beta=-0.250, p<0.001$)对国际化双元具有显著负向影响,假设 $H_{9.2}$ 得到支持。

最后,检验加入中介变量(结构分化、高绩效工作系统)后战略领导(变革型领导、交易型领导)对国际化双元的影响。以国际化双元为因变量,在模型 2 基础上加入中介变量(结构分化)。模型 3 显示结构分化对国际化双元具有显著正向影响($\beta=0.285, p<0.001$),假设 $H_{9.3}$ 得到支持;变革型领导对国际化双元的影响不显著,说明结构分化在变革型领导与国际化双元之间起到完全中介作用,假设 $H_{9.5a}$ 得到支持;交易型领导对国际化双元的回归系数绝对值显著降低(β 从 -0.250 到 -0.195),说明结构分化在交易型领导与国际化双元之间起到部分中介作用,假设 $H_{9.5b}$ 得到支持。此外,以国际化双元为因变量,在模型 2 基础上加入中介变量(高绩效工作系统)。模型 4 显示高绩效工作系统对国际化双元具有显著正向影响($\beta=0.248, p<0.001$),假设 $H_{9.4}$ 得到支持;变革型领导对国际化双元的影响显著降低(β 从 0.247 到 0.196),说明高绩效工作系统在变革型领导与国际化双元之间起到部分中介作用,假设 $H_{9.6a}$ 得到支持;交易型领导对国际化双元的回归系数绝对值显著降低(β 从 -0.250 到 -0.182),说明高绩效工作系统在交易型领导与国际化双元之间起到部分中介作用,假设 $H_{9.6b}$ 得到支持。

六、结论与讨论

(一)研究结论

在国际市场上打出探索和利用的双元组合拳已成为企业应对创新风险、寻找创新机遇的重要战略抉择。自从 Luo 等(2009)、Prange 等(2011)提出国际化双元的概念以来,Hsu 等(2013)实证检验了国际化双元与企业绩效的关系,却鲜有研究探究影响国际化双元实施的前因。尽管已有研究指出了企业可以从战略领导、结构分化、高绩效工作系统三方面实现双元,但并未揭示出三者对于组织双元的影响机理。本研究建立了一个整合的研究框架,实证检验了战略领导(变革型领导、交易型领导)、结构分化、高绩效工作系统对于国际化双元的影响机理。

研究发现,变革型领导对国际化双元具有正向影响,交易型领导对国际化双元具有负向影响。目前对于双元前因的研究主要集中于结构分化和高绩效情景两个方面(Tushman et al.,1996;Jansen et al.,2009;Birkinshaw et al.;Patel et al.,2013),而对于战略领导的关注较少,仅有 Nemanich 等(2009)在团队层面研究了变革型领导对组织双元的影响。本研究深化了该领域的研究成果,在国际化情境下检验了变革型领导和交易型领导对国际化双元的影响效应,发现变革型领导能够在内部建立一个利于资源分享和知识交流的文化氛围,进而推动国际化双元战略的实施,而交易型领导在内部确立了一种"自我利益至上"的文化氛围,不利于资源分享和知识交流,进而阻碍国际化双元战略的实施。

研究还发现,变革型领导通过正向影响结构分化和高绩效工作系统进而推动国际化双元战略实施,交易型领导通过负向影响结构分化和高绩效工作系统进而阻碍国际化双元战略实施。尽管现有研究识别了结构分化(Jansen et al.,2009)和高绩效工作系统(Patel et al.,2013)是推动双元战略实施的两种典型方式,并且认为战略领导也能在组织双元中发挥重要作用(Nemanich et al.,2009),但缺乏整合性的研究。Chang 等(2012)甚至认为三种影响因素对于组织双元的影响存在理论重叠,却并未揭示出战略领导、结构分化、高绩效工作系统对于组织双元的综合影响机理(Raisch et al.,2008)。本研究填补了该理论缺口,建立了一个整合的研究模型,深化了组织双元前因的研究成果。同时,本研究对于国际化双元领域可以说是开拓性的研究,填补了国际化双元前因领域的研究空白。

(二)实践意义

本研究对国际化企业具有实践启示。尽管国际企业管理者已经逐渐意识到探索性国际化能够为企业实现创新追赶带来动力,利用性国际化能够帮助企业收回创新投资、降低创新风险,然而对于如何实现国际化双元缺乏了解。国际化企业可以通过将探索性和利用性业务部门分离的方式实现双元,也可以通过在内部建立一个高绩效工作系统实现双元。更为重要的是,企业管理者应选择变革型的领导方式,而不是交易型的领导方式。变革型领导能够通过正向影响结构分化和高绩效工作系统来实现国际化双元,交易型领导对于结构分化和高绩效工作系统具有抑制作用,进而不利于国际化双元的实现。

(三)研究局限性与未来研究展望

本研究还存在一定的局限之处。本研究提供了一个整合的研究框架,探讨了战略领导对于国际化双元的影响,以及结构分化和高绩效工作系统的中介效应,未来研究可以在以下方面做进一步的探索,如揭示战略领导、结构分化、高绩效工作系统影响国际化双元的情境条件,或者进一步剖析结构分化、高绩效工作系统影响国际化双元的中介机制。此外,本研究收集的是横截面数据,研究的是变量之间的静态关系,未来的研究可以考虑利用案例分析挖掘战略领导、结构分化、高绩效工作系统对于国际化双元的动态影响。

第十章

结　论

　　实施国际化发展战略已成为中国企业实现对发达国家跨国公司追赶的重要抓手。通过进入国际市场,企业一方面能够搜索创新所需的新知识和信息,另一方面还能利用自身所有权优势实现规模经济和范围经济。因此,中国企业在国际市场上倾向于打出探索和利用相结合的双元组合拳。然而,理论上仅指出企业在实施国际化战略中应用组织双元思想的重要性,而对于国际化双元是否影响以及在什么条件下影响创新绩效缺乏系统研究,同时对于影响国际化双元的前因缺乏思考。换言之,现有国际化领域的研究重点关注了企业"为何"国际化,而对于企业"如何"国际化缺乏系统的研究,从而导致企业国际化战略实施理论体系的不系统和不深入。

　　本研究试图详细回答上述问题,加深对探索性国际化、利用性国际化、国际化双元的理解,同时为企业在国际市场上实施双元战略提供指导。首先,基于权变理论逻辑,构建了探索性国际化、利用性国际化对企业创新绩效影响的概念模型,以企业年龄、母国与东道国相似性、国际环境动荡性作为调节变量,检验了探索性国际化、利用性国际化与组织因素、战略因素、环境因素的匹配程度;其次,分别从组织冗余和社会资本两个角度探索了财务冗余(非稀缺、非吸收冗余)、关系冗余(稀缺、非吸收冗余)、运营冗余(非稀缺、吸收冗余)、人力资源冗余(稀缺、吸收冗余)对探索性国际化、利用性国际化的影响效应,以及社会资本(商业网络资本、政治网络资本、知识网络资本)对探索性国际化和利用性国际化的差异性影响;再次,整合国际化理论和组织双元理论,构建了国际化双元(平衡维度和联合维度)对企业创新绩效影响的概念模型,提出了国际化双元(平衡维度和联合维度)影响创新绩效的中介机制,即以知识整合为中介(正式知识整合机制和非正式知识整合机制);最后,本研究构建了一个整合的研究框架,分析了战略领导、结构分化、高绩效工作系统对于国际化双元的影响机理。

全书的研究立足于系统的文献梳理,找到了已有研究存在的理论缺口。通过全书的分析论证,得出了以下主要研究结论:

其一,探索性国际化、利用性国际化都对企业创新绩效具有正向影响。相比利用性国际化,探索性国际化对创新绩效具有更强的影响效应。企业选择实施探索性和利用性国际化战略必须与组织、战略和环境因素相匹配。

其二,财务冗余对探索性国际化具有正向影响,对利用性国际化具有负向影响;关系冗余、运营冗余、人力资源冗余对探索性国际化具有负向影响,对利用性国际化具有正向影响。

其三,商业网络资本对探索性国际化和利用性国际化的差异性影响并不显著。相比利用性国际化,政治网络资本对探索性国际化具有更强的正向影响。相比探索性国际化,知识网络资本对利用性国际化具有更强的正向影响。

其四,探索性国际化与利用性国际化的平衡能够显著提升企业创新绩效。探索性国际化与利用性国际化的联合能够显著提升企业创新绩效。内部竞争强度负向调节国际化双元与创新绩效的关系,而外部竞争强度正向调节这一关系。

其五,国际化双元对正式知识整合机制和非正式知识整合机制均有显著正向影响。正式知识整合机制和非正式知识整合机制在国际化双元(平衡维度和联合维度)与创新绩效之间起到部分中介作用。国际化双元与正式知识整合机制之间的关系受到国际知识广度、国际知识深度的正向调节,国际化双元与非正式知识整合机制之间的关系受到国际知识深度、国际知识缄默性的正向调节。

其六,变革型领导对国际化双元具有正向影响,交易型领导对国际化双元具有负向影响。变革型领导通过正向影响结构分化和高绩效工作系统进而推动国际化双元战略实施,交易型领导通过负向影响结构分化和高绩效工作系统进而阻碍国际化双元战略实施。

上述研究结论深化了国际化双元对企业创新作用过程的理解,使得本研究具有了一定的探索意义。具体而言,本研究在以下几个方面进行了深化和拓展:

其一,明确将国际化战略进一步细分为探索性国际化和利用性国际化,并实证分析了两种国际化战略对创新绩效的影响程度。更为重要的是,在传统国际化与创新关系的理论研究框架内创新性整合权变理论,认为探索性国际化、利用性国际化对创新绩效的影响取决于两种国际化战略与企业年龄、母国与东道国相似性、国际环境动荡性的匹配程度,因此回应了以往关于国际化与创新的矛盾性关系,弥补了以往国际化研究的理论缺口。

其二,基于资源稀缺性和吸收性的角度,将组织冗余划分为四种:非稀缺性和非吸收性冗余、稀缺性和非吸收性冗余、非稀缺性和吸收性冗余、稀缺性和吸收性冗余,并且在国际化情境下分别检验了四种组织冗余对探索和利用活动的影响机理,因而准确揭示了组织冗余与探索、利用之间的关系,回答了组织研究领域关于冗余资源与探索、利用矛盾性关系的问题。

其三,进一步深化了国际商务领域的研究,发现政治网络资本和知识网络资本对于探索性和利用性国际化具有差异性的影响,而商业网络资本对于探索性和利用性国际化具有同等程度的正向影响,研究结论从更深层次对于"企业需要借助哪类网络资源推动探索性或利用性国际化战略实施"这一问题给出了更满意的答案。

其四,实证检验了国际化双元的平衡维度、联合维度对创新绩效的影响和边界条件。目前理论上对于国际化双元的研究还停留在逻辑推导阶段,对于"国际化双元是否能够以及在什么条件下提升创新绩效"缺乏系统思考。本研究实证检验了国际化双元的平衡维度、联合维度对创新绩效的影响,发现国际化双元平衡维度、联合维度均对创新绩效具有正向影响。此外,本研究检验了内部竞争强度与外部竞争强度的调节效应,发现国际化双元对创新绩效的影响取决于企业内部与外部的竞争强度,研究结论揭示了国际化双元影响创新绩效的边界条件,因而进一步深化了国际化双元理论框架。

其五,打开了国际化双元影响创新绩效的中间机制。已有研究对于国际化与创新绩效关系的阐释主要是依托资源观和组织学习的理论逻辑,认为企业通过进入国际市场获取了大量创新知识和学习机会进而提升创新绩效。然而,知识整合理论认为知识本身并不能带来竞争优势,企业获取的知识需要经过内在的知识整合过程才能够转换成竞争优势。本研究进一步证实了这种观点,发现企业实施国际化双元战略不仅是获得了创新资源,更为重要的是建立了知识整合机制(正式知识整合机制和非正式知识整合机制),进而提升创新绩效。研究结论支持了知识整合理论的观点,进一步深化了关于国际化影响创新绩效机理的研究。

其六,建立了一个整合的研究框架,实证检验了战略领导(变革型领导、交易型领导)、结构分化、高绩效工作系统对于国际化双元的影响机理。尽管现有研究识别了结构分化和高绩效工作系统是推动双元战略实施的两种典型方式,并且认为战略领导也能在组织双元中发挥重要作用,但缺乏整合性的研究。三种影响因素对于组织双元的影响存在理论重叠,却并未揭示出战略领导、结构分化、高绩效工作系统对于组织双元的综合影响机理。本研究填补了该理论缺口,建立了一个整合的研究模型,深化了组织双元前因的研究成果。同时,本研究对于国际化双元领域可以说是开拓性的研究,填补了国际化双元前因领域的研究空白。

参考文献

曹霞,刘国巍,付向梅,等,2012.基于网络视角的知识整合过程机理及仿真[J].科学学研究,30(6):886-894.

曾萍,邓腾智,宋铁波,2013.社会资本、动态能力与企业创新关系的实证研究[J].科研管理,34(4):50-59.

陈明,周健明,2009.企业文化、知识整合机制对企业间知识转移绩效的影响研究[J].科学学研究,27(4):580-587.

邓新明,熊会兵,李剑峰,等,2014.政治关联、国际化战略与企业价值:来自中国民营上市公司面板数据的分析[J].南开管理评论,17(1):26-43.

冯军政,2013.企业突破性创新和破坏性创新的驱动因素研究:环境动态性和敌对性的视角[J].科学学研究,31(9):1422-1432.

高展军,郝艳,2012.网络连接与关系信任的互动对突变创新的影响:知识整合的中介效应研究[J].情报杂志,31(4):153-159.

耿新,张体勤,2010.企业家社会资本对组织动态能力的影响:以组织宽裕为调节变量[J].管理世界,(6):109-121.

海本禄,聂鸣,2012.国际化、创新与企业绩效:基于湖北省的实证研究[J].科研管理,33(4):1-9.

侯杰泰,温忠麟,程子娟,2004.结构方程模型及其应用[M].北京:教育科学出版社.

惠青,邹艳,2010.产学研合作创新网络、知识整合和技术创新的关系研究[J].软科学,24(3):4-9.

贾怀勤,2006.管理研究方法[M].北京:机械工业出版社.

简兆权,吴隆增,黄静,2008.吸收能力、知识整合对组织创新和组织绩效的影响研究[J].科研管理,29(1):80-86.

蒋天颖,张一青,王俊江,2009.战略领导行为、学习导向、知识整合和组织创新绩效[J].科研管理,30(6):48-55.

蒋天颖,孙伟,白志欣,2013.基于市场导向的中小微企业竞争优势形成机理:以知识整合和组织创新为中介[J].科研管理,34(6):17-24.

焦豪，2011. 双元型组织竞争优势的构建路径：基于动态能力理论的实证研究[J]. 管理
　　世界（11）：76-91.

柯江林，孙健敏，石金涛，等，2007. 企业R&D团队之社会资本与团队效能关系的实证
　　研究：以知识分享与知识整合为中介变量[J].管理世界（3）:89-101.

雷宏振，刘海东，2013. 组织成员关系、知识吸收能力对知识整合的影响研究[J]. 现代
　　情报，33(1):18-21.

李柏洲，汪建康，2007. 跨国企业集团的知识整合机制研究[J]. 科技进步与对策，24(4):156-
　　159.

李圭泉，席酉民，刘海鑫，2014. 变革型领导对知识共享的影响机制研究[J]. 科学学与
　　科学技术管理，35(9)：48-58.

李桦，2012. 战略柔性与企业绩效：组织双元性的中介作用[J]. 科研管理，33(9)：
　　87-94.

李怀祖，2004. 管理研究方法论[M]. 2版. 西安：西安交通大学出版社.

李晓红，侯铁珊，2013. 知识整合能力对自主创新的影响:基于软件产业的实证研究[J]. 大连
　　理工大学学报(社会科学版)，34(2):19-23.

李贞，杨洪涛，2012. 吸收能力、关系学习及知识整合对企业创新绩效的影响研究:来自
　　科技型中小企业的实证研究[J]. 科研管理，33(1)：79-89.

刘洋，魏江，应瑛，2011. 组织二元性:管理研究的一种新范式[J]. 浙江大学学报（人文社
　　会科学版)，41(6)：132-142.

马庆国，2002. 管理统计:数据获取、统计原理、SPSS工具与应用研究[M]. 北京：科学
　　出版社.

缪根红，陈万明，唐朝永，2014. 外部创新搜寻、知识整合与创新绩效关系研究[J]. 科
　　技进步与对策，31(1)：130-134.

潘文安，2012. 关系强度、知识整合能力与供应链知识效率转移研究[J]. 科研管理，33(1)：
　　147-153.

钱锡红，杨永福，徐万里，2010. 企业网络位置、吸收能力与创新绩效:一个交互效应模
　　型[J]. 管理世界（5）：118-129.

邱伟年，王斌，曾楚宏，2011. 社会资本与企业绩效:探索式与利用式学习的中介作用[J]. 经
　　济管理，33(1)：146-154.

孙彪，刘玉，刘益，2012. 不确定性、知识整合机制与创新绩效的关系研究:基于技术创新
　　联盟的特定情境[J]. 科学学与科学技术管理，33(1)：51-59.

孙理军，2012. 从全球价值链到开放式创新：低技术制造企业升级的理论基础探讨[J].
　　中国地质大学学报(社会科学版)，12(6)：104-108.

王国顺，杨帆，2011. 创业导向、网络能力对国际化绩效的影响研究[J]. 科研管理，32(10)：
　　144-150.

王雪莉, 林洋帆, 杨百寅, 等, 2013. 信任的双刃剑: 对变革型领导与知识分享关系的中介作用. 科学学与科学技术管理, 34(8): 172-180.

魏成龙, 张洁梅. 企业并购后知识整合传导机理的实证研究[J]. 中国工业经济, 2009(5): 119-128.

魏江, 徐蕾, 2014. 知识网络双重嵌入知识整合与集群企业创新能力[J]. 管理科学学报, 17(2): 34-47.

吴航, 陈劲, 郑小勇, 2014. 新兴经济体中企业国际多样化与创新绩效: 所有权结构的调节效应分析: 来自中国企业的证据[J]. 科研管理, 35(11): 77-83.

吴航, 陈劲, 2016. 国际搜索与本地搜索的抉择: 企业外部知识搜索双元的创新效应研究[J]. 科学学与科学技术管理, 37(9): 102-113.

吴航, 陈劲, 2017. 社会资本对探索性国际化、利用性国际化的差异性影响研究[J]. 中国地质大学学报(社会科学版), 17(2): 148-157.

吴航, 陈劲, 2014. 新兴经济国家企业国际化模式影响创新绩效机制: 动态能力理论视角[J]. 科学学研究, 32(8): 1262-1270.

吴俊杰, 戴勇, 2013. 企业家社会资本知识整合能力与技术创新绩效关系研究[J]. 科技进步与对策, 30(11): 84-88.

吴敏, 黄旭, 徐玖平, 等, 2007. 交易型领导、变革型领导与家长式领导行为的比较研究[J]. 科研管理, 28(3): 168-176.

吴明隆, 2003. SPSS 统计应用实务[M]. 北京: 科学出版社.

谢洪明, 王成, 罗惠玲, 等, 2007a. 学习、知识整合与创新的关系研究[J]. 南开管理评论, 10(2): 105-112.

谢洪明, 王成, 吴隆增, 2006. 知识整合、组织创新与组织绩效: 华南地区企业的实证研究[J]. 管理学报, 3(5): 600-607.

谢洪明, 吴隆增, 王成, 2007b. 组织学习、知识整合与核心能力的关系研究[J]. 科学学研究, 25(2): 312-318.

谢洪明, 吴溯, 王现彪, 2008. 知识整合能力、效果与技术创新[J]. 科学学与科学技术管理(8): 88-93.

熊焰, 李杰义, 2011. 网络结构知识整合与知识型团队绩效关系研究[J]. 研究与发展管理, 23(6): 8-16.

叶笛, 林东清, 2013. 信息系统开发团队知识整合的影响因素分析: 基于相似吸引理论与社会融合的研究视角[J]. 科学学研究, 31(5): 711-720.

张婧, 段艳玲, 2010. 市场导向均衡对制造型企业产品创新绩效影响的实证研究[J]. 管理世界(12): 119-130.

张可军, 廖建桥, 张鹏程, 2011. 变革型领导对知识整合影响: 信任为中介变量[J]. 科研管理, 32(3): 150-158.

张玉利，杨俊，任兵，2008. 社会资本，先前经验与创业机会：一个交互效应模型及其启示[J]. 管理世界(7)：91-102.

赵增耀，于海云，2012. 基于员工流动的知识整合机制研究：以嵌入型产业集群中外企员工流入的内资企业为例[J]. 科学学研究，30(5)：729-738.

周健明，陈明，刘云枫，2014. 知识惯性、知识整合与新产品开发绩效研究[J]. 科学学研究，32(10)：1531-1538.

周俊，薛求知，2014. 组织双元性的培育与效应：组织学习视角[J]. 科研管理，35(2)：87-93.

ANDERSON J C，GERBING D W，1988. Structural equation modeling in practice：a review and recommended two-step approach[J]. Psychological Bulletin，103(3)：411-423.

ATUAHENE-GIMA K，2005. Resolving the capability-rigidity paradox in new product innovation[J]. Journal of Marketing，69(4)：61-83.

ATUAHENE-GIMA K，MURRAY J Y，2007. Exploratory and exploitative learning in new product development：a social capital perspective on new technology ventures in China[J]. Journal of International Marketing，15(2)：1-29.

AVOLIO B J，BASS B M，JUNG D I，1999. Re-examining the components of transformational and transactional leadership using the multifactor leadership questionnaire[J]. Journal of Occupational and Organizational Psychology，72(4)：441-462.

AWATE S，LARSEN M M，MUDAMBI R，2015. Accessing vs sourcing knowledge：a comparative study of R&D internationalization between emerging and advanced economy firms[J]. Journal of International Business Studies，46(1)：63-86.

BANDEIRA-DE-MELLO R，FLEURY M T L，AVELINE C E S，et al.，2016. Unpacking the ambidexterity implementation process in the internationalization of emerging market multinationals[J]. Journal of Business Research，69(6)：2005-2017.

BARNEY J，1991. Firm resources and sustained competitive advantage[J]. Journal of Management，17(1)：99-120.

BARON R M，KENNY D A，1986. The mediator-moderator variable distinction in social psychological research：conceptual，strategic and statistical considerations[J]. Journal of Personality and Social Psychology，51(6)：1173-1182.

BASS B M，1999. Two decades of research and development in transformational leadership[J]. European Journal of Work and Organizational Psychology，8(1)：9-32.

BAUM J A C, LI S X, USHER J M, 2000. Making the next move: how experiential and vicarious learning shape the locations of chains' acquisitions[J]. Administrative Science Quarterly, 45(4): 766-801.

BOER M D, BOSCH F A J V D, VOLBERDA H W, 1999. Managing organizational knowledge integration in the emerging multimedia complex [J]. Journal of Management Studies, 36(3): 379-398.

BOLLEN K A, LONG J S, 1993. Testing structural equation models[M]. Newbury Park, CA: Sage.

BROUTHERS L E, BROUTHERS K D, WERNER S, 1999. Is Dunning's eclectic framework descriptive or normative? [J]. Journal of International Business Studies, 30 (4): 831-844.

BROWN S L, EISENHARDT K, 1997. The art of continuous change: linking complexity theory and time-paced evolution in relentlessly shifting organizations[J]. Administrative Science Quarterly, 42(1): 1-34.

BRYANT S E, 2003. The role of transformational and transactional leadership in creating, sharing and exploiting organizational knowledge[J]. Journal of Leadership & Organizational Studies, 9 (4): 32-44.

BUCKLEY P J, MUNJAL S, ENDERWICK P, et al. , 2016. Cross-border acquisitions by Indian multinationals: asset exploitation or asset augmentation? [J]. International Business Review, 25(4): 986-996.

BUCKLEY P, CASSON M, 1976. The future of the multinational enterprise[M]. London: Macmillan.

CAO Q, GEDAJLOVIC E, ZHANG H, 2009. Unpacking organizational ambidexterity: dimensions, contingencies and synergistic effects[J]. Organization Science, 20(4): 781-796.

CAO Q, SIMSEK Z, ZHANG H, 2010. Modelling the joint impact of the CEO and the TMT on organizational ambidexterity[J]. Journal of Management Studies, 47(7): 1272-1296.

CARMELI A, HALEVI M Y, 2009. How top management team behavioral integration and behavioral complexity enable organizational ambidexterity: the moderating role of contextual ambidexterity[J]. The Leadership Quarterly, 20(2): 207-218.

CHALOS P, O'CONNOR N G, 1998. Management controls in Sino-American joint ventures: a comparative case study[J]. Managerial Finance, 24(5):53-72.

CHANG C-C, HUGHES M, 2012. Drivers of innovation ambidexterity in small-to medium-sized firms[J]. European Management Journal, 2012, 30(1): 1- 17.

CHANG Y, HUGHES M, HOTHO S, 2011. Internal and external antecedents of

SMEs' innovation ambidexterity outcomes[J]. Management Decision, 49(10): 1658-1676.

CHANG Y-Y, 2015. A multilevel examination of high-performance work systems and unit-level organisational ambidexterity[J]. Human Resource Management Journal, 25(1): 79-101.

CHEN J, CHEN Y, VANHAVERBEKE W, 2011. The influence of scope, depth, and orientation of external technology sources on the innovative performance of Chinese firms[J]. Technovation, 31(8): 362-373.

CHEN P L, TAN D, JEAN R B, 2016. Foreign knowledge acquisition through inter-firm collaboration and recruitment: implications for domestic growth of emerging market firms[J]. Journal of World Business, 25 (1): 221-232.

CHILD J, RODRIGUES S B, 2005. The internationalization of Chinese firms: a case for theoretical extension? [J]. Management and Organization Review, 1(3): 381-410.

CHRISTENSEN C M, BOWER J L, 1996. Customer power, strategic investment, and the failure of leading firms[J]. Strategic Management Journal, 17(3):197-218.

CLERCQ D D, THONGPAPANL N, DIMOV D, 2014. Contextual ambidexterity in SMEs: the roles of internal and external rivalry[J]. Small Business Economics, 42 (1): 191-205.

CLERCQ D D, THONGPAPANL N, DIMOV D, 2013. Shedding new light on the relationship between contextual ambidexterity and firm performance: an investigation of internal contingencies[J]. Technovation, 33(4-5): 119-132.

COLEMAN J S, 1988. Social capital in the creation of human capital[J]. American Journal of Sociology, 94(Supplement): 95-120.

COLLINS C J, SMITH K G, 2006. Knowledge exchange and combination: the role of human resource practices in the performance of high-technology firms[J]. Academy of Management Journal, 49(3): 544-560.

Connell J, Voola R, 2013. Knowledge integration and competitiveness: a longitudinal study of an industry cluster [J]. Journal of Knowledge Management, 17 (2): 208-225.

CRUZ-GONZÁLEZ J, LÓPEZ-SÁEZ P, NAVAS-LÓPEZ J E, et al. , 2015. Open search strategies and firm performance: the different moderating role of technological environmental dynamism[J]. Technovation, 35: 32-45.

CUI A P, WALSH M F, ZOU S, 2014. The importance of strategic fit between host-home country similarity and exploration exploitation strategies on small and medium-sized enterprises' performance: A contingency perspective [J]. Journal of International Marketing, 22(4): 67-85.

CUI L, MEYERB K E, HU H W, 2014. What drives firms' intent to seek strategic assets by foreign direct investment?: a study of emerging economy firms[J]. Journal of World Business, 49 (4) :488-501.

DE LUCA L M, ATUAHENE-GIMA K, 2007. Market knowledge dimensions and cross-functional collaboration: examining the different routes to product innovation performance[J]. Journal of Marketing, 71(1): 95-112.

DEICHMANN D, STAM D, 2015. Leveraging transformational and transactional leadership to cultivate the generation of organization-focused ideas[J]. Leadership Quarterly, 26 (2) :204-219.

DESS G G, BEARD D W, 1984. Dimensions of organizational task environments[J]. Administrative Science Quarterly, 29(1): 52-73.

DIERICKX I, COOL K, 1989. Asset stock accumulation and sustainability of competitive advantage[J]. Management Science, 35(12): 1504-1511.

DUNCAN R, 1976. The ambidextrous organization: designing dual structures for innovation// Killman R H, Pondy L R, Sleven D. The management of organization (1): 167-188.

DUNNING J H, 1981. International production and the multinational enterprises[M]. London: Allen and Unwin.

EBBEN J J, JOHNSON A C, 2005. Efficiency, flexibility, or both? Evidence linking strategy to performance in small firms[J]. Strategic Management Journal, 26(13): 1249-1259.

GERMAIN R, DROGE C, 1997. An empirical study of the impact of just-in-time task scope versus just-in-time workflow integration on organizational design[J]. Decision Sciences, 28 (3): 615-635.

GHAZALI R, AHMAD M N, ZAKARIA N H, 2015. The mediating role of knowledge integration in effect of leadership styles on enterprise systems success[J]. Journal of Enterprise Information Management, 28(4): 531-555.

GHOSHAL S, BARTLETT C A, 1994. Linking organizational context and managerial action: the dimensions of quality of management[J]. Strategic Management Journal, 15(2): 91-112.

GIBSON C B, BIRKINSHAW J, 2004. The antecedents, consequences, and mediating role of organizational ambidexterity[J]. Academy of Management Journal, 47 (2): 209-226.

GRANT R M, 1991. The resource—based theory of competitive advantage: implication for strategy formulation [J]. California Management Review, 33(3): 114—135.

GRANT R M, 1996a. Prospering in dynamically-competitive environments: organizational capability as knowledge integration[J]. Organization Science, 7(4): 375-387.

GRANT R M, 1996b. Toward a knowledge-based theory of the firm[J]. Strategic Management Journal, 17(Winter Special Issue): 109-122.

GREVE H R, 2003. A behavioral theory of R&D expenditures and innovations: evidence from shipbuilding[J]. Academy of Management Journal, 46(6): 685-702.

GREWAL R, TANSUHAJ P, 2001. Building organizational capabilities for managing economic crisis: The role of market orientation and strategic flexibility[J]. Journal of Marketing, 65(2): 67-80.

GUAN J, LIU N, 2016. Exploitative and exploratory innovations in knowledge network and collaboration network: a patent analysis in the technological field of nano-energy[J]. Research Policy, 45(1):97-112.

GUPTA A K, GOVINDARAJAN V, 2000. Knowledge flows within multinational corporations[J]. Strategic Management Journal, 21(4): 473-496.

GUPTA A K, SMITH K G, SHALLEY C E, 2006. The interplay between exploration and exploitation[J]. Academy of Management Journal, 49(4): 693-706.

HANDFIELD R B, RAGATZ G L, PETERSEN K J, et al., 1999. Involving suppliers in new product development[J]. California Management Review, 42(1): 59-82.

HE Z, WONG P, 2004. Exploration vs, exploitation: an empirical test of the ambidexterity hypothesis[J]. Organization Science, 15(4): 481-494.

HENDERSON R M, CLARK K B, 1990. Architectural innovation: the reconfiguration of existing product technologies and the failure of established firms [J]. Administrative Science Quarterly, 35(1): 9-30.

HITT M A, HOSKISSON R E, KIM H, 1997. International diversification: effects on innovation and firm performance in product-diversifiedfirms [J]. Academy of Management Journal, 40(4), 767-798.

HOSKISSON R E, HITT M A, JOHNSON R A, et al., 2002. Conflicting voices: The effects of institutional ownership heterogeneity and internal governance on corporate innovation strategies[J]. The Academy of Management Journal, 45(4):697-716.

HSU C, LIEN Y, CHEN H, 2015. R&D internationalization and innovation performance[J]. International Business Review, 24 (2) :187-195.

HSU C-W, LIEN Y-C, CHEN H, 2013. International ambidexterity and firm performance in small emerging economies[J]. Journal of World Business, 48(1): 58-67.

Huang J C, Newell S, 2003. Knowledge integration processes and dynamics within the context of cross-functional projects[J]. International Journal of Project Management, 21(3): 167-176.

HYMER S, 1960. The international operations of national firms: a study of direct foreign investment[M]. Massachusetts Institute of Technology.

JANSEN J J P, GEORGE G, VAN DEN BOSCH F A J, et al. , 2008. Senior team attributes and organizational ambidexterity: the moderating role of transformational leadership[J]. Journal of Management Studies, 2008, 45(5): 982-1007.

JANSEN J J P, TEMPELAAR M P, VAN DEN BOSCH F A J, et al. , 2009a. Structural differentiation and ambidexterity: the mediating role of integration mechanisms[J]. Organization Science, 20(4): 797-811.

JANSEN J J P, VAN DEN BOSCH F A J, VOLBERDA H W, 2006. Exploratory innovation, exploitative innovation, and performance: effects of organizational antecedents and environmental moderators [J]. Management Science, 52 (11): 1661-1674.

JANSEN J J P, VERA D, CROSSAN M, 2009b. Strategic leadership for exploration and exploitation: the moderating role of environmental dynamism [J]. The Leadership Quarterly, 20 (1): 5-18.

JAWORSKI B J, KOHLI A K, 1993. Market orientation: antecedents and consequences[J]. Journal of Marketing, 57(3):53-70. tan

JIANG K, LEPAK D P, HU J, et al. , 2012. How does human resource management influence organizational outcomes? A meta-analytic investigation of mediating mechanisms[J]. Academy of Management Journal, 55(6): 1264-1294.

JUDGE W Q, BLOCKER C P, 2008. Organizational capacity for change and strategic ambidexterity[J]. European Journal of Marketing, 42 (9/10): 915-926.

JUNNI P, SARALA R M, TARAS V, TARBA S Y, 2013. Organizational ambidexterity and performance: a meta-analysis[J]. The Academy of Management Perspectives, 27(4): 299-312.

KARNA A, RICHTER A, RIESENKAMPFF E, 2016. Revisiting the role of the environment in the capabilities-financial performance relationship: a meta-analysis[J]. Strategic Management Journal, 37(6): 1154-1173

KATILA R, AHUJA G, 2002. Something old, something new: a longitudinal study of search behavior and new product introduction [J]. Academy of Management Journal, 45 (6): 1183-1194.

KATILA R, SHANE S, 2005. When does lack of resources make new firms innovative? [J]. Academy of Management Journal, 48(5): 814-829.

KELLOWAY E K, 1998. Using LISREL for structural equation modeling: a researcher's guide[M]. Thousand Oaks, CA: Sage Publications.

KENNEY J L, GUDERGAN S P, 2006. Knowledge integration in organizations: an empirical assessment[J]. Journal of Knowledge Management, 10(4): 43-58.

KIM N，ATUAHENE-GIMA K，2010. Using exploratory and exploitative market learning for new product development［J］. Journal of Product Innovation Management，27(4)：519-536.

KOGUT B，ZANDER U，1992. Knowledge of the firm，combinative capabilities，and the replication of technology[J]. Organization Science，3(3)：383-397.

KRAATZ M S，ZAJAC E J，2001. How organizational resources affect strategic change and performance in turbulent environments：Theory and evidence[J]. Organization Science，12(5)：632-657.

KUMAR V，SUBRAMANIAM V，1997. A contingency framework for the mode of entry decision[J]. Journal of World Business，32 (1)：53-72.

LAHIRI S，PE'REZ-NORDTVEDT L，RENN R W，2008. Will the new competitive landscape cause your firm's decline? It depends on your mindset［J］. Business Horizons，51(4)：311-320.

LAVIE D，ROSENKOPF L. Balancing exploration and exploitation in alliance formation[J]. Academy of Management Journal，2006，49(4)：797-818.

LAWRENCE P R，LORSCH J W，1967. Organization and environment—managing differentiation and integration[M]. Homewood，IL：Richard D. Irwin.

LAWSON B，PETERSEN K J，COUSINS P D，et al. ，2009. Knowledge sharing in interorganizational product development teams：the effect of formal and informal socialization mechanisms[J]. Journal of Product Innovation Management，26 (2)：156-172.

LEE K，WOO H，JOSHI K，2016. Pro-innovation culture，ambidexterity and new product development performance：polynomial regression and response surface analysis[J]. European Management Journal，35 (2)：1-12.

LEONARD-BARTON D，1995. Wellsprings of knowledge：building and sustaining the sources of innovation[M]. Boston，MA：Harvard Business School Press.

LEVINTHAL D，MARCH J，1993. The myopia of learning[J]. Strategic Management Journal，14(S2)：95-112.

LI C，2014. Top management team diversity in fostering organizational ambidexterity：examining TMT integration mechanisms［J］. Innovation：Management，policy & practice，16(3)：303-322.

LI C，LIN C，2008. The nature of market orientation and the ambidexterity of innovations[J]. Management Decision，46(7)：1002-1026.

LIN H-E，MCDONOUGH E F，LIN S-J，LIN C Y-Y，2013. Managing the exploitation/exploration paradox：the role of a learning capability and innovation ambidexterity[J]. Journal of Product Innovation Management, 30(2): 262-278.

LIN K, CHANEY I, 2007. The influence of domestic interfirm networks on the internationalization process of Taiwanese SMEs[J]. Asia Pacific Business Review, 13(4): 565-583.

LIN L-H, HO Y-L, 2015. Institutional pressures and environmental performance in the global automotive industry: the mediating role of organizational ambidexterity[J]. Long Range Planning, 49 (6) :764-775.

LIN M J, CHEN C, 2008. Integration and knowledge sharing: transforming to long-term competitive advantage[J]. International Journal of Organizational Analysis, 16 (1/2): 83-108.

LISBOA A, SKARMEAS D, LAGES C, 2013. Export market exploitation and exploration and performance: linear, moderated, complementary and non-linear effects[J]. International Marketing Review, 30(3): 211-230.

LIU X, ZOU H, 2008. The impact of greenfield FDI and mergers and acquisitions on innovation in Chinese high-tech industries[J]. Journal of World Business, 43(3), 352-364.

LU Y, ZHOU L, BRUTON G, et al. , 2010. Capabilities as a mediator linking resources and the international performance of entrepreneurial firms in an emerging economy[J]. Journal of International Business Studies, 41(3): 419-436.

LUBATKIN M H, SIMSEK Z, LING Y, et al. , 2006. Ambidexterity and performance in small-to medium sized firms: the pivotal role of top management team behavioral integration[J]. Journal of Management, 32(5): 646-672.

LUO X, SLOTEGRAAF R J, PAN X, 2006. Cross-functional "coopetition" : The simultaneous role of cooperation and competition within firms [J]. Journal of Marketing, 70(2): 67-80.

LUO Y, 2002. Capability exploitation and building in a foreign market: implications for multinational enterprises[J]. Organization Science, 13(1) : 48-63.

LUO Y, RUI, H, 2009. An ambidexterity perspective toward multinational enterprises form emerging economies[J]. Academy of Management Perspectives, 23 (4): 49-70.

LUO Y, TUNG R, 2007. International expansion of emerging market enterprises: a springboard perspective[J]. Journal of International Business Studies, 38 (4): 1-18.

MADHAVAN R, GROVER R, 1998. From embedded knowledge to embodied knowledge: new product development as knowledge management [J]. Journal of Marketing, 62(4): 1-12.

MAHMOODA I P, ZHENG W, 2009. Whether and how: effects of international joint ventures on local innovation in an emerging economy[J]. Research Policy, 38(9), 1489-1503.

MAKINO S, LAU C-M, YEH R-S, 2002. Asset-exploitation versus asset-seeking: implications for location choice of foreign direct investment from newly industrialized economies[J]. Journal of International Business Studies, 33(3): 403-421.

MANOLOVA T S, MANEV I M, GYOSHEV B S, 2010. In good company: the role of personal and inter-firm networks for new-venture internationalization in a transition economy[J]. Journal of World Business, 45(3): 257-265.

MARCH J, 1991. Exploration and exploitation in organizational learning [J]. Organization Science, 2 (1): 71-87.

MARTINEAUA C, PASTORIZA D, 2016. International involvement of established SMEs: a systematic review of antecedents, outcomes and moderators [J]. International Business Review, 25 (2) :458-470.

MATHEWS J A, 2002. Dragon multinational: towards a new model for global growth[M]. New York: Oxford University Press.

MATHEWS J A, 2006. Dragon multinationals: new players in 21st century globalization[J]. Asia Pacific Journal of Management, 23(1): 5-27.

MCEVILY S K, CHAKRAVARTHY B, 2002. The persistence of knowledge-based advantage: an empirical test for product performance and technological knowledge[J]. Strategic Management Journal, 23 (4): 285-305.

MCGILL M E, SLOCUM J W, LEI D, 1992. Management practices in learning organizations[J]. Organization Dynamics, 21(1): 5-17.

MIHAIL D M, KLOUTSINIOTIS P V, 2016. The effects of high-performance work systems on hospital employees' work-related well-being: evidence from Greece. European Management Journal, 34 (4): 424-438.

MIHALACHE O R, JANSEN J J J P, VAN DEN BOSCH F A J, et al. , 2012. Offshoring and firm innovation: the moderating role of top management team attributes[J]. Strategic Management Journal, 33(13):1480-1498.

MISHINA Y, POLLOCK T G, PORAC J F, 2004. Are more resources always better for growth?: resource stickiness in market and product expansion[J]. Strategic Management Journal, 25(12): 1179-1197.

MOM T J M, VAN DEN BOSCH F A J, VOLBERDA H W, 2009. Understanding variation in managers' ambidexterity: investigating direct and interaction effects of formal structural and personal coordination mechanism[J]. Organization Science, 20(4): 812-828.

NAHAPIET J, GHOSHAL S, 1998. Social capital, intellectual capital, and the organizational advantage[J]. Academy of management review, 23(2): 242-266.

NEMANICHA L A, VERAB D, 2009. Transformational leadership and ambidexterity in the context of an acquisition[J]. The Leadership Quarterly, 20(1): 19-33.

NOHRIA N, GULATI R, 1996, Is slack good or bad for innovation? [J]. Academy of Management Journal, 39 (5), 1245-1264.

O'REILLY C A, TUSHMAN M L, 2008. Ambidexterity as a dynamic capability: resolving the innovator's dilemma[J]. Research in Organizational Behavior, 28: 185-206.

O'REILLY Ⅲ C A, TUSHMAN M L, 2013. Organizational ambidexterity: past, present, and future [J]. The Academy of Management Perspectives, 27 (4): 324-338.

OZER M, ZHANG W, 2015. The effects of geographic and network ties on exploitative and exploratory product innovation[J]. Strategic Management Journal, 36(7): 1105-1114.

PALIOKAITĖ A, PAČĖSA N, 2015. The relationship between organisational foresight and organisational ambidexterity[J]. Technological Forecasting & Social Change, 101(30):165-181.

PARK S, LUO Y, 2001. Guanxi and organizational dynamics: organizational networking in Chinese firms[J]. Strategic Management Journal, 22(5): 455-477.

PATEL P C, MESSERSMITH J G, LEPAK D P, 2013. Walking the tightrope: an assessment of the relationship between high-performance work systems and organizational ambidexterity [J]. Academy of Management Journal, 56 (5), 1420-1442.

PENG M, LUO Y, 2000. Managerial ties and firm performance in a transition economy: the nature of a micro-macro link[J]. Academy of Management Journal, 43 (3): 486-501.

PIETERSE A N, KNIPPENBERG D V, SCHIPPERS M, et al., 2010. Transformational and transactional leadership and innovative behavior: the moderating role of psychological empowerment [J]. Journal of Organizational Behavior, 31 (4) : 609-623.

PINHO J C, PRANGE C, 2016. The effect of social networks and dynamic internationalization capabilities on international performance[J]. Journal of World Business, 51(3) : 391-403.

PRABHU J C, CHANDY R K, ELLIS M E, 2005. The impact of acquisitions on innovation: poison pill, placebo, or tonic? [J] Journal of Marketing, 69 (1):

114-130.

PRANGE C, VERDIER S, 2011. Dynamic capabilities, internationalization process and performance[J]. Journal of World Business, 46 (1): 126-133.

RAISCH S, BIRKINSHAW J, 2008. Organizational ambidexterity: antecedents, outcomes, and moderators[J]. Journal of Management, 34(3): 375-409.

RANK J, NELSON N E, ALLEN T D, et al. , 2009. Leadership predictors of innovation and task performance: Subordinates' self-esteem and self-presentation as moderators[J]. Journal of Occupational and Organizational Psychology, 82 (3): 465-489.

RAWUNG F H, WURYANINGRAT N F, ELVINIT L E, 2015. The influence of transformational and transactional leadership on knowledge sharing: an empirical study on small and medium businesses in Indonesia[J]. Fertility & Sterility, 98(3): 123-145.

RUI H, YIP G, 2008. Foreign acquisitions by Chinese firms: a strategic intent perspective[J]. Journal of World Business, 43 (2): 213-226.

SHARFMAN M P, WOLF G, CHASE R B, et al, 1988. Antecedents of organizational slack[J]. Academy of Management Review, 13(4): 601-604.

SIGGELKOW N, LEVINTHAL D A, 2003. Temporarily divide to conquer: centralized, decentralized, and reintegrated organizational approaches to exploration and adaptation[J]. Organization Science, 14(6): 650-669.

SIMSEK Z, 2009. Organizational ambidexterity: towards a multilevel understanding[J]. Journal of Management Studies, 46(4): 597-624.

SINGH J V, 1986. Performance, slack, and risk taking in organizational decision making[J]. Academy of Management Journal, 29(29): 562-585.

SIRDESHMUKH D, SINGH J, SABOL B, 2002. Consumer trust, value and loyalty in relational exchanges[J]. Journal of Marketing, 66(1): 15-37.

SMITH K G, COLLINS C J, CLARK K D, 2005. Existing knowledge, knowledge creation capability, and the rate of new product introduction in high-technology firms[J]. The Academy of Management Journal, 48(2): 346-357.

SMITH W K, TUSHMAN M L, 2005. Managing strategic contradictions: a top management model for managing innovation streams[J]. Organization Science, 16(5): 522-536.

SØRENSEN J B, STUART T E, 2000. Aging, obsolescence and organizational innovation[J]. Administrative Science Quarterly, 45(1): 81-112.

SUN L Y, ARYEE S, LAW K S, 2007. High-performance human resource practices, citizenship behavior, and organizational performance: a relational perspective. Academy of Management Journal, 50(3): 558-577.

TAN H, MATHEWS J A, 2015. Accelerated internationalization and resource leverage strategizing: the case of Chinese wind turbine manufacturers[J]. Journal of World Business, 50 (3) :417-427.

TAN J, PENG M W, 2003. Organizational slack and firm performance during economic transitions: two studies from an emerging economy [J]. Strategic Management Journal, 24(13): 1249-1263.

TEECE D J, PISANO G, SHUEN A, 1997. Dynamic capabilities and strategic management[J]. Strategic Management Journal, 18(7): 509-533.

THITE M, WILKINSONB A, BUDHWAR P, et al. , 2016. Internationalization of emerging Indian multinationals: linkage, leverage and learning (LLL) perspective[J]. International Business Review, 25 (1): 435-443.

Tiwana A, 2004. An empirical study of the effect of knowledge integration on software development performance [J]. Information and Software Technology, 46 (13): 899-906.

TSAI K H, LIAO Y C, HSU T T, 2015. Does the use of knowledge integration mechanisms enhance product innovativeness? [J]. Industrial Marketing Management, 46: 214-223.

TSAI K-H, HSU T T, 2014. Cross-Functional collaboration, competitive intensity, knowledge integration mechanisms, and new product performance: a mediated moderation model[J]. Industrial Marketing Management, 43 (2): 293-303.

TSENG C H, TANSUHAJ P, Hallagan W, et al. , 2007. Effects of firm resources on growth in multinationality[J]. Journal of International Business Studies, 38(6): 961-974.

Tsou H T, 2012. Collaboration competency and partner match for E-service product innovation through knowledge integration mechanisms [J]. Journal of Service Management, 23(5): 640-663.

TUSHMAN M L, O'REILLY Ⅲ C A, 1996. Ambidextrous organizations: managing evolutionary and revolutionary change [J]. California Management Review. 38 (Summer): 8-30.

TZABBAR D, AHARONSON B S, Amburgey T L,2013. When does tapping external sources of knowledge result in knowledge integration? [J]. Research Policy, 42 (2): 481-494.

WAGNER S, HOISL K, THOMA G, 2014. Overcoming localization of knowledge—the

role of professional service firms[J]. Strategic Management Journal, 35 (11): 1671-
1688.

WANG C, RODAN S, FRUIN M, et al. , 2014. Knowledge networks, collaboration
networks, and exploratory innovation[J]. Academy of Management Journal, 57(2):
484-514.

WEI Z, YI Y, GUO H, 2014. Organizational learning ambidexterity, strategic
flexibility, and new product development [J]. Journal of Product Innovation
Management, 31(4): 832-847.

WHITTINGTON K B, OWEN-SMITH J, POWELL W W, 2009. Networks,
propinquity, and innovation in knowledge-intensive industries[J]. Administrative
Science Quarterly, 54(1): 90-122.

WU H, CHEN J, JIAO H, 2016. Dynamic capabilities as a mediator linking
international diversification and innovation performance of firms in an emerging
economy[J]. Journal of business research, 69(8): 2678-2686.

YAMAKAWA Y, YANG H, LIN Z, 2011. Exploration versus exploitation in alliance
portfolio: performance implications of organizational, strategic, and environmental fit[J].
Research Policy, 40 (2): 287-296.

YLI-RENKO H, AUTIO E, SAPIENZA H J, 2001. Social capital, knowledge
acquisition, and knowledge exploitation in young technology-based firms [J].
Strategic Management Journal, 22(6-7): 587-613.

ZAHRA S A, NIELSEN A P, 2002. Sources of capabilities, integration and technology
commercialization[J]. Strategic Management Journal, 23(5): 377 -398.

ZAHRA S A, IRELAND R D, HITT M A, 2000. International expansion by new
venture firms: international diversity, mode of market entry, technological learning
and performance[J]. Academy of Management Journal, 43(5): 925-950.

ZEELENBERG M, VAN DIJK E, 1997. A reverse sunk cost effect in risky decision
making: sometimes we have too much invested to gamble[J]. Journal of Economic
Psychology, 18(6): 677-691.

ZHAN W, CHEN R, 2013. Dynamic capability and IJV performance: the effect of
exploitation and exploration capabilities[J]. Asia Pacific Journal of Management, 30(2):
601-632.

ZHANG J A, EDGAR F, GEARE A, et al, 2016. The interactive effects of entrepreneurial
orientation and capability-based HRM on firm performance: the mediating role of
innovation ambidexterity[J]. Industrial Marketing Management, 59: 131-143.

ZHANG Y, LI H, 2010. Innovation search of new ventures in a technology cluster: the role of ties with service intermediaries[J]. Strategic Management Journal, 31(1): 88-109.

ZHENG W, SINGH K, MITCHELL W, 2015. Buffering and enabling: the impact of interlocking political ties on firm survival and sales growth[J]. Strategic Management Journal, 36(11): 1615-1636.

ZOU S, CAVUSGIL S T, 2002. The GMS: a broad conceptualization of global marketing strategy and its effect on firm performance[J]. Journal of Marketing, 2002, 66 (4): 40-56.

索　引

图书在版编目（CIP）数据

组织双元视角下企业实施国际化战略的创新效应及
关键影响因素研究 / 吴航著. —杭州：浙江大学出版社，
2018.12

ISBN 978-7-308-18765-7

Ⅰ.①组… Ⅱ.①吴… Ⅲ.①企业经济－国际化－
经济发展战略－研究－中国 Ⅳ.①F279.2

中国版本图书馆 CIP 数据核字（2018）第 270213 号

**组织双元视角下企业实施国际化战略的
创新效应及关键影响因素研究**

吴　航　著

责任编辑	杨利军
责任校对	陈静毅　　苃梦瑶
封面设计	闰江文化
出版发行	浙江大学出版社
	（杭州市天目山路 148 号　邮政编码 310007）
	（网址：http://www.zjupress.com）
排　　版	杭州中大图文设计有限公司
印　　刷	杭州高腾印务有限公司
开　　本	710mm×1000mm　1/16
印　　张	14.75
字　　数	227 千
版 印 次	2018 年 12 月第 1 版　2018 年 12 月第 1 次印刷
书　　号	ISBN 978-7-308-18765-7
定　　价	56.00 元